伟大的中国人民抗日战争，开辟了世界反法西斯战争的东方主战场，为挽救民族危亡、实现民族独立和人民解放，为争取世界和平的伟大事业，作出了彪炳史册的贡献。

——习近平主席在纪念全民族抗战爆发77周年仪式上的讲话

他是谁?
他是山，
他是水，
他是抗战中的士兵，
他是我们的兄弟。
····　···

　　天地间，人为贵。

　　然而，中华儿女"捐身赴国难，视死忽如归"。

　　从1894年的甲午战争开始，中国人民抗击日本侵略者百余年，一代又一代的志士仁人，舍生忘死，奔赴战场；无以计数的血性男女，壮怀激烈，前仆后继；他们以浩荡奔驰的生命谱写了人世间最悲壮的篇章。

　　他们是"九·一八"事变突发时，不顾禁令，自发地在沈阳、长春等地自卫反击侵略者而阵亡的东北军官兵；

　　他们是誓死不屈而被日军砍下头颅，悬挂在沦陷区各城镇、乡村示众的烈士；

　　他们是被日本法西斯采用细菌武器和毒气，秘密而残酷地虐杀于魔窟的战士和义民；

　　他们是各战役中冲锋在前的大刀队、敢死队和突击队的壮士；

　　他们是抱着炸药包、手榴弹冲进敌阵，或贴上敌人的坦克和侵略者同归于尽的战士；

　　他们是在淞沪、太原、徐州、武汉等22次大会战中整连、整营、整团、整师建制殉国的官兵；

　　他们是在白山黑水、长城内外、大江南北、琼崖海岛进行的数以万计的游击战中倒下的战士和民兵；

　　他们是千里迢迢赶来共赴国难而在母亲怀抱里躺下的海外游子；

　　他们是1941年12月在香港抗敌阵亡的同胞和在缅甸、马来亚、菲律宾、新加坡、印度尼西亚、越南、泰国、印度等异国他乡土地上牺牲的军人和华侨；

　　他们是为了支援中国人民而献出自己生命的国际友人；

　　他们……

　　他们的血流在了一起，汇合在一起，分不清是男、是女、是老、是少，分不清是贫、是富、是贵、是贱，也分不清何党、何派……

　　据战后有关方面统计：八年抗战，中国军队伤亡380余万人（其中亡约150万人），人民伤亡2000多万人。如果从"九·一八"算起，十四年抗战中，中国军民的伤亡以及强制劳工的死亡和大批被秘密杀害的同胞的人数计算在一起，还远远超过这一数字。据日本历史研究会编的《太平洋战争史》等著作统计：中国在整个抗日战争中伤亡达3500万人。

　　多少生灵啊！他们曾憧憬过美丽的人生；他们曾向往亲手缔造美满的生活；他们曾期待幸福与安宁。然而，战争的硝烟卷走了他们，他们在血泊中没有留下姓名，没有留下遗书。

　　他们的血和肉，融入了祖国的山河原野。日月经天，高山是他们的身影；江河行地，长水呼唤他们的英灵。

　　无名烈士永垂不朽。

祭奠在抗日战争中牺牲的将士与胞友

不能忘却的

杨克林　曹　红　编著

华艺出版社

血肉长城

长城的故事 陈咨梅

血肉长城 刘大年 [印章]

血肉

血肉长

血肉长城 夏征农

张爱萍 坚持不息 同心同德 众志成城 团结抗战

血肉長城

陳銳霆

長城

城

吕正操

血肉長城

李运昌

抗日将领张爱萍、吕正操、李运昌、陈锐霆、夏征农、左齐，历史学家刘大年和陈香梅女士给本书的题词。

序

位卑未敢忘忧国

叶选基

翻阅《不能忘却的抗战》时，我辈四十年代出生的人会立即追忆到那段中华民族频遭浩劫、浴血奋战的艰苦岁月。

我的童年与祖辈等家人颠沛流离在广东粤北山区，与许多在战火硝烟中受劫难的民众一样，生活在恐惧的逃难洪流中。记得在韶关，日军飞机狂轰滥炸，我跑防空洞时摔了一跤，额头上留下深深的疤痕。也就是在这场战争的劫难中，我失去了一个哥哥、一个姊姊，这是留在我身上的永远不会忘记的历史烙印。

中国抗日战争是世界反法西斯战争暨第二次世界大战的重要组成部分。纵观抗战历史，从1931年日本发动"九·一八"事变侵略中国东北，到1937年7月7日制造卢沟桥事变发动全面侵华战争，中华民族到了最危险的时候，人们无分南北、不分民族，不分政治派别和社会界别，不愿意做亡国奴的我中华民族以不惜牺牲的伟大英雄气概，展开了波澜壮阔的抗日民族解放战争，英勇地屹立在世界反法西斯战争的东方主战场，粉碎了日本军国主义侵略者企图称霸东方的美梦。我国与苏美英等结成的同盟军最终赢得了抗日战争的伟大胜利！中国人民的抗日战争为世界反法西斯战争的胜利付出了巨大的牺牲，以血肉铸成新的长城，将永垂抗日战争青史。

我与本书作者杨克林和曹红相识已二十多年，目睹他们坚毅、执着地积三十个春秋，走访我中华抗日故人故迹，为收集和抢救史料，透出其胸怀精忠报国的侠义气以及对历史的如歌如泣存敬畏心。本书警示我们：忘记了历史的民族是没有希望的民族。我向杨克林和曹红的位卑未敢忘忧国情怀致以崇高敬意！

借此纪念中国抗日战争暨世界反法西斯战争胜利七十周年之际，《不能忘却的抗战》出版，缅怀了父辈们在民族生死存亡之际英勇卓绝的抗战史迹，令我辈回眸历史的悲情、悲壮，乃催人泪下。从而寄希望于承前启后的年轻一代，牢记国难、国耻，以国家兴亡、匹夫有责为己任，坚定地脚踏祖国大地，背负起民族复兴的希望。

抗日战争死难烈士浩气长存！

2015年4月4日

代前言

世界反法西斯战争的东方主战场

　　中国抗日战争是世界反法西斯战争的重要组成部分，是世界反法西斯战争的东方主战场，对彻底战胜日本法西斯起到了决定性作用。在这场正义与邪恶、光明与黑暗的殊死搏斗中，中国人民和世界反法西斯力量结成 统一战线，相互支援、相互配合，终于打败了侵略者。毛泽东曾经指出："我们的敌人是世界性的敌人，中国的抗战是世界性的抗战"。[①]中国的抗日战争从一开始就具有拯救人类文明、保卫世界和平的重大国际意义。在世界反法西斯战争中，中国抗日战争开始时间最早，持续时间最长，抗击日军最多，付出代价最大，发挥了不可替代的巨大作用。

　　第一，中国首先揭开世界反法西斯战争的序幕。日、德、意法西斯发动的世界大战，是在东、西方分别酝酿，通过发动一系列局部战争而逐步演变成为全面战争的。日本率先发动侵略战争，悍然武装侵略中国东北，打破了第一次世界大战后欧美列强确立的凡尔赛—华盛顿体系，在世界东方形成第一个战争策源地。其后，德、意两国又在西方形成战争策源地。德、日、意法西斯结为同盟，成为国际上最邪恶、最凶残、最反动的势力，是世界人民共同的最危险的敌人。"九·一八"的炮声向世界宣告，日本点燃了世界法西斯对外侵略战争的第一把战火。当西方主要国家对日本的侵略行动实行妥协纵容政策时，中国人民已然高举反法西斯侵略的旗帜，奋起抵抗，打响了反法西斯战争的第一枪，揭开了世界反法西斯战争的序幕。直至战争在欧洲爆发，中国已独立进行了八年的抗战；到太平洋战争爆发时，中国独立抗战则已持续了十年之久。

　　第二，中国开辟世界第一个大规模反法西斯战场。日本发动卢沟桥事变，开始了以灭亡全中国为目标的全面侵华战争，中国人民展开全国性抗日战争，在世界东方首先开辟了大规模反法西斯战场。中日全面战争的爆发，是法西斯与反法西斯的矛盾上升为世界主要矛盾的表现，实际上也是第二次世界大战的起点。它对世界产生了牵动全局乃至改变格局的影响。在日本战略进攻、中国战略防御期间，中日双方投入总兵力达四百余万人，战线长达一千八百多公里，战火遍及中国十多个省区，战区面积约一百六十万平方公里，中国直接和间接卷入战争的人口达四亿之多。中日战争成为世界基本矛盾在亚洲全面激化的最高形态，标志着世界大国为争夺亚洲大陆控制权的斗争开始进入一个白热化的阶段，苏、美、英等国均以不同方式加入到中日战争中来。中国人民持续进行了八年全国抗战，直至第二次世界大战最后结束。

　　第三，中国始终抗击着日本陆军主力，制约着日本的"北进"和"南进"，保障了同盟国"先欧后亚"大战略的实施。在反法西斯的第二次世界大战中，中国战场抗击和牵制了日本绝大部分陆军兵力和部分海空力量，牢牢地捆住日本法西斯的手脚，使它陷入长期战争的泥潭而不能自拔。中国的持久抗战，遏止了日本侵犯西伯利亚的北进计划，使苏联得以避免两线作战；牵制和推迟了日本进攻南洋的南进步伐，致使日军被迫背着中国战场的沉重包袱南进。从而粉碎了日本与德、意法西斯会师中东和西伯利亚、称霸全球的战略图谋，有力地配合与策应了其他战场的反法西斯战争。

　　中国抗战虽处于极为困难的境地，但仍根据国际反法西斯同盟的战略需求，毅然派出远征军，紧急开赴缅甸，与盟军共同对日作战。作为亚太地区盟军对日作战的重要战略基地，中国为同盟国提供了大量战略物资和军事情报，在人力、物力、财力上支援了同盟国的反法西斯斗争。中国的持久抗战不但为苏、美、英等反法西斯国家赢得了宝贵的战争准备时间，而且为保证同盟国实施"先欧后亚"大战略起了重要作用。苏联元帅崔可夫说过："在我们最艰苦的战争年代里日本也没有进攻苏联，却把中国淹没在血泊中，稍微尊重客观事实的人都不能不考虑到这明显而无可争辩的事实。"②美国总统罗斯福在1942年说过一段公允的话："假如没有中国，假如中国被打坍了，你想一想有多少师团的日本兵可以因此调到其他方面来作战？他们可以马上打下澳洲，打下印度——他们可以毫不费力地把这些地方打下来。他们并且可以一直冲向中东"；"日本可以和德国配合起来，举行一个大规模的夹攻，在近东会师，把俄国完全隔离起来，割吞埃及，斩断通过地中海的一切交通线。"③英国首相丘吉尔也说过，如果"中国一崩溃，至少会使(日军)十五个师团，也许有二十个师团腾出手来。其后，大举进犯印度，就确实有可能了。"④

第四，中国积极倡导和推动世界反法西斯统一战线的建立，并为创建联合国和建设战后世界新秩序作出历史性的贡献。世界反法西斯战争是一场国际性的战争，建立广泛的世界反法西斯统一战线，是战胜德、日、意侵略者的重要保证。中国是世界上最早遭受法西斯侵略的国家，也是建立国际反法西斯统一战线的积极倡导者和有力推动者。中国不但在世界东方率先建成抗日民族统一战线，而且多次呼吁世界上一切和平民主力量联合起来共同抵抗法西斯侵略，为建立国际反法西斯统一战线进行了长期不懈的努力。当日本发动太平洋战争、第二次世界大战扩大到全球范围时，中国主动加强与美、英、苏等同盟国的战略协调，促成国际反法西斯统一战线的正式建立，从而为最后取得战争胜利创造了条件。战争后期，中国又参与联合国的创建，成为联合国五个常任理事国之一，不仅积极参与国际事务，支持邻国的独立运动，维护弱小民族的利益，而且与同盟国并肩战斗，为彻底打败法西斯和建立战后世界新秩序，发挥了重大作用。

中国战场作为世界反法西斯战争的东方主战场，不仅对日本法西斯的彻底覆灭起到决定性作用，而且对夺取世界反法西斯战争的胜利、维护世界正义与进步的事业也产生了深远影响。

---

① 《毛泽东军事文集》第2卷，军事科学出版社、中央文献出版社1993年版，第449页。

② [苏] 崔可夫：《在华使命》，新华通讯社1980年版，第38页。

③ [美] 伊里奥·罗斯福：《罗斯福见闻秘录》，新群出版社1951年版，第49页。

④ [英] 温斯顿·丘吉尔：《第二次世界大战回忆录》第4卷，商务印书馆1975年版，第266页。

（本文摘自中国抗日战争史编写组：《中国抗日战争史》"总论"，人民出版社2011年9月版，第13-15页）。

目　　录

六 附录

每个姓名都有一个故事……

▲ 第七十八师

▲ 第六十一师

一 跨入近代的中日两国

林则徐（1785-1850年）

福建侯官人。1839年3月以钦差大臣的身份到广东查禁鸦片，同时积极了解西方形势，筹备海防，倡办义勇，屡次打退英人武装挑衅。英国发动鸦片战争后，清廷兵败议和，将林则徐革职，充军新疆。

关天培（1781-1841年）

江苏淮安人。广东水师提督。鸦片战争期间，英军进攻虎门，关天培在没有援兵的情况下，坚持战斗，亲自点燃巨炮，轰击敌人。当英军涌上炮台时，关天培拔出腰刀，猛砍敌人。他受伤数十处，仍然同敌人肉搏，最后战死在炮台上。

① 西方列强打开中国大门

关键词：鸦片 林则徐 鸦片战争 《南京条约》

　　1840年以前的中国，是一个闭关自守的古老帝国。在社会经济生活中，男耕女织，农业结合手工业，基本上能做到自给自足，无需外求。因此，在对外贸易上，中国长期处于"出超"国的有利地位（出超，即在对外贸易中，商品出口总价值高于进口价值，反之，则称为"入超"）。17世纪开始，西方英、法、美等国的资本主义在迅速发展，他们不断前来东方寻找市场，并购买中国的丝、茶及瓷器。他们（特别是英国）为了摆脱对华贸易的不利地位，并遣使到中国，要求开放通商大门，未得应允。此后，英国便大量非法走私鸦片运往中国，谋取暴利。

　　当时清政府中以林则徐为代表的官员深知鸦片荼毒人民，便发起禁烟。1840年6月英国竟借贩卖鸦片被禁，悍然出兵，发动"鸦片战争"。1842年迫使清政府签订《南京条约》。从此，西方列国眼见清廷积弱，急欲索取更大利益，便屡次使用武力，发动第二

▲ 清朝末年的北京城前门。

清人《胤禛耕织图》册中的农家耕田情形。北京故宫博物院藏画

清人《胤禛耕织图》册中的妇女纺织情形。北京故宫博物院藏画

一寸山河一寸血

相关链接
● 鸦片战争博物馆 （广东虎门）
○ 故宫博物院 （北京）
● 中国历史博物馆 （北京）

陈化成（1776-1842年）

福建同安(今属厦门)人。1840年鸦片战争爆发后，由福建水师提督调任江南提督。在吴淞积极设防。1842年6月英舰进犯吴淞口时，陈化成督部猛烈发炮，击伤英舰多艘。英军从后路抄袭西炮台。他率孤军奋战，与所属官兵英勇战死。

当时世界		
	18世纪中叶	英国开始工业革命。
	1781年	美国制定《邦联条例》。
	1782年	瓦特(Watt)发明蒸汽机。
	1784年	卡特莱特(Cartwright)织布机面世。
	1789年	美国首次总统选举。
	1800年	英国生产的煤炭占全球总产量的90%。
	1807年	第一艘载客轮船建成。

▲ 1839年6月3日，林则徐下令在虎门海滩当众销毁缴获的全部鸦片。此图陈列于广东虎门鸦片战争纪念馆中。

▶ 反映1841年1月在广东穿鼻洋面英国复仇神号攻击中国战船的绘图。

次鸦片战争 (1856年)、八国联军之役 (1900年)等。而清政府中维新派虽于19世纪60年代初提倡洋务运动，主张学习西方船坚炮利之道以制服之，但终因守旧派阻挠，自强运动未能取得重大进展，而中国也踏上了沦为半殖民地的道路。

一八四二年八月二十九日，清政府被迫在南京江面上的英国军舰「汉华丽」号上签订了丧权辱国的中英《南京条约》，这是签订时的情形。

相关链接
● 中国国家博物馆 (北京)
◐ 《近代中国史事日志》郭廷以 编著 (中华书局)
◑ 《西方的巨变》郭少棠 著 (香港教育图书公司)

一寸山河一寸血

黄遵宪（1848-1905年）

广东嘉应州(今梅州市)人。外交家、诗人。1877年为驻日本公使馆参赞。著有《日本国志》、《日本杂事诗》等。1895年《马关条约》签订后，在上海加入强学会，次年出资参与创办《时务报》，以救亡图存为己志。后因参与维新变法运动而遭弹劾。

王韬（1828-1890年）

江苏长洲(今吴县)人。清末政论家，1879年游历日本，著有《扶桑日记》、《弢园尺牍》等，是1840年后亲历海外而有著述的改革派前导人物。他认识到"盖今之天下，乃地球合一之天下也"，"舍富强而言治民，是不知为政者也"，"法苟择其善者，而去其所不可者，则合之道矣"。

❷ 日本"明治维新"与军国主义

关键词：明治维新　天皇　军国主义　慈禧太后

日本，古称"扶桑"，是中国一衣带水的邻邦，深受中国文化的影响。在19世纪50年代以前，它也是闭关自守的岛国，只开放长崎作通商口岸。1854年，长期的锁国政策却因远渡而来的美国军舰迫令签订《日美和亲条约》而瓦解。但是，其统治者从欧美的压力和中国战败的教训中，却产生出对外顺应、从属，对内则自立、自强的双重性格，进而形成以实力征服别国、弱肉强食的主导思想。

明治天皇像

明治政府一成立，就以天皇名义发布文书，叫嚣要"开拓万里波涛，宣扬国威于四方"，宣扬"国之兴废，在于兵力"。他们以"富国强兵"为口号。

"汉委奴国王"印拓　1784年春在日本北九州地区福冈县出土金质蛇钮"汉委(倭)奴国王"印，史学家考为《后汉书·倭传》所记载的汉授金印。

1868年，幕府统治结束，还政日皇，多年来深居京都，徒有其名而无实权的天皇成为日本全国政治的中心。天皇睦仁改元"明治"，首都由京都迁到江户（改名东京），开始实行维新，并逐步解决各地藩主的封建割据，统一全国，集权中央。他希望在政治、经济、文化等方面进行一系列"效仿欧美各国现行制度"的改革，走上资本主义道路。

一寸山河一寸血

相关链接　● 《日本侵华七十年》(中国社会科学出版社)
○ 《日本近代史》 第一卷 [日] 远山茂树 著 (商务印书馆)
● 《日本帝国主义》 万峰 著 (三联书店)

严　复（1854-1921年）

福建侯官（今属福州）人。曾在英国留学，是中国资产阶级启蒙思想家。他认为要救国，只有效法西方，推行维新改革。他译述的《天演论》震动了当时的中国，"物竞天择，适者生存"的观点，激发了人们"自强保种"，救亡图存。

19世纪

当时世界	1814年	斯提芬逊(Stephenson)发明蒸汽机车。
	1820-1831年	法拉第(Faraday)发明发电机原理。
	1837年	莫尔斯(Morse)发明电报。
	1859年	达尔文(Darwin)著《物种起源》、《人类起源及性的选择》。
	1819年	英国侵占新加坡。
	1832年	英国取得福克兰群岛主权。

▲ 日本明治天皇像(1852-1912年)

19世纪80年代，日本统治阶级用宪法形式形成了一套天皇制军国主义国家制度。1889年颁布了"帝国宪法"，规定主权属于天皇，天皇神圣不可侵犯。天皇有权解散议会，制定法律。内阁大臣对天皇负责。

▼ 日本政府对国民从小就进行"尊皇"、"武国"和"神国"的思想教育，灌输"武士道精神"，为其进行对外侵略扩张的政策服务。

▲ 日本明治维新时的首相伊藤博文(1841-1909年)
▶ 慈禧太后(1835-1908年)

1851年以秀女被选入宫，后成为咸丰帝的贵妃。同治及光绪年间以太后身份"垂帘听政"，掌握了清朝统治的实权。戊戌维新时，她极力反对变法，阻碍了中国社会的进步。

与此同时，由于中英鸦片战争的冲击，日本思想界开始思考如何应付民族危机的问题。他们认为"强兵为富国之本"，于是优先发展军事工业。在思想上，明治政府又把"忠孝节义"同传统的"武道"结合，试图用"忠君"、"武勇"思想把国民武装起来，以实现自强之余并对外扩张的野心。从此，埋下军国主义思想的种子。

相关链接

● 《日本军国主义》 [日] 井上清 著 (商务印书馆)
○ 《日本侵华研究》 [美国] (日本侵华研究学会)
● 《日本军国主义的形成》 [日] 井上清 著 (人民出版社)

容 闳（1828-1912年）

广东香山县南屏镇（今属珠海市）人。中国近代最早学习西方的维新人士之一，中国近代留学教育的开拓者。曾获美国耶鲁大学法学博士学位，著有《西学东渐记》等。1870年他曾提出派遣留学生的教育计划。他认为要使中国日趋文明富强之境，只有用西方的学术文化灌输中国，才能达到目的。

郑观应（1842-1921年）

广东香山（今中山）人。曾任英商太古洋行买办，后长期经营近代工商业，先后在上海机器织布局、上海电报局、轮船招商局等近代企业中任总办等职。著有《盛世危言》一书。他主张设议院，让资产阶级参与政治；主张发展民族工业；培养科技人才；特别强调对付外国侵略，不仅要搞"兵战"，而且要搞"商战"，挽回利权。

❸ 日本对中国的野心

关键词：大陆政策 朝鲜 台湾 琉球

早在16世纪末，日本的统治者丰臣秀吉为了满足国内封建主和商人的扩张欲望，把侵略矛头指向朝鲜，并企图以朝鲜为跳板，进一步侵略明朝（中国历史上的朝代[公元1368-1644年]）。明廷应朝鲜之邀，自1592年至1598年，先后两次大规模援朝，与朝鲜军队联合抗倭，并肩战斗，最终将日军赶出朝鲜，取得抗倭援朝战争的胜利。

近代日本在对外扩张中，首先将目标对准朝鲜和中国。1867年，睦仁天皇便发布了一封御笔信，鼓吹要"开拓万里波涛，布国威于四方"，并亲自制定了侵占朝鲜、中国为中心的"大陆政策"，准备发动侵略战争。

日本明治政府建立不久（1871年），就派钦差全权大臣伊达宗城前往中国，援引西方国家之例，执意同中国签订一个不平等条例，以攫取在中国的特权。这个无理要求遭到清政府的拒绝。此后，他们就积极准备侵朝、侵华战争。并于1874年首次派兵窜犯中国领土台湾，结果损失惨重，没有达到目的。

当时，日本第一个目标是吞并琉球，第二个目标是朝鲜。其实两者都是为侵华作准备而已。后来的历史发展表明，日本吞并琉

▲ 1874年日军入侵台湾，对我高山族同胞劫掠焚杀，高山族人民奋起抵抗，日军损失惨重。这是抵抗日军的台湾同胞。

球是它从海上南进的第一步，而它插足朝鲜（1875年开始）则是向大陆扩张的第一步，以便向中国东三省扩张。

1887年日本参谋本部又进一步制定《征讨清国策》，提出"从今年起以五年为期，作为准备，一有可乘之机，就发动进攻"。从此，日本对中国的野心已表露无遗。明治政府的准备，第一是不断增加军事机构，迅速发展军事工业，加紧制造枪炮弹药。二是竭力扩充海陆军，并设立一些新的军事机构，

相关链接
● 《申报》（1873-1875年）
○ 《日本国窃土源流钓鱼列屿主权辨》（首都师范大学出版社）
● 《六十年中国与日本》王芸生 著（三联书店）

光绪皇帝（1871-1908年）

　　1874年继帝位，年仅四岁。由慈禧太后"垂帘听政"。1887年2月始亲政，实际上仍受慈禧太后控制。但由于维新思潮的推动，深知"非变法不能立国"，决心改革。1894年日本挑起甲午战争后，力主战，筹划备战之策，多次谕令李鸿章迅速备战，反对李鸿章"借助他邦"的主张。1898年6月11日，实行变法，史称"戊戌变法"，但不久失败，被囚禁。

19世纪

当时世界	1840年	英国开始开拓刚果。中英鸦片战争。
	1845-1848年	美国与墨西哥因争夺得克萨斯而发生战争。
	1848年	马克思、恩格斯完成《共产党宣言》。
	1849年	索罗(Thoreau)提出公民不服从的观念。
	1855年	英国兼并印度旁遮普。
		巴黎世界博览会。
	1856年	柏塞麦(Bessemer)发明转炉炼钢法。
	1859年	修筑苏伊士运河。
		法国占领西贡。

健全战时体制。三是派遣大批间谍、特务，搜集中国经济、政治、军事、文化等情报。另外，日本疯狂鼓吹"侵略有理"的反动理论，为对外扩张制造舆论。

川上操六（1848-1899年）

　　日本参谋本部次长。日本政府为了熟悉和掌握中朝两国的情况，做好发动战争的准备，不断向中国和朝鲜派遣情报人员。川上操六主持这项工作并亲自到朝鲜和中国搜集情报。1893年4月9日，他从东京出发，到朝鲜活动一个月后，于5月11日到达中国，先后在烟台、天津、上海、南京观看炮台、军械局、武备学堂、军工厂，掌握了大量政治、经济、军事情报。甲午战争期间，他一直担任大本营首席参谋兼兵站总监的要职。许多重要的战略决策和作战计划均出其手。

福岛安正（1852-1919年）

　　陆军少校，他通晓汉、俄和英语，曾受日本参谋本部派遣，于1892年2月11日单骑从俄国彼得堡出发，经蒙古、赤塔、满洲里到海参崴，历时488天，行程14000公里，搜集了大量情报。为制定侵华作战计划提供了依据。

荒尾精（1859-1896年）

　　1885年入日军"参谋本部支那课"，从事搜集中国情报工作。次年受参谋本部派遣，率20余名青年军官到中国进行特务活动，并建立以汉口、北京为中心，遍布中国各地的特务网，搜集了大量中国的政治、经济、军事等情报，并编成《清国通商要览》一书，供日本参谋本部制定侵略中国计划时参考。

山县有朋（1838-1922年）

　　1889年，在日本主持组阁。疯狂地鼓吹对外侵略扩张。1890年6月他在国会会议上发表"施政演说"，公然抛出所谓"利益线"的理论："国家自卫之道，其途有二：第一为守卫主权线（国家之疆域是也），第二为保护利益线（即与我主权线的安全紧密相关之区域是也）。"他所指的"利益线"，就是朝鲜与中国。这个理论构成了日后日本发动侵华侵朝战争的理论根据。

张之洞(1837-1909年) 直隶南皮（今属河北）人。同治进士。甲午战争前后积极从事"自强求富"的洋务活动，并成为洋务派的重要首领。

▲ 清代官员入朝时的情形。

▶ 日本少年从小接受军国主义的教育，这是一幅反映当时儿童从小就妄想侵略征服他国的画。

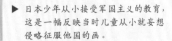

▲ 1894年9月，在日本明治天皇主持下的广岛大本营御前会议，讨论侵略中国的甲午战争。

● 《沉沦与抗战》 关 捷 刘志超 著 （文物出版社）

○ 《日本近现代史》 第一卷 [日] 远山茂树 著 （商务印书馆）

● 《日本军国主义的形成》 [日] 井上清 著 （人民出版社）

相关链接

一寸山河一寸血

左宝贵（1837-1894年）

山东费县人，回族。1880年起，奉命统领奉军，1894年甲午战争爆发后，率部进驻朝鲜平壤。在保卫平壤战斗中，负伤不退，血染征衣，直到壮烈牺牲。他是甲午战争中清军高级将领为援助朝鲜抗击日军侵略而牺牲的第一人。

邓世昌（1849-1894年）

广东番禺（今广州市海珠区）人。"致远"舰管带。在1894年9月17日黄海大海战中，指挥"致远"舰冲锋直前，先后击中日舰"比睿"号和"赤城"号。不久，"致远"舰被敌舰围击，他激励将士说："吾辈从军卫国，早置生死于度外，今日之事，有死而已！""致远"舰在重伤、弹尽情况下，邓世昌率舰直冲敌舰，不幸中敌鱼雷而沉没，他和全舰多数官兵为国捐躯。

关键词：平壤之战　黄海海战　旅顺大屠杀
威海卫之战　《马关条约》

　　1894年（清光绪二十年，即甲午年），日本对中国发动了一场大规模的侵略战争，史称"甲午战争"。事缘该年1月，朝鲜南部农民爆发骚动，朝鲜政府请求清政府协助平息，日本政府看到朝鲜事态的发展有机可乘，便借口1885年迫使清政府订立的《天津会议专条》之规定：将来两国如派兵至朝鲜，"应先互行文知照"。一方面怂恿清政府派兵前往；另一方面乘机出兵朝鲜。但骚动平息后，清政府建议两国军队同时撤出朝鲜时，日本不但无理拒绝，反而不断增兵，并制造事端，蓄意挑起战争。7月，日军先占领朝鲜王宫，拼凑了一个亲日政府；接着偷袭运载中国士兵的英国商轮"高升"号，并进攻驻朝鲜牙

中日双方的战舰在黄海激战。黄海海战达五小时之久，双方损失都很大，是当时世界海战史上从未有过的战斗。日舰首先撤退，清舰稍作追击，也返回旅顺军港。

旅顺"万忠墓"纪念馆中陈列的北洋海军致远舰上的遗物。

▼　1894年9月17日12点56分，中国舰队在运兵途中和日舰遭遇，随即展开了激烈的战斗，这是当时日本人拍下的一个镜头。图中右侧为日舰，左侧为清舰。

一寸山河一寸血

相关链接

●《日本侵华七十年》（中国社会科学出版社）
○《甲午中日陆战史》孙克复 关 捷 编著 （黑龙江人民出版社）
●《中日甲午海战与李鸿章》赵梅卿 郑天杰 合著 （华欣文化）

林永升（1853-1894年）

福建侯官（今闽侯）人。北洋舰队"经远"舰管带，福州船政学堂毕业。1894年9月17日海战时，令士兵"尽去船舱木梯"，并将龙旗悬于桅头，以示誓死奋战。战斗中有进无退，当四艘日舰围攻"经远"号时，林永升毫不畏惧，猛烈炮击敌舰，不幸中弹阵亡。"经远"舰也中水雷沉没。

19世纪

当时世界		
	1860年	美国南北战争。
	1865年	美国宪法第十三条修正案，通过废除奴隶制。
	1870年	美国宪法第十五条修正案，公民选举权不受种族、肤色的限制。
	1876年	贝尔(Bell)发明电话。
	1877年	维多利亚女王兼任印度女王；印度灭国。
	1879年	爱迪生(Edison)发明电灯泡。
	1880年	戴姆勒(Daimler)发明汽油引擎。

▲ 抗日战争胜利后，日本归还中国的北洋海军的舰炮。现陈列在台北"国军文物馆"前。

◀ 陈列在旅顺"万忠墓"纪念馆中的北洋海军的舰炮等遗物。

李鸿章(1823-1901年)

安徽合肥人。从19世纪60年代起，他先后开办了一批近代军事工业和民用工业，逐步扩大"自强求富"的洋务事业。1870年任直隶总督兼北洋通商事务大臣，掌握清廷外交、军事、经济大权，成为洋务派首领。但在外国侵略面前屈服妥协，先后同列强订立许多不平等条约。在甲午战争中一味奉行"避战求和"方针。

山的清军，第一次中日战争由此爆发。

甲午之战打了八个多月，整个战争过程包括三个阶段：第一阶段，从1894年7月25日到9月17日，战争是在朝鲜半岛及其海面进行的，有平壤之战，及黄海海战。第二阶段，从9月17日到10月25日，战争主要在辽东和辽南进行，有鸭绿江江防之战和金（州）旅（顺）之战。第三阶段，从10月25日到1895年4月17日，战争是在山东和辽东两个战场进行的，有威海卫之战和辽东腹地诸役。在此阶段中，清政府一面勉强支持战局，一面进行求和活动。最后，派李鸿章为全权大臣赴日议和。4月17日，李鸿章在日本马关春帆楼被迫签订了丧权辱国的《马关条约》。甲午战争以中国的失败而告终，中国的民族危机愈益深重。

▼ 日本人绘制的1895年3月4日"牛庄争夺战"的情景。

牛庄是辽河下游平原的一个街镇，外围无城廓可以据守。清军便在街市出入口处修筑一些尺余厚的土墙，作为外围防线。牛庄的争夺战是清军以十一个营的兵力与日军两个师团主力之间，力量悬殊的战斗。清军奋勇防守，日军屡攻不下，于是在东西两侧民房放火，清军在熊熊烈火和滚滚浓烟中坚持抵抗，毫不退却。两军逐屋争夺，犬牙交错，血战历时一昼夜，清军阵亡1880人，最后牛庄失守。

相关链接

● 《日本军国主义》 [日] 井上清 著 (商务印书馆)
○ 《甲午战争人物传》 孙克复 关 捷 编著 (黑龙江人民出版社)
● 中日甲午战争博物馆 (山东威海刘公岛)

丁汝昌（1836-1895年）

安徽庐江人。北洋海军提督，统率大小舰艇40余艘。黄海海战之初，他从旗舰飞桥上跌落而受重伤，但仍坚持督战，鼓舞士气。激战五小时，重创日本联合舰队。1895年2月，日军海陆夹攻威海卫，他亲临指挥，与敌拼战，表示"惟有船没人尽而已"，多次拒敌诱降，最后自杀殉国。

刘步蟾（1852-1895年）

福建侯官（今闽侯）人。北洋舰队右翼总兵、"定远"舰管带，在筹建北洋舰队过程中，贡献卓著。在黄海海战中，提督丁汝昌负伤后，刘步蟾代为督战。他指挥的"定远"号军舰发炮击中了日本联合舰队的旗舰"松岛"号等日舰。1895年初，日军进犯威海卫，所率"定远"舰中炮受伤，军中外籍教习趁机巴结部分军官哄闹乞降。他见形势已不能扭转，遂沉舰殉国。

资料：旅顺大屠杀

1894年11月21日下午，日军侵入旅顺后，对当地手无寸铁的居民，进行连续四天的血腥屠杀。他们见人就杀，有的人被砍掉脑袋、有的被割去双耳，小孩子被钉在墙上，死难者达18000余人。据英国人胡兰德所著的《中日战争之国际公法》中说："得免杀戮之华人，全市内仅36人耳，然此36之华人，为供埋葬其同胞之死尸而残留者。"当时美国的报纸也指责说："日本国为蒙文明皮肤具野蛮筋骨之怪兽。"

▼ 1894年，日本随军摄影师龟井兹明，随同第二军参加侵华战争，目睹了旅顺大屠杀事件，在他拍摄的600多张照片中有在旅顺数日间的记录，他把他拍摄的300多张照片挑选出来，制成相册，献给皇室。龟井死后，日本于1897年将这本题为《明治二十七八年战役写真帖》出版发行。

龟井兹明在以下这张照片的说明中写道："第二联队勇往猛进……，当我军攻入市街后，不分兵农，凡抵抗者一律斩杀，毫不留情。大街小巷各处都横着敌尸，脑浆迸流，腹膜外露，所到之处鲜血淋漓，腥风惨然袭人，满目荒凉。此后数日，我军派出扫除队，收集各处横死敌尸，让当地人掩埋到荒野。这是明治27年11月24日，在旅顺北方郊野见到的实况。"

相关链接

● 《清末大事编年》 吴铁峰 著 （湖南大学出版社）
○ 《旅顺大屠杀》 [日] 井上晴树 著 （大连出版社）
● 《中日战争》 戚其章 编 （中华书局出版）

马玉昆（1827-1908年）

　　安徽蒙城人。山西太原镇总兵，防守旅顺口北洋海军基地。1894年7月，曾率兵赴朝鲜抗击日军。1895年2月，又率部在海城附近的大平山与日作战，据记载"其亲兵百人两次冲杀，仅剩二十余人，战马三易，均被炮毙"。马部的勇敢善战，为日人所深畏，不得不承认："此日之中国兵颇为顽强"，"忠勇力战"，"决无退却之色"。

徐邦道（1837-1896年）

　　四川涪州人。正定镇总兵。1894年10月，奉命保卫旅顺，在金州、旅顺口等地痛击日军。在旅顺口保卫战中，指挥所部与敌昼夜巷战，旅顺口陷落后，仍率军攻大平山和海城的日军，并在牛庄、田庄台等地继续抵抗日军。1896年病殁。

▲ 以上都是在甲午战争期间，龟井兹明在中国拍摄的照片，见证了日本侵略者在中国的血腥屠杀和暴行。

▲ 旅顺"万忠墓"基碑

▼ 日军为了掩盖旅顺大屠杀的罪行，于1895年2月将被杀害者的尸体集中火化，把骨灰装了三口棺材，用木牌写上"清国将士阵亡之墓"，以欺骗舆论，而我同胞则称之为"万人坑"，树立"万忠墓"碑。抗战胜利后，旅顺重修"万忠墓"，并在享殿门额横匾图书有"永矢不忘"四字。

▲ 上为刘公岛中国甲午战争博物馆。

◄▼ 即将被侵略者屠杀的中国军民生前留给子孙的最后目光，凡我炎黄子孙当永志不忘！

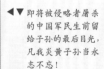

▲ 在甲午战争期间，日本国内一片为侵略战争欢呼的叫嚣声。这是当时的部分出版物。

相关链接

● 旅顺万忠墓纪念馆　（旅顺）

○ 《日清战争从军写真帖》（柏书房）

● 《日本军国主义的形成》[日] 井上清 著　（人民出版社）

一寸山河一寸血

刘永福（1837-1917年）

广西上思人。原为南澳镇总兵，因抗法而闻名。1894年奉命率黑旗军赴台湾驻防。1895年清朝政府战败而签订《马关条约》，刘永福在台南草拟了《盟约书》，发出联合抗日的号召，与台湾义军密切配合，坚持浴血抗击入侵日军达4个月。后因外无救援，内缺粮饷，退回大陆。

丘逢甲（1864-1912年）

台湾爱国绅士，义军统领。中日战争爆发后，即集乡民而训练，以备战守。《马关条约》签订后，3次刺血上书，要求"拒倭守土"。后为义军统领，率义军抵抗日军。失败后退回大陆，自署为"台湾遗民"，怀念故土之情尽托于诗。

⑤ 台湾民众反割让

关键词：《马关条约》 黑旗军 台湾民主国 "赎回辽东半岛"

因为在甲午战争中失败，中国被迫签订《马关条约》，其主要内容为：清政府割让辽东半岛、台湾全岛及附属各岛屿、澎湖列岛与日本；赔偿日本军费2亿两白银。这使日、俄两国在亚洲大陆上的争斗激化了。其后日本在俄、德、法三国的压力下，被迫以3000万两白银让清政府"赎回辽东半岛"。日本从清政府手中夺取台湾，在办理交割手续时，台湾人民兴起反抗日本占领的烽火。他们悲愤交集，纷纷上书，强烈反对，并准备与侵略者决一死战，抵抗日本的占领。

▲ 甲午战争前，清朝政府在台湾省的驻军进行训练时的情景。

▼ 台湾抗日斗争时期义军所绘的宣传画，反映黑旗军领袖刘永福的女儿组织台湾妇女与日军作战的情形。

▲ 日军在台湾枋寮滨海地区上岸的情形。
▼ 下为台湾民众张贴的痛骂李鸿章割台的公告。
◄ 左为公告上的局部，署名："台湾省誓死不二，不与贼臣俱生之臣民公启。"公告全文悲切之极，读之令人心酸。

一寸山河一寸血

相关链接　● 《中国抗日战争图志》之"台湾人民反割让反侵占斗争"

　　　　　　　　○ 《中日战争》戚其章 主编（中华书局出版）

　　　　　　　　● 《中国近代史大事记》（知识出版社）

连 横（1878-1936年）

台湾省台南人。史学家、诗人。日本侵占台湾之后，连氏悲之、愤之，以毕生精力勒成巨著《台湾通史》，以期台湾人民不忘历史，为光复国疆，中兴国族而奋斗。其著作字里行间充满爱国热忱，人称：与台湾之山河，同其不朽。

当时世界

1887年	马可尼(Marconi)发明无线电报。
1892年	狄塞尔(Diesel)发明内燃机。
1893年	英、法在暹罗分享控制权。
1895年	伦琴(Rontgen)发现X光。
1897年	德国在中国胶州湾夺得控制权。
1898年	波尔森(Poulsen)发明录音机。
	美国与西班牙发生战争，夺得菲律宾。
1900年	英国钢产量为500万公吨，德国为660百万公吨。

1895年5月29日，日本侵略军从台湾北部基隆以东50里的地方登陆。6月7日，日军攻下台北，原巡抚唐景崧逃归大陆，丘逢甲避遁台中后退回广州。但台湾人民的反抗没有结束，并由黑旗军领袖刘永福继续领导抗日。

在历时五个月的激烈战斗中，侵台日军伤亡高达32000人，占侵台日军兵力的二分之一以上。其后由于台湾人民抗日斗争缺乏统一指挥，力量分散，加以孤立无援，故随着刘永福在台南沦陷前夕撤回大陆，有组织的抗日战争遂告一段落，但反抗的活动却方兴未艾。

沈葆桢（1820-1879年）

福建侯官（今闽侯）人。清末洋务派官吏。1874年4月，日本侵略台湾，清政府派他为"钦差办理台湾等处海防兼总理各国事务大臣"，要他带领兵船，以巡阅为名，到台湾视察，并对台湾进行了全面防御部署和军事准备。1879年病死，有《沈文肃公政书》遗集。

刘铭传（1836-1895年）

安徽合肥人。清末淮军将领。1884年奉命督办台湾军务，抗击法军8个月。1885年至1891年在台湾巡抚任内，曾开办铁路、煤矿，丈量田亩、清查赋税，积极地展开各项建设，奠定了台湾迈向近代化的基础。著有《刘壮肃公奏议》。

日军侵占基隆时，滥杀居民，并展示义军的旗帜、武器及被捕的民众，摆出胜利者的样子拍照。

一九一三年八月十二日，日军将停获的抵抗日军的台湾少数民族同胞全部杀害。这是屠杀之前的情景。

清朝乾隆年间，朝廷命官员六十七到台湾巡视，六十七回京之后，请画工将其所见所闻，画成后装订成图册，这是其中的一幅"织布"图，反映台湾土著妇女独特的织布方式和工具。

相关链接

● 《申报图书特刊》(申报社)
○ 《日本近代史》(商务印书馆)
● 《日本近现代史》第一卷 [日] 远山茂树 著 (商务印书馆)

吴汤兴（约1860-1895年）

台湾苗粟县人，台湾义军首领。1895年率新竹、苗粟数万义军，在新竹一带与日军的精锐部队血战。后在八卦山的战斗中中弹捐牺牲。

余清芳（1879-1915年）

1915年5月，余清芳组织了台湾规模最大的一次民众武装革命。他以台南的西来庵为根据地，分别袭击各地警署，给日警以沉重打击。后因军械不足而失败。义军阵亡者达3万之众。余清芳等866人在台南被处死刑，英勇就义。

资料：台湾民主国

中日"马关条约"签定后，清政府被迫割让台湾，于是台湾民众组织了"台湾民主国"以阻止日军侵占。首先倡议这事的是丘逢甲和台湾巡抚唐景崧的幕僚陈季同。陈季同曾留学法国习海军，当过巴黎中国使馆参赞，受过法国民主体制的洗礼，所以主张采取民主体制，据说"台湾民主国"的名称就是他想出来的。

5月16日，公推唐景崧为台湾民主国大总统，23日宣布独立，建号"永清"，表明不忘大清，以蓝地黄虎为国旗。25日，由丘逢甲率领绅民百多人，捧着国旗、国玺，以鼓乐送往巡抚衙门，呈给唐景崧。但是，民主国成立仅仅二十多天，唐景崧就悄悄潜到沪尾（即淡水），搭乘早已约定的外国船只，跑回厦门，再转道北京面圣去了。唐景崧一走，台湾抗日义军陷入群龙无首的状态，经过几场壮烈的战役之后，台湾落入日本手中。

▲ 日军侵占台湾后，当地许多居民躲入山区。这是日军在台北附近捕义军时的情景。

日本人画的中日双方在日本关春帆楼签订"马关条约"时的情景。图中背面向外而坐者为李鸿章，其正对面为大红椅坐者为伊藤博文。

▲ 台湾义军首领余清芳等人被捕后，被押往台南监狱的途中。其中坐在黄包车上的是余清芳烈士。

▼ 日军屠杀台湾同胞的情景。

▲ 上为台湾"民主国"银质国玺之印。

◄ 1895年5月25日，丘逢甲率民数千人前往巡抚署，推举台湾省巡抚唐景崧为总统（坐者），以巡抚署为总统府。右为丘逢甲。

相关链接

● 《台湾三百年》 陈远建 发行 （台湾户外生活图书股份有限公司）
○ 《日本近现代史》 第二卷 [日] 今井清一 著 （商务印书馆）
● 《中国近代战争史》 （军事科学院出版社）

一寸山河一寸血

间大狮（？-1900年）

台湾北部义军首领。他与林少猫、柯铁在当时被誉为"抗日三猛"。1895年12月31日起事失败后，坚持以游击打击日本殖民者。1898年2月再次与日军大战，失败后潜回大陆。后被清政府抓获，引渡给台湾日本殖民当局，于1900年3月22日遇害。

罗福星（1884-1914年）

广东蕉岭人，国民党早期党员。辛亥革命后，他于1912年11月赴台组织革命斗争，曾秘密发展党员九万二千五百余人。后因机关败露而被捕，于1914年3月3日与陈阿荣、张火炉、李阿齐等人被处绞刑于台北监狱。临刑前奋笔疾书："不死于家，永为子孙纪念；而死于台湾，永为台民纪念耳。"同时死难的达五百七十八人之多。

▲ 1930年10月，台湾中部雾社起义的领导者——莫那鲁道(中)。雾社起义历时50天，日军警出动飞机、大炮，投放毒瓦斯进行残酷镇压。山胞英勇抵抗，妇女们为使家人无后顾之忧，大多自杀先死，山胞战死及自杀者900多人。

▲ 桦山资纪(1832-1922年)

1874年曾入侵台湾，甲午战争时任海军令部部长，战后升为海军大将，并被任命为首任台湾总督，对台湾人民进行血腥的殖民统治。

▲ 日本近卫师团是1895年侵台的主力。这是师团长北白川能久亲王。他在彰化城东八卦山的战斗中被黑旗军击成中伤，不久即毙命。

▲ 台湾八卦山附近的一所祠堂内，供奉着乙未年抗日烈士神位。(1995年摄)

▶ 左图：1931年国民政府考试院院长戴传贤为台湾同胞的题字。

右图：日据时期台湾民族志士办的一份维护祖国文化和民族精神的报纸。

▼ 连横(连雅堂)一生致力于在日据下的台湾搜集、整理祖国历史文化遗产，为传承民族精神，做出了巨大贡献。这是他的部分作品。

一寸山河一寸血

● 《中国国民党大事记》(解放军出版社)

○ 《台湾通史》连雅堂 著 (国立编译馆)

● 《日本侵华研究》[美国] (日本侵华研究学会)

相关链接

康有为（1858-1927年）

广东南海人。曾虚心研讨西方资本主义文化，聚徒讲学。《马关条约》签订时，联合在京会试举人1300余人，发动公车上书，提出拒和、迁都、练兵、变法等项主张。他从事变法理论著述，培养维新人才，是中国资产阶级改良运动的领导人。

梁启超（1873-1929年）

广东新会人。是康有为的学生，积极参加变法维新运动，与康有为合称为"康梁"。曾任上海《时务报》总编辑和长沙时务学堂总教习，是康有为的主要助手。著述很多，是维新运动中最著名的宣传家。

❻ 日本加入八国联军侵华

关键词：八国联军　《辛丑条约》　瓜分中国

▲ 抗击八国联军入侵的义和团员。

19世纪末，中国北方出现了以农民为主体的反帝爱国的义和团运动。正在瓜分中国的西方列强，对此充满了仇恨与恐惧，不但敦促清政府镇压义和团，而且从1900年五六月起，公然组成了八国联军（英、美、德、法、俄、意、日、奥八个国家的侵华联军）直接参与镇压义和团。当时日本内阁和军部都认为西方列强将向日本求援，这个机会是"将来掌握东洋霸权的开端"。因此，早就做好了大量派兵入侵中国的准备。所以在这支侵略军中日本兵为数最多，达22000名，占八国联军的三分之二，成为八国联军向北京进军的全过程中的主力军。他们每到一处，

都疯狂地抢劫、烧杀和奸淫，给中国人民带来了深重的灾难。1900年8月，八国联军攻陷北京，接着又侵占了东至山海关、西至娘子关、南至保定、北至张家口的广大地区。

在整个这场战争中，八国联军共伤亡3411人，其中日军为1282人，占总数的三分之一以上；八国军队共被打死757人，其中，日军

▼ 当时所绘义和团员手执大刀同日本侵略者搏斗的图画和义和团内的青少年妇女组织"红灯照"中的女战士。

▼ 英、美、法、俄、日、意等国的侵华士兵合影。

相关链接
- 《近代中国史事日志》郭廷以 编著 (中华书局)
- 《近代中国史纲》 (中文大学出版社)
- 中国军事博物馆 (北京)

一寸山河一寸血

谭嗣同（1865-1898年）

　　湖南浏阳人。是维新运动中的激进思想家。甲午战争后，愤中国之积弱，在湖南浏阳设立算学会，集合维新人士讲求变法。戊戌政变前，他夜访袁世凯，请他卫护光绪帝。后被其出卖，9月28日遇害于北京菜市口，为"戊戌六君子"之一。诗作富於爱国精神，风格雄健。有《谭嗣同全集》。

20世纪

当时世界	1904年	英、法订立《挚诚协议》。
	1905年	英、法、俄订立"三国协约"。俄国开拓西伯利亚。
	1906年	英国制造重级"无畏型"战舰。
	1907年	英俄图谋在波斯、阿富汗及中国西藏的控制权。英国给予澳洲、纽西兰自治领地位。

为349人，几乎占了二分之一；从这里可以看出日军在八国联军中的地位和作用。日本是当时侵华列强中惟一的亚洲国家，在西方社会正叫嚣义和团运动是"黄种人敌视白种人"的一场"黄祸"时，日本竟用屠杀中国人来表现它的"脱亚入欧"，向它自己原来称作"同文同种"的"兄弟"之国大张挞伐，非常突出地充当了远东宪兵。

　　1901年（农历辛丑年）9月7日，列强强迫清政府签订了丧权辱国的《辛丑条约》。条约规定：中国向八国赔款4万万两白银；中国应允诸国留兵驻守，以保海道至京师无断绝之虞。约定日本驻军为400人。随着日本军国主义对华侵略的扩大，日本驻屯军后来不断地增加。

▲ 日军在山海关屠杀义和团团员。

▲ 日军入侵天津时的情景。　　▲ 八国联军中的日军军官围着西洋军官合影，执意"脱亚入欧"。

◄ 左一，八国联军中的宣传画。
　　左二，日本漫画：一个日本兵的刺刀竟挑死了八个中国人。

▼ 中华民族的奇耻大辱：《辛丑条约》的签字仪式，左为十一国公使，右为清政府代表奕劻(前)、李鸿章(后)。

相关链接
　● 《申报图书特刊》 (申报社)
　○ 《日本近代史》 [日] 井上清 等著 (商务印书馆)
　● 《日本近现代史》 第一卷 [日] 远山茂树著 (商务印书馆)

一寸山河一寸血

康广仁（1867-1898年）

　　广东南海人。康有为之胞弟，曾辅助康有为的维新活动。1897年在上海办大同印书局，创办女学堂。戊戌变法期间，辅助康有为草拟新政奏稿，并担任联络工作，后被捕入狱，与谭嗣同等人一起被害，为"戊戌六君子"之一。

杨深秀（1849-1898年）

　　山西闻喜人。清末维新派人士，1898年6月1日与徐致靖联名上书请明定国是，"宣布维新之意"。9月21日政变发生后，仍不避危险，28日与谭嗣同等六人同时在北京菜市口遇害。为"戊戌六君子"之一。

❼ 日俄争夺中国东北

关键词：《朴资茅斯和约》《中日会议东三省事宜条约》"满铁" 关东总督府

　　1904年2月，日本为了争夺中国东北地区的权益，在中华民族的土地上又发动了战争。战前，中国东北三省已成为俄国独占的势力范围。日本认为这妨碍了日本的扩张活动。日本为取代俄国在东北的地位，突然于2月8日偷袭了驻旅顺的俄国舰队，2月10日，正式对俄宣战。

　　日俄战争爆发后，日本居然要求清政府在东北三省以外地区严守中立，让出东北地区做战场，坐视日、俄两国在中国境内为争夺在中国的势力而厮杀。腐败的清政府竟同意宣布把辽河以东划为交战区，听任侵略军践踏。在这场战争中，日、俄都强拉中国老百姓为他们运送弹药，服劳役，许多人冤死在两国侵略者的炮火之下，还有许多同胞被

▲ 日军把许多无辜的中国人当作俄国密探杀害。

诬为密探而被杀害。中国人民的生命和财产受到极大损失。

　　日俄战争于1905年8月结束。8月初，和议开始。经过25天的谈判，于9月5日在美国的朴资茅斯城签订了《朴资茅斯和约》，背着中国，擅自在中国东北划分双方的"势力范围"。根据条约，俄国将过去所霸占中国的库页岛半部（北纬50度以南）及其附近一切岛屿割让给日本，将旅顺、大连及附近领土领海的租借权转让给日本，将在中国东北修建中东铁路的支路长春至大连段以及与此有关一切特权转让给日本；俄国还承认朝鲜

▼ 日俄战争时，东鸡冠山俄军堡垒爆炸时的情景。

相关链接　● 《中国抗日战争图志》之"日俄争夺我国东北"
　　　　　○ 《中日战争》戚其章 主编（中华书局出版）
　　　　　● 《中国近代史大事记》（知识出版社）

林　旭（1875-1898年）

福建闽侯人。1895年上书清政府反对割让辽东和台湾给日本，请拒和议。他积极参与戊戌变法活动，为颁布新政，草拟新政上谕，在后党逼宫日紧的情况下，两次传出光绪密诏，对求助袁世凯一事表示反对。政变时被捕遇害，为"戊戌六君子"之一。

20世纪

当时世界	1904年	
	2月5日	日本政府宣布断绝同俄国的外交关系。
	2月10日	日、俄双方正式宣战。
	2月12日	清政府外务部宣布对于日、俄开战持"局外中立"态度。
	1905年	
	1月2日	俄军在投降书上签字。
	9月5日	日俄在美国签订《朴资茅斯和约》。

为日本的"保护国"。条约签订后，日、俄两国立刻逼迫清政府给予承认。1905年12月，在日本的压力下，清朝政府与日本签订了《中日会议东三省事宜条约》，除接受日、俄《朴次茅斯和约》中的有关规定外，还额外给日本以某些权益。从此，日本从俄国手中继承了在中国东北南部的全部侵略特权，而且在事后又不断扩大这些特权。

1906年6月7日，日本天皇敕令在中国东北设立"南满洲铁道株式会社"（简称"满铁"），9月1日又敕令成立关东总督府，常驻一个半师团的兵力，通理军政并监督"满铁业务"，成为对中国东北南部进行殖民统治的"大脑"。"满铁"则是"阳里装出经营铁道之假面，阴里则建立百般之设施"（日《满洲经营梗概》）。日本为长远的侵略目标作了准备。

▲ 望台炮台上的俄军残炮。

▲ 旅顺东鸡冠山俄军堡垒的残骸。

▲ 日军在抚顺强拉中国老百姓为其运送军用物资。

▶ 这是日本人绘的日军进入奉天城（今沈阳）情景的画。

▼ 日、俄双方代表在朴资茅斯举行和谈，签订了《朴资茅斯和约》，擅自对中国东北划分"势力范围"。

资料:戊戌变法和戊戌政变

1898年6月11日，光绪帝颁布《明定国是诏》，实行变法。因这年是旧历戊戌年，故史称"戊戌变法"。

9月21日，慈禧太后和荣禄等发动政变，囚禁了光绪帝。慈禧太后宣布"亲政"，下令搜捕维新派，废除变法诏令。康有为、梁启超事先闻讯，逃到国外。谭嗣同不愿逃走，慷慨表示：甘心变法流血牺牲。谭嗣同、刘光第、林旭、杨锐、杨深秀，还有康有为的弟弟康广仁，被逮捕杀害。这就是历史上的"戊戌六君子"。戊戌变法失败了。戊戌变法从开始到失败，前后仅103天，因此又称"百日维新"。

▼ 北京颐和园内的玉澜堂，是光绪帝的寝宫。慈禧太后发动戊戌政变，曾囚禁光绪帝于此。

相关链接

● 《日露战争》 [日] 平塚柾绪 著

○ 《日本近代史》 [日] 井上清 等著　（商务印书馆）

◐ 《日本近现代史》 第一卷 [日] 远山茂树 著　（商务印书馆）

蔡元培（1868-1940年）

　　浙江山阴（今绍兴）人。民主革命家、教育家、科学家。1917年任北京大学校长。1919年5月3日，他得知北洋政府已密令参加巴黎和会的中国代表在丧权辱国的和约上签字，无比义愤。当晚即召集北大学生代表告以此消息，致使第二天北京各大专学生3000余人示威游行，爆发了震惊中外的"五四"爱国运动。

郭钦光（1895-1919年）

　　北京大学学生。1919年5月4日，参加示威游行时被军警殴伤，吐血甚多。旋闻同学被捕，愤不可遏，病转剧，于7日病故。

❽ 日本侵占山东与"二十一条"

关键词：第一次世界大战　胶州湾　巴黎和会
　　　"二十一条"　"五四运动"

　　1914年，第一次世界大战爆发，英、法、俄、德等列强因战事缠身，无暇东顾，这又为日本提供了称霸中国的"可乘之机"。

　　大战刚爆发，日本就向德国宣战。当时，德国在中国胶州湾租借地青岛驻有军队。11月7日，日军打败在青岛的德国驻军，占领了青岛。在此之前，日军沿铁路西进一直打到济南，于10月6日占领济南车站。这时鉴于德军业已投降，中国境内的战争已经结束的事实，中国政府要求日军撤出山东，并于1915年1月7日宣布结束中国战区。不料日本当局

▲ 1919年，北京天安门前举行反对巴黎和约、反对"二十一条"的大会。

◀ 由袁世凯签字的"二十一条"及部分条文。

▼ 1915年5月25日，袁世凯派外交总长陆征祥、次长曹汝霖及施履本和日使签订"二十一条"密约。这是订约后的合影。

非但置之不理，反而于1月18日，向当时的袁世凯政府提出了一个秘密文件《日华条约》。该条约全文共分5个部分，计21条，故又称"二十一条"。其主要内容是要把中国的政治、军事、财政及领土完全置于日本的控制之下，变为日本的殖民地。

　　袁世凯在日本的逼迫下，于5月9日接受了除第5部分几条之外的全部要求。消息一经传出，举国一致视为奇耻大辱。各界人士争相奔走呼号，进行示威，愤怒声讨袁政府的卖国勾当。由于全国的坚决反对，这个丧权辱国的"二十一条"未被国会批准，没能正式

相关链接
　● 《五四运动文选》 (三联书店)
　○ 《在五四运动爆发的一年里》 (武汉出版社)
　● 《触摸历史五四人物与现代中国》 (广州出版社)

刘和珍（1904-1926年）

　　江西省南昌县人。北京女子师范大学学生。1926年3月18日，带领女师大学生参加天安门集会，反对日本军舰炮击大沽口，并向段祺瑞政府请愿。遭到段政府卫队的镇压，中弹牺牲。

当时世界	1914年	英国在非洲占领民地达370万平方公里。第一次世界大战爆发。
	1917年	美国向德国宣战。俄国十月革命。
	1919年	《凡尔赛和约》迫使德国放弃所有德属殖民地，分给列强作为国际联盟委托管理国。
	1919-1920年	巴黎和会通过《凡尔赛和约》。
	1920年	印度甘地发动不合作运动。

▲ 顾维钧(1888-1985年) 上海嘉定县人，历任民国内阁总理、外交总长、外交部长、驻美英法大使等职。1919年，在列强分赃的巴黎和会上，他作为年轻的中国代表，不惧日美英法勾结欺侮弱国的淫威，为维护中国权益大义凛然，怒斥列强，拒签和约，震惊了世界。他是辛亥革命后敢于在帝国主义列强面前说"不"的中国第一代外交家。

成立。

　　1919年，第一次世界大战结束后，中国代表在巴黎和会上要求取消"二十一条"，归还山东，取消列强在华特权等。然而，"和会"却决定将德国在山东的特权转归日本。消息传来，全民愤慨。北京学生首先于5月4日举行盛大的示威游行，全国各界奋起响应，同时在巴黎和会上，顾维钧等中国代表拒绝在"和约"上签字。此即为伟大的"五四"爱国运动。

▲ 袁世凯(1859-1916年) 河南项城人。窃国大盗。1915年12月宣布复辟帝制。1916年6月6日，在全国人民的声讨中，忧惧而死。
上图：他在清代和民国的两张肖像。下图：他为了取得日本对他称帝的支持，接受了卖国的"二十一条"。这是1914年12月23日，袁世凯祭天时的丑态。

▼ 1914年，日军侵入青岛。

相关链接

● 《中国抗日战争图志》之"全国人民反对二十一条"
○ 《日本侵华七十年》 (中国社会科学出版社)
● 《西方的巨变》 郭少棠 著 (香港教育图书公司)

孙中山（1866-1925年）

广东香山县（今中山县）人。青年起即致力于创建民主共和国，并为此终生奋斗。1894年秋，他在檀香山建立兴中会。1905年，他联合革命团体，创立中国同盟会，并在海内外设支部，以图发展。中华民国元年（1912年），他在南京任临时大总统。此后，曾任国民党理事长、军政府大元帅、非常大总统、陆海空军大元帅、中国国民党总理等职。

黄 兴（1874-1916年）

湖南善化（今长沙）人。华兴会会长、中国同盟会的负责人之一，著名的资产阶级革命家。1911年4月广州黄花岗起义失败后，他即把注意力转向长江流域，并积极支持在武昌发动起义。武汉保卫战期间，任战时总司令之职。南京临时政府成立后任陆军总长。1913年7月协助孙中山发动二次革命，任讨袁军总司令。1916年在上海病逝。

关键词：戊戌变法 同盟会 武昌起义 共产党

甲午战争后，中国直接面临亡国灭种的威胁，各阶层人士都在寻找挽救民族危机的途径。改革与革命，振兴中华，争取国家独立、民族解放已成为时代的呼声。以康有为为首的维新派设学会、建学堂、办书局、立报馆，传播变法理论。梁启超、谭嗣同等人致力西学，主张变革政治制度，实行变法维新。1898年6月，光绪帝终于接受维新派的

▲（左）翁同龢（1830-1904年）江苏常熟人，清末大臣，光绪皇帝的老师。主张对日抗战，支持康有为变法，遭到慈禧疑忌，后被罢官。（右）1897年，谭嗣同等在湖南创办时务学堂。图为该学堂的部分教员。

二十世纪初爱国人士绘制的《时局图》。图中熊代表俄国、虎代表英国、蛙代表法国、香肠代表德国、鹰代表美国、太阳代表日本。《时局图》表现列强从四面八方向中国扑来，而清政府又十分昏庸，中国正在被瓜分。

▲（上左）1895年，康有为在上海创办的《强学报》和1897年严复等在天津创办的《国闻报》。（上右）梁启超写的《变法通议》。

改革方案，下"明定国是"诏，发起以"变法强国"为号召的戊戌维新运动，但在短短

相关链接

● 《中华民国史事件人物录》 黄美真 郝盛潮 编 （上海人民出版社）
○ 《中国国民党大事记》 李松林 等编 （解放军出版社）
● 《中国国民党史纲》 彦 奇 张同新 主编 （黑龙江人民出版社）

宋教仁（1882-1913年）

湖南桃源人。著名的资产阶级革命家。曾任华兴会副会长、同盟会代理庶务，后来组织中部同盟会，任总务干事，筹划长江中下游起义。南京临时政府成立后任法制院院长，临时政府北迁后任农林总长。他曾大力宣传资产阶级民主，热心议会政治，主张政党内阁。1913年3月20日被袁世凯派人在上海北站暗杀，22日逝世。

当时世界

1921年	列宁实行新经济政策。
	中国共产党成立。
	希特勒成立国家社会主义工人党。
1922年	意大利法西斯主义者占领米兰。
1923年	希特勒在慕尼黑发动政变失败，被囚于狱，书写自传《我的奋斗》。
1924年	列宁去世。电视面世。

▲ 1911年10月，武昌起义成功后，起义军中的黎元洪(左)等中枢人物在战场指挥炮兵作战。

▲ 1912年1月1日，上海各界在沪宁车站欢送孙中山乘车去南京就任总统时的情景。

▼ 1924年6月16日，黄埔陆军军官学校举行开学典礼，孙中山偕夫人宋庆龄与军校校长蒋介石(左二)，党代表廖仲恺(左一)在典礼台上。

的100天后，即被顽固派发动的政变扼杀了。

戊戌维新的启迪，促使更多的知识分子由爱国转向革命。孙中山奔走于亚、欧、美各地，宣传"非革命不能救国"的道理，决心"倒此残腐将死之满清政府"，从此"革命"二字日益深入人心。在孙中山的影响下，朱执信、秋瑾、邹容和陈天华等许多知识分子撰写了大量论著，宣传革命道理。1905年孙中山根据日益高涨的革命形势，在日本创建了以"驱除鞑虏，恢复中华，建立民国，平均地权"为革命纲领的同盟会，并在国内外各地建立支部和分会。自1906年起，同盟会会员在孙中山领导下先后发动了多次武装起义。在1911年，武昌起义终于推翻了清王朝，建立中华民国。但是中国仍然未能摆脱帝国主义和封建势力的奴役与统治。

此后，又发生了"二次革命"、"护国战争"、"护法运动"、"新文化运动"和"五四运动"等反帝反封建运动。特别是1921年中国诞生了共产党，这是开天辟地的大事变，从此中国人民争取民族解放的斗争进入了新时期。

▲ 林长民(1876-1925年)　福建闽侯(今福州)人。1909年从日本留学归国，"五四"前成为著名的抗日派，他出入朝野，一身二任，巧妙地以民间外交推动政府外交。其维护国权、反对和约的鲜明立场，招致亲日派与日本政府的嫉恨，被视为"五四"游行的煽动者。他在现代中国的知识分子中，颇具典型意义。这是他与女儿林徽因的合影。

▲ 1919年5月2日，北京《晨报》刊登林的文章《外交警报敬告国民》曰："国亡无日，愿合我四万万众誓死图之！"第三天"五四运动"爆发。

相关链接

● 《触摸历史—五四人物与现代中国》(广州出版社)
○ 《近代中国史事日志》郭廷以 编著 (中华书局)
● 《日本侵华七十年》(中国社会科学出版社)

一寸山河一寸血

陈独秀（1880-1942年）

安徽怀宁人。早年参加辛亥革命，曾留学日本。1915年主编《新青年》，倡导科学与民主，1917年任北京大学文科学长，将《新青年》迁往北京。1918年同李大钊创办《每周评论》。他提倡新文化，宣传马克思主义，被称为"五四运动"的总司令。1921年中国共产党成立，被选为书记，是中国共产党的创始人之一。

李大钊（1889-1927年）

河北乐亭人。1913年留学日本，回国后担任北京大学经济学教授和图书馆主任。十月革命后，积极传播马克思列宁主义，指导了五四爱国运动。他是中国最早的马克思主义者，中国共产党的创始人之一，曾帮助孙中山确定联俄、联共、扶助农工三大政策和改组国民党。1927年被军阀张作霖杀害。

▲ 反映五四运动的油画（作者　周令钊）。

资料：中国共产党成立

　　1921年7月23日，中国共产党第一次全国代表大会在上海召开。出席会议的代表13人，代表着上海、北京、武汉、广州、长沙、济南和旅日的各地共产党员组织的50多名党员。另有共产国际代表出席。会议通过了《中国共产党党纲》和《关于当前实际工作的决议》，选举了以陈独秀为书记的中央领导机关。从此，在中国出现了一个完全新型的以实现共产主义为奋斗目标、以马克思列宁主义为行动指南的统一的工人阶级政党。次年7月，中国共产党在上海召开第二次全国代表大会，制定了反对帝国主义反对封建主义的民主革命纲领，提出民主联合战线的政治主张，为中国人民指明了现阶段革命的任务和方向。

▶ 上为《青年杂志》和《新青年》。1915年9月创刊于上海，初名《青年杂志》。主编陈独秀。它是"五四"以前的新文化运动的中心，对"五四运动"的爆发起了宣传鼓动作用。

◀ 1919年6月11日，陈独秀、李大钊共同起草，胡适翻译的《北京市民宣言》，提出"惟有直接行动，以图根本之改造"的号召，为民众运动指明斗争目标。

▶ 1925年5月30日，上海学生和市民为反对日本大班枪杀中国工人顾正红和巡捕房拘捕爱国学生，举行抗议活动，在南京路遭到巡捕的野蛮镇压，酿成震惊中外的"五卅惨案"。这是游行队伍在南京路上的情景。

▼ 《共产党宣言》的第一个中文全译本（陈望道译）。

▼ 北京学生运动，得到全国各地爱国人民的支持。这是上海工人走上街头，支持五四学生运动的情景。

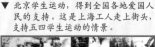

▲ "五四运动"期间，北京清华大学学生正在烧毁日货时的情景。

一寸山河一寸血

相关链接

● 《中华共产党的六十年》胡绳　主编　（中共党史出版社）

○ 《中国共产党历史大事记》中共中央党史研究室　编　（人民出版社）

● 中共"一大"会址纪念馆　（上海）

毛泽东（1893-1976年）

　　湖南湘潭人。早年就读于湖南第一师范学校。十月革命后开始接受并传播马克思列宁主义。1918年建立湖南革命组织新民学会。"五四运动"中，他站在运动的前列，领导了湖南人民的爱国民主运动。以他为代表的中国共产党人，后来克服种种困难，逐步制定和领导执行了使革命由惨重失败转为伟大胜利的总的战略和各项政策，是中国共产党的创始人之一。

周恩来（1898-1976年）

　　浙江绍兴人，生于江苏淮安。"五四运动"时，在天津主编《天津学生联合会报》组织、领导了天津"五四学生运动"。1919年8月率天津学生代表赴京请愿，并组织学生包围天津、北京警察厅，9月建立觉悟社。从"五四运动"起，他开始接受马克思主义。1920年赴法国勤工俭学，1921年加入中国共产党，曾任中共旅欧支部领导人。后来一直是中国共产党的卓越领导人之一。

中国共产党第一次全国代表大会会址——上海法租界望志路一百零六号。（今兴业路七十六号）内景。

▼ 共产党人李立三在五卅运动中向群众发表演讲。

▲ 中国共产党第二次全国代表大会通过并发表的《世界大势与中国共产党》的议决案和《中国共产党宣言》。

在法国勤工俭学的新民学会会员在蒙达尼公园合影。他们中的许多人后来成为中国共产党的领导人和骨干。

▼ 中国社会主义青年团于1922年5月在中共领导下召开第一次全国代表大会。中国青年运动有组织地蓬勃发展起来。图为1924年7月，中国社会主义青年团旅欧区的部分同志合影。

相关链接

● 中国革命历史博物馆　（北京）

○ 中国军事博物馆　（北京）

● 《近百年世界外交史》柳 克 著 （正中书局）

025

杨德群（1902-1926年）

湖南省湘阴县人。北京女子师范大学学生，在同学中堪称"富有思想，大有所为"者。1926年3月18日，为反对日本军舰炮轰天津大沽口，和同学一起去天安门参加反对列强"最后通牒"的国民大会。遭到军阀卫队的镇压，为救助同学刘和珍，不幸中弹牺牲。

魏士毅（1904-1926年）

天津人，北京燕京大学学生。1926年3月18日，为反对日本军舰炮轰天津大沽口，高举校旗和同学一起去天安门参加反对列强"最后通牒"的国民大会。当队伍来到段祺瑞执政府门前时，遭到军阀卫队的镇压，两颗子弹击中她的胸膛，英勇牺牲。

❿ 日本的"东方会议"与《田中奏折》

关键词："东方会议"　《田中奏摺》　蔡智堪

中国日益高涨的民族觉醒和国民革命军的北伐，使日本统治者深感不安。1927年6月27日至7月7日，日本内阁在东京召开了有陆海军首领、驻华使领、关东军司令官等参加的东方会议。会上，内阁首相田中义一以"训示"的形式提出了《对华政策纲领》，其主要内容为：日本将实行"满蒙"与"中国本土"相分离的方针；将对中国内部事务实行武力干涉；确定对当前中国各派政治势力的方针等。

在日本侵华史上，这是一次决定"国策"的重要会议。7月25日，田中向日皇呈奏题为《帝国对满蒙之积极根本政策》的文件，即

▼ 1927年6月27日，日本举行的东方会议。右起第三人为田中义一。

▲ 蔡智堪　台湾苗栗人。1928年赴日本，以补册工人身份进入昭和皇宫书库。在整理书库时，掌握了"东方会议"的记录(即《田中奏折》)。便将抄录的会议记录分数次寄回中国，交张学良和王家桢转呈国民政府，最早揭露了日本军国主义者的侵略野心。

相关链接　　● 《中华民国史画》 (中国国民党党史委员会出版)
　　　　　　　　○ 《时事月报》 （1929年12月 南京）
　　　　　　　　● 文献：《日本两机密文件中译本的来历》 王家桢 著

张挹兰（1893-1927年）

湖南醴陵县人。国民党北京特别市党部妇女部长。曾立志教育救国，后追随李大钊进行革命斗争。担任《妇女之友》杂志主编。1927年4月，在北京西交民巷京师看守所和李大钊、路友于等19位志士一起被奉系军阀绞杀。

当时世界	1925年	
	1月20日	苏日签订相互关系基本原则的协定。
	6月17日	37个国家在日内瓦签署《禁止在战争中使用窒息性、毒性或其它气体和细菌作战方法的议定书》及武器贸易协议。
	1926年	
	12月25日	日本裕仁天皇继位。
	1927年	
	6月20日	英、美、日海军会议在日内瓦开幕。

《田中奏折》。文件提出了日本对外扩张政策的总战略："惟欲征服中国，必先征服满蒙；如欲征服世界，必先征服中国。"文件并详细地阐述了日本实现"满蒙积极政策"的措施和步骤：要以"二十一条"为基础勇往直前；日本必须千方百计取得"满蒙"的土地商租权、铁路建筑权、矿权、林权等；日本人自由出入"满蒙"；设置日本政治、财政和军事顾问和教官；大力奖励朝鲜移民；派遣军人秘密进入蒙古，以控制旧王公等。最后，文件估计在推行大陆政策的进程中，"日本不得不与美一战"，"在北满地方必与赤俄冲突"。为了准备决战，日本要"以军事为目的迅速修建几条有战略价值的铁路，把朝鲜与"满蒙"联在一起，以备对付"假想敌国"和加强对中国东北的经济掠夺和政治控制。

《田中奏折》详尽地暴露出日本企图并吞"满蒙"，征服中国的狂妄计划。

▲ 日本军队在刺杀训练中以模拟的中国人当靶子。

▼ 在军国主义的煽动下，日本的妇女都被组织起来为侵略战争服务。

▲ 当时中国报刊杂志揭露日本特务在郑州进行特务活动的报道。

相关链接

● 《日本军国主义》 万峰 著 （三联书店）
○ 《日本侵华研究》[美国] （日本侵华研究学会）
● 《中国抗日战争图志》之"无形战线"

蔡公时（1888-1928年）

　　江西九江人。国民革命军总司令部战地政务委员兼外交主任。时以外交部山东交涉员的身份与日军交涉。在"五三"惨案中，日军迫他承认衅由我起，他据实反驳，日军残暴地将他挖目、割鼻后枪杀。他的16名随员也在惨遭蹂躏后被杀害。

李延年（1904-1974年）

　　山东广饶县人。北伐军第一集团军团长。1928年，"五三"惨案时受蒋介石之命，和邓殷藩团"留守"济南旧城，掩护大部队撤出，绕道北上。自5月8日起，同日军福田彦助第六师团数度鏖战，坚守城池三天三夜，李团尽管伤亡人数三分之二，但始终没有让日寇进占济南旧城一步，一直坚守到11日才奉令突围撤出。

⑪ 中国的统一与日本的阻挠

关键词："五三惨案" 皇姑屯事件 东北易帜

　　中国国民革命的目的是打倒军阀，完成国家统一，进而废除不平等条约，恢复国家主权和领土完整，建设民主、富强的新中国。当1927年5月，北伐军进入山东时，日本竟以保护侨民为借口，调派军队在青岛登陆，7月曾一度占领济南，日本侵略军的铁蹄践踏胶济铁路沿线各地。北伐军退至长江以南。其后由于国民党各派倾轧，国民革命军总司令蒋介石于8月13日宣布下野，日本政府遂于8月30日宣布从山东撤兵。

　　1928年4月，北伐军再次直趋山东，日本

▲ "五三"惨案发生后，日军师团长福田彦助对北伐军总司令蒋介石提出无理要求的两份文件。

在"五三"惨案中，日军凡遇中国人就放枪开炮，死伤的儿童、妇女、工人、商贩、学生和士兵，残不忍睹。

又再次出兵山东，蓄意挑起事端。5月3日，日本侵略军在最高指挥官福田彦助师团长的指挥下，突然向附近的北伐军军营发动进攻。当天中国军民死亡人数超过1000人。8日，日军对济南城发动总攻击。11日晨，济南沦陷。之后，日军在济南肆意杀人抢掠、奸淫妇女。中国军民死6123人，伤1700余人。因惨案发端于5月3日，故又称"五三惨案"。这次惨案极大地激起了全国人民的抗日情绪。蒋介

▲ 在济南被日军停房的北伐军，后都被日军屠杀。

相关链接

● 《济南五·三惨案》 蒋永敬 编 （正中书局）
○ 文献：《誓雪五三国耻》 蒋中正
● 《中国抗日战争纪实》 VCD第一集 （广州俏佳人文化传播）

张学良（1901-2001年）

辽宁省海城县人。奉系军阀张作霖的长子。1928年"皇姑屯事件"张作霖被日本军人阴谋炸死后，他就任东三省保安总司令，开始统治东北。为抵御日本侵略，同年12月宣布东三省及热河省归顺，服从南京国民政府，结束了军阀割据的局面。同时，出任东北边防军司令长官，陆海空军副司令。

1927年—1928年

当时世界	1927年	
	8月21日	希特勒声称要撕碎《凡尔赛和约》、《圣日尔曼和约》，并决定建立纳粹党的外围群众组织。
	9月18日	德国总统兴登堡不承认德国有战争罪责。
	1928年	
	8月5日	国际联盟正式承认中国南京国民政府。
	8月27日	15国在巴黎签订《非战公约》。

石对"五三惨案"更是有刻骨铭心的痛楚，他在5月9日的日记中写道："余自定日课，以后每日6时起床，必作国耻纪念一次。勿间断，必至国耻洗雪为止。"

但当时蒋介石采取忍让方针，指挥北伐军绕道北上，欲先统一全国。此时执掌北平政府权力的奉系政权岌岌可危，日本方面为了阻挠中国统一，便策划除掉张作霖以制造混乱，乘机武力攫取东三省。6月4日晨5时27分，当张的专车行至奉天近郊的皇姑屯地方(南满铁路与京奉铁路交界的旱桥)时，专车被炸翻起火，张伤重毙命。这就是日军所为、轰动中外的"皇姑屯事件"。张去世后，张作霖之子张学良化装回到沈阳，挫败了日本的阴谋，并于1928年12月29日，毅然通电全国，实行"东北易帜"。电称："力谋统一，贯彻和平，已于即日起，宣布遵守三民主义，服从国民政府，改旗易帜。"31日，张学良被国民政府任命为东北边防军总司令，划热河省归东北地方政府管辖。奉天省改称辽宁省。

▲ 皇姑屯爆炸现场。1928年6月4日晨5时27分，张作霖自北京回奉天(今沈阳)，所乘的火车行驶至西北皇姑屯车站南满路与京奉路交叉处时，预埋的炸药突然爆炸。张作霖被炸成重伤，救回沈阳后，于当日上午9时30分去世。

张作霖专车被炸身死后，其子张学良沉着地处理了事变，于十二月二十九日通电全国改旗易帜，使全国归于统一。图示奉天易帜。

使日本企图乘机武装占领东北的阴谋失败。张学良统一图示奉天易帜。

◀ 张作霖(1875-1928年)
奉天(辽宁)海城人，奉系军阀首领。其初期势力在东三省，以奉天为基本地盘。于帝制运动时反袁，袁死后遂任奉天省督军兼省长，并控制了吉、黑二省。二次直奉战争后，奉系在关内发展势力，到1925年秋，其兵力已达35万人。在"皇姑屯事件"中被日本人阴谋炸伤逝世。

▶ 河本大作 日本关东军高级参谋，"皇姑屯事件"是由他提出计划，选定炸车地点，并调动工兵预埋炸药的。后曾任"满铁"理事、山西省山西产业社长。战后被列入战犯名单，病死在中国。

● 《满洲原野上夕阳》 相良俊辅 著
○ 《中国抗日战争图志》之"皇姑屯事件"
● 《张学良年谱》 张友坤 钱进 主编

相关链接

风萧萧兮易水寒，壮士一去兮不复还……

二　中国的局部抗战

周文贵（1878－1928年）

旅顺人。旅大顺兴铁工厂创始人。1916年，东北人民为反对"二十一条"掀起了爱国储金运动。周亲赴哈尔滨，在储金运动大会上讲演，慷慨激昂，当场用刀砍断自己的无名指，血书"储金救国，勿忘国耻"。并当众献金3万元，以作首倡。从而"引起大众捐献热潮，不仅男子慷慨解囊，即一般妇女亦将耳环、戒指等饰物捐献"。

张伯苓（1876-1951年）

天津人。著名教育家。北洋海军学堂毕业，亲睹中日甲午之战及日本侵略中国情形，对日本向无好感。曾说"邻国之贤，故国之仇也"，曾屡去东北考察，深知东北处境危险，在南开大学组设东北研究会，调查日本侵略东北政经情形，建议对日方策，被日本人深恶痛绝。抗日战争全面爆发后，日军将其主执的南开大学夷为平地。

关键词：满蒙问题 万宝山事件 中村事件

1930年3月，从美国开始爆发的世界经济危机已袭击到日本。不久，日本对外贸易、工业生产全面急剧下降。经济危机同时引发政治危机。当时日民政党政府、军部和社会上日趋抬头的法西斯势力均在探讨如何摆脱困境。最后，在民政党对付经济危机的对策尚未奏效之际，军部鼓吹用武力侵占中国东北的论调，逐渐公开扩大。1930年下半年，日本国内掀起了一阵阵所谓"满蒙危机"的

▲ 日本昭和天皇在大本营召开军事会议时的情景。

叫嚣。声称："满蒙（指中国东北地区）问题是关系到我国存亡的问题，（满蒙）是我国的生命线。"关东军中的法西斯分子板垣征四郎发表演说，叫嚣"只用外交的和平手

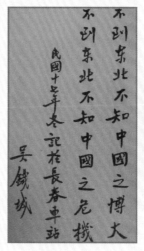

不到东北不知中国之博大

不到东北不知中国之危机

民国十七年冬 记于长春车站

吴铁城

▲ 对中国怀有野心的日本昭和天皇。

◀ 当年中国官员在东北目睹现状后写下的感言。

▼ 当年揭露日本军国主义者挑拨离间中朝民族关系的漫画。

▼ 当年揭露日本国强迫朝鲜人作侵略中国先锋的漫画。

相关链接

● 《日本侵占旅大四十年史》（辽宁人民出版社）
○ 《百年国士》 王大鹏 选编 （中国文联出版社）
● 《日本侵华七十年史》（中国社会科学出版社）

罗家伦（1897-1969年）

浙江绍兴人。五四运动时期的著名健将，曾为国民革命军总司令部参议，后历任中央政治学校代教育长、清华大学校长、中央大学校长。他号召同学雪耻图强，并提出"准备！准备！且看我们中国人能不能把自己的中国整顿好！且看太平洋战争发动时，中国是不是有组织的国家！"

1929年—1930年

当时世界	**1929年**	
	10月下旬	资本主义世界爆发经济危机。
	11月	在太平洋国际学会会议上，中国代表团将《田中奏摺》英译本分发给各国代表。
	1930年	
	1月21日	五国海军会议在伦敦召开。
	10月1日	日本成立法西斯组织"樱会"。
	10月26日	台湾"雾社起义"，日军血腥镇压。

段"不能达到解决满蒙问题的目的。"惟一的方案"是把满蒙"变为我国的领土"。接着日本军部制定了《昭和六年度（即1931年）形势判断》，要求从根本上解决满蒙问题，并分三阶段付诸实施：一、建立一亲日新政权，以代替张学良政权；二、满蒙独立；三、占领满蒙。而《解决满蒙问题方策大纲》则规定日本"约以一年为期"，对中国东北采取军事行动。

1931年六七月间，日本制造了"万宝山事件"，在朝鲜煽动排华风潮；又派遣间谍进行军事侦察活动，挑起了"中村事件"。8月1日，日本任命熟悉东北情况的本庄繁为关东军司令官。9月3日，本庄繁训示高级军官："今后可能发生不祥事件"；"我们必须认识到最后解决的时刻正在迫近"。接着，辽宁、吉林等地日军举行了一连串的"出动演习"。一切预示着战火即将点燃。

▲ "万宝山事件"冲突现场。 万宝山位于长春市北30公里处。恶棍、汉奸郝永德在该地区承租大批土地。他未经县政府批准，擅自转租给流落到中国的朝鲜人李某等耕种。这些朝鲜人引伊通水，截流筑坝，挖沟灌田，使附近中国农民的数万亩土地被水淹没，遂起纠纷。日本乘机派军警干涉，并在朝鲜国内煽动排华风潮。图为朝鲜人在万宝山任意砍伐树木，截流筑坝。坝上是日本军警在担当保护。

资料：日本在东北的侵略机构

1898年沙俄通过《中俄旅大租地条约》，抢占旅顺口、大连湾后，于1899年将旅大地区改称"关东州"。日俄战争后，日本侵占旅大，沿用"关东州"的名称。

日本为了贯彻实施对华侵略、扩张政策，从1906年起，在中国东北地区，设置了一系列的政治、军事机构，不断加强其殖民统治，其中主要以日关东厅、南满铁道株式会社、关东军司令部以及奉天总领事馆合为一体，推行其大陆政策，并霸占铁路、窃取矿山、开设银行和在各处建立工厂，以控制东北地区的经济命脉，成为其强占东北的先导。

其关东军司令部设在旅顺。关东军司令官对上接受日本内阁陆军大臣、大本营参谋长的领导，对下统率、指挥驻扎在中国东北的师团和独立守备队以及旅顺重炮兵大队、关东宪兵队等。关东军司令部设参谋部、副官部、兵器部、经理部等。

▲ 日本参谋本部的间谍中村震中郎(左)和退伍上士井杉延太郎(右)1931年5月，他们以"旅行"、"考察"名义潜入我兴安岭地区，进行军事侦察，被我屯垦军查获后处死。

相关链接

● 《抗日战争》第一卷 (四川大学出版社)
○ 《日本近现代史》第三卷 [日]藤原彰著 (商务印书馆)
● 《昭和天皇》猪濑直树著 (新人物往来社)

一寸河山一寸血

阎宝航（1895-1968年）

辽宁海城人。东北民众抗日救国会负责人之一。曾任东北国民外交协会主席、辽宁省拒毒联合会主席，组织焚烧日本走私人东北的毒品，被称为"东北的林则徐"。又受张学良委托，将所获《田中奏摺》译成英文，公之于世。是张学良的密友和高级幕僚，"九·一八"事变后组织东北抗日活动，支援各地义勇军。

黄显声（1896-1949年）

辽宁凤城人。历任东北军骑兵第二师师长、第53军副军长、辽宁省警务处长等职。"九·一八"事变爆发，率公安警察首先御敌于沈阳，随后转入辽西，成立"辽宁抗日义勇军"，组编成22路，分别委任司令，后发展为58路，约30万人，在辽河两岸，铁路沿线各个据点抗击日军的侵略。

关键词：柳条湖事件　东北军 "不抵抗"
"国际联盟"

　　1931年9月18日夜10时20分，日本关东军岛本大队川岛中队的河本末守中尉率其部下，自行炸毁南满铁路柳条湖附近的一段路轨，事后布置了一个假现场，摆了三具穿中国士兵服的尸体，诬指路轨为中国东北军所毁。以此为借口，于当夜突然向东北军驻地北大营进攻，同时炮轰沈阳城。日本以关东军开始发动的侵华战争从此展开。

　　1931年日本制造了"万宝山事件"，并藉"中村事件"制造紧张局势，国民政府曾下令："无论日本军队此后如何在东北寻衅，

▲ 日军阴谋布置在南满铁路旁的中国人尸体，这是一个假象。

▲ "九·一八"事变期间，被日军捕俘的中国士兵。

◀ 侵占沈阳的日本军队。

▼ 日军在沈阳城垣上向城内射击。

▲ 1931年9月18日，日本关东军自行炸毁的南满铁路柳条湖路段。并布置一个假象，诬路轨为中国东北军所毁。图为炸毁后的残景。

相关链接
● 《"九·一八"抗战史》（辽宁人民出版社）
○ 《张学良文集》（同泽出版社）
● 《日本侵华七十年史》（中国社会科学出版社）

高崇民（1890-1971年）

　　辽宁省开源县人。早年参加"同盟会"。"九·一八"事变后，投身于抗日救亡运动，参与组织"东北民众抗日救国会"、"复东会"。反对不抵抗主义，主张联合抗日。1936年5月，同东北旅陕人士刘澜波、宋黎、车向忱等组成"东北民众救亡会"。

当时世界

3月25日	共产国际执委会在莫斯科举行会议，强调反对军国主义。
3月	日本关东军参谋石原莞尔拟制出《为解决满蒙问题之作战计划大纲》。
7月3日	朝鲜发生暴力排华风潮。
9月24日	苏联声明不干涉"满洲事变"。
12月10日	国际联盟理事会决定派遣代表团调查中国东北事件，英国的李顿任团长。

我方应不予抵抗，力避冲突。"事变发生后，国民政府竟电告东北军："日本此举不过寻常挑衅性质，为免除事件扩大起见，绝对不予抵抗。"驻沈阳及东北各地的大部分中国军队执行不予抵抗的命令，日军迅速占领沈阳。

　　日军在侵占沈阳的同时，开始侵犯安东、凤城、营口和长春。9月22日侵占了吉林。11月19日，日军侵占了齐齐哈尔。翌年的1月3日，日军侵占锦州，攫取了辽宁西部地区；2月5日侵占哈尔滨。在短短的4个多月内，日军便肆意侵占了当时中国东北的三省（辽宁、吉林、黑龙江），相当于日本国土3倍的110万余平方公里的富饶之地。事变发生后，中国政府代表向国联提出申诉，国联曾作出要日军从事变发生后占领的地区撤退的决议，但日本根本不加答理。国联亦未作出对日本制裁的措施。只派出调查团进行调查。

▲ 沈阳"九·一八"国耻纪念碑。

▲ "九·一八"事变后，东北军在锦州大虎山一带所设的防线。

▼ "九·一八"事变后，上海《良友》画报上刊登的两幅漫画。
右图：耗子不会生蛋，赶来和母鸡寻衅，妄想攫夺此蛋以为己有。
左图：谁为戎首。

▲ 关东军司令官本庄繁。

◀ 日军侵占东北后，在张学良的布告上贴上"山海关以东，我们的乐园"字样。

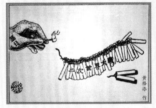

相关链接

● 《中国抗日战争图志》之"九·一八"事变
○ "九·一八"事变博物馆
● 辽宁省近现代史博物馆暨张学良旧居陈列馆

陈正伦（？-1932年）

广东琼州人。陆军第19路军60师119旅1团1营营长。日寇侵占东北，他抚髀长叹，准备作为义勇军，出关收复失地。不久，"一·二八"淞沪战发，他献身是役，身先士卒，与敌肉搏数十次，屡挫敌锋。在激战中，不幸饮弹阵亡。

乔俊卿（1910-1932年）

安徽蚌埠人。陆军第5军88师523团7连中士班长。所部在杨焕桥战壕中与敌激战数昼夜，敌不得逞。2月23日天亮，敌坦克来袭，他挺身出战壕，去重装，弃钢盔，提12磅大炸弹四枚，蛇行至一古树旁。敌坦克三辆旋至，他突起掷弹，炸翻两辆，一弹未燃，又大吼直冲上车背，投弹入车腹，随之一声震天响，与敌同归于尽。

⑭ "一·二八"淞沪抗战

关键词：19路军　第5军　庙行大捷
《上海停战协议》

▲ 1932年1月28日，日军向上海发动进攻。我第19路军、第5军奋起抵抗。图示开赴淞沪前线抗战的中国军队。

1932年初，上海发生了"一·二八"事变。实际上这是日本军国主义为了转移欧美列强对他们炮制伪满洲国的注意力而酿成的又一场侵略战争。日军军国主义之所以选择上海制造事端，是因为上海是欧美各国在华投资最集中及商业利益丰厚的都市，易于受到转移国际视线的效果。同时，可借此打击上海当时极为活跃的抵制日货和救国运动。

1932年1月28日深夜23点30分，当时驻上海的日本海军陆战队兵分五路，突然向我闸北防区发动进攻。其司令监泽幸一曾狂言：在四小时之内便可完全占领上海。在闸北布防的中国19路军奋起抵抗，使其狂言落空。19路军总指挥蒋光鼐、军长蔡廷锴以及淞沪警备司令戴戟率领官兵，先在闸北与敌进行激烈的巷战，接着又在吴淞要塞和江湾、蕴藻浜、庙行、浏河等地与敌血战，粉碎了日军一次又一次进攻。2月18日，张治中率领的第5军也以19路军的名义抵达吴淞前线，与19路军并肩作战，取得了著名的庙行大捷。中国军队前仆后继，浴血战斗一个多月，打死打伤日本侵略军一万多人，日军被迫三易统帅，增兵十万，打破了

▲ 图为东方图书馆被炸。"一·二八"之夜日军大败后，即开始出动飞机狂轰滥炸。位于宝山路上的东方图书馆被炸而焚烧，所藏善本书59435册，其他书籍34万套和价值20万元的报章杂志等毁于一旦。

● 《中国抗日战争图志》之"一·二八"淞沪抗战
相关链接　○ 《抗日战争》第二卷 军事[上]（四川大学出版社）
● 上海淞沪抗战纪念馆（上海宝山）

杨汉臣（？-1932年）

广东合浦人。陆军第19路军121旅2团特务队中尉队副。请假回尊结婚期间，闻"一·二八"事变，毅然返沪归队适值奉令固守江湾。2月21日，敌方猛攻我阵地十余次，所部首当其冲，遂率部与敌肉搏，杀敌难数。在激战中头部中两弹，壮烈牺牲。

马 聪（1901-1932年）

湖南湘潭人。陆军第5军88师524团13连上尉连长。所部在江湾、庙行一线任营预备队。2月22日拂晓，奉命增援右翼最前线，战至中午，所部伤亡过半。他怕阵地一失而牵动全局，乃率残部由战壕内冲出，与敌肉搏，不幸中弹仆地，牺牲前还大喊"前进！杀敌！"所部生还者仅十余人。

▲ 19路军在上海街头与敌巷战。

► 19路军在吴淞炮台向入侵的日舰开炮。这些炮是清朝遗留下来的老式武器。

▼ 日机轰炸上海市区。

▼ 美国电影界到我军作战前线拍摄有声影片。

日军不可战胜的神话，极大地增强了中国人民的抗日斗志。与此同时，日本上层对上海战事的拖延亦有异议，他们担心一旦"上海事件"与"满洲事变"搅在一起，日本在国际上将更形孤立。

但是，国民政府实行一面抵抗、一面交涉的方针，经英、美等国的"调停"，中日双方在3月3日宣布停战，淞沪战役乃告结束。5月5日，国民政府与日本签订了屈辱的《上海停战协定》，协定共5条，其中第2条规定上海至苏州、昆山地区，中国无驻兵权，承认上海为非武装区。第3条规定日本可以在上海地区"驻扎若干军队"。

▲ 图为在"一·二八"抗战中为抢救伤员而牺牲的上海市商会童子军团员。自左依次为：鲍正武、毛征祥、应文达、罗云祥。

◄ **肖 特（1915-1932年）**

罗伯特·肖特（Robert Short），美国飞行员。时正应聘在华工作，目睹日本空军的横暴，义愤填膺。2月21日，独自驾机飞到吴淞上空击落一架日机。2月22日下午4时30分，驾机飞经苏州，遇到六架日机又在肆虐，愤不可遏，冲上前去击落其一架，但终因寡悬殊，卒以身殉。4月24日，上海各界数万人为之公葬。

● 《一·二八淞沪抗战》余子道 张林龙著 （上海人民出版社）
○ 《泣血吴淞口》（上海市宝山区史志办公室编）
● 《中国抗日战争纪实》VCD第一集 （广州俏佳人文化传播）

相关链接

一寸山河一寸血

李春润（1901-1933年）

　　辽宁凤城县人。义勇军辽东总指挥。1933年8月，李部从北平运回大批军火后，日伪军调兵遣将欲消灭李部。17日，致三千余人将李部包围在塔沟，并调三架飞机参战。战斗异常激烈，李不顾一切地端起机枪向扑上来的敌群扫射，后负伤昏倒，被背下阵地。因伤势过重，不幸长逝，实现了"以期天佑中国，收复河山，即马革裹尸，如愿以偿"的决心。

童长荣（1907-1934年）

　　安徽省枞阳人。"九·一八"事变后，任中共东满特委书记，组织东满抗日武装。1934年3月，在吉林汪清县同日军作战中牺牲。

关键词：溥仪　日满议定书　"康德"

　　日本侵略者从"九·一八"事变后采取"以华制华"的方针，处心积虑组织各种维持会，拼凑东北三省的伪政权；同时又挟持清朝皇帝爱新觉罗·溥仪到东北，发表《独立宣言》，妄称东北已脱离中国而"独立"，公开筹建傀儡政权。1932年2月25日，伪"东北行政委员会"公布了所谓《新国家组织大纲》，规定伪国名为"满洲国"，元首称"执政"，国旗为红、蓝、白、黑、黄五色，年号为"大同"，伪首都设在长春，改称"新京"，推溥仪为执政。3月9日，伪满洲国正

▲ 伪满洲国的行政办公大楼。

式成立。

▼ 伪满洲国的宣传品。

▼ 溥仪、婉容与日本中国驻屯军司令官小泉六一中将（右二）合影。

　　与此同时，国际联盟曾派出五人调查团前往中国，调查日本侵占我东北的事实。但日本抢先制造了伪国。中国政府外交部于"满洲国"成立翌日，严正照会日本政府，表示绝对不承认这个傀儡政权。

　　1932年9月15日，日本宣布正式承认伪满洲国。同日，关东军司令兼特命全权大使武藤信义与溥仪会面，在过去密约的基础上公开签订了《日满议定书》。而日本为了继续侵占中国东北，对国联的第二次调查结果极表不满（该报告确认日本对中国不宣而战，

相关链接
　●《"九·一八"抗战史》（辽宁人民出版社）
　○《中国抗日战争图志》之"伪满洲国"
　●《日本侵华七十年史》（中国社会科学出版社）

苗可秀（1906-1935年）

辽宁本溪县人。东北民众自卫军总参议，少年铁血军总司令。1935年6月，他在养伤期间落入魔掌，押解于凤城监狱。敌人拉拢、利诱不成，便以死相威胁。7月25日，敌人押他赴刑场前，强迫他对敌人的"建国六勇士"纪念碑下跪，他宁死不屈，并怒斥日本侵略罪行。敌怕群众骚动，匆忙将他拉往刑场，他慷慨就义。

当时世界	2月19日	美国声明不承认伪满洲国。
	7月27日	日本内阁会议通过决议：在中国东北三省设司令官兼全权代表。
	8月27日	国际反战大会在荷兰阿姆斯特丹召开。
	9月23日	苏联同意伪满洲国领事官员驻莫斯科。
	11月11日	德国大资本家要求希特勒出任总理。
	12月11日	英、法、意、美四国发表宣言，承认德国在军备方面有平等权利。

▲《日满议定书》签字后合影。前排右四为武藤信义，右七为张景惠；第二排右七为板垣征四郎。

▲ 日本在我山海关附近树立的伪满洲国界碑。

▲ 溥仪在日人的指示下，穿元帅装"登极"，成为伪满"康德皇帝"。这是"登极"后的留影。

在长春"祭天"称帝，年号改为"康德"。伪满洲帝国共划分为19个省、一个市（哈尔滨，后降为普通市）。各省下属的县一级机构是日本统治的最基本的地方政权，设日人县参事官和日人警务指导官、经理指导官、产业指导官等，全面控制县一级大权。日本这套特殊的殖民统治体制，基本上持续至1945年日本战败、"满洲帝国"随之消亡之日为止。

◀ 1931年10月30日，日本急谋满蒙"独立"。关东军司令官本庄繁受日军陆军省密令加紧行动，力助汉奸张海鹏进攻黑龙江省，并要求马占山下台。图为溥仪与关东军司令官本庄繁等人合影。

▼ 溥仪的"皇宫"。

割裂大片领土的事实，故要求日本撤军），日本枢密院并不惜于1933年3月27日，决定退出国联。伪满洲国政府终于没有得到任何其他国家的外交承认。

1934年3月，日本帝国主义又把这个"满洲国"，改名为"满洲帝国"。3月1日溥仪

相关链接

● 《九一八事变图片集》（沈阳图书馆编）
○ 吉林省博物馆
● 《从九一八事变到七七事变》（中国文史出版社）

金剑啸（1910-1936年）

辽宁沈阳市人。中共地下党员。1936年6月13日被日军逮捕，后解送到齐齐哈尔市。面对酷刑，坚贞不屈。在敌人审讯中，他未涉及任何组织和同志。8月15日在刑场上，他打掉"送死馒头"，把酒碗砸到刽子手脸上，仰天大笑，从容就义。

王凤阁（1897-1937年）

吉林通化人。抗日救国自卫军司令。1937年2月，他在大罗圈附近与数倍之敌激战，终因弹尽援绝，全军覆没。身负重伤，被俘，押送通化县城。同时被俘的还有他的家人。4月24日，敌人把他一家3口推上刑车。当刽子手令其跪下时，他愤怒地说："活着没向日本人下跪，死也要站着做鬼！"他英勇就义。其夫人、孩子也被杀害。

16 东北义勇军和抗日联军奋起

关键词：马占山 苏炳文 李杜 杨靖宇
赵尚志 周保中

一寸山河一寸血

日本侵略者在制造"满洲国"伪政权后，立即把消灭东北抗日武装放在首位，以图稳定其殖民统治。

1931年"九·一八"事变发生后，激起了中国军民的愤怒抵抗。以原东北军官兵为主体，工人、农民和学生纷纷组成民团、保安队、警察队、红枪会、大刀会、反日山林队等自发组成的东北地区抗日武装队伍，更是风起云涌。他们有的命名为义勇军，有的称自卫军，有的称救国军，但御敌自卫的目标一致，故被统称为东北义勇军，在东北各处对侵略者进行抗击。

在义勇军队伍中，以马占山为首领的最

▼ 冯占海部义勇军攻占双城后在休息。

"东北民众自卫军"总司令邓铁梅被俘后，在敌人面前宁死不屈，于一九三四年九月二十八日在沈阳狱中被日军秘密杀害。

为著名。1931年11月马占山率部在黑龙江江桥一带，英勇抵抗来犯日军，毙敌1181人，振奋全国人心，一时被称颂为民族英雄。继而，东北各地义军纷起，不愿做奴隶的人们为收复失地发愤勇战，沉重地打击了日本侵略者。其中，在黑龙江地区抗击日军的除马占山部外，还有苏炳文、张殿九、谢珂、邓文和李海青等部；在松花江流域奋战的是冯

相关链接

● 《"九·一八"抗战史》(辽宁人民出版社)
○ 《"九·一八"事变》刘庭华 著 国防大学出版社）
● 《东北"大讨伐"》(中华书局)

赵一曼（1906-1936年）

四川宜宾县人。"九·一八"事变后，到东北做女工工作。1935年秋，任东北人民革命军第3军第2团政治委员。在一次战斗中，左腕被打穿，流血过多，昏迷中被捕。狱中受尽严刑拷打，宁死不屈。1936年8月2日，在珠河县北门被敌枪杀，临刑前高呼："打倒日本帝国主义！"

高俊凤（1898-1941年）

黑龙江宁安人。中国国民救国军西南路司令。她骑射娴熟，有勇有谋。1933年率众六百多人，在汪清、敦化、镜泊湖一带与日军作战。1937年9月率部加入东北抗日联军第2路军。1941年春，所部在穆棱九站的南沟遭到数倍敌人的包围，在血战中，她和姚振山、闵宁红等将领及全体官兵都英勇战死。

▲ 向辽西攻击的日军。

▼ 东北义勇军的马队出发作战。

占海、王德林、李杜、丁超（后投敌）、杨耀钧、邢占清、宫长海、姚秉干、陈东山和高玉山等部；在辽宁大地御敌的是黄显声、唐聚五、邓铁梅、耿继周、苗可秀和郑桂林等部。并且还有从关内陆续到达东北各地的学生义勇团，如淞沪义勇军、上海青年团、济南铁血团等，总数达二千四百余人，满腔热血也流洒在白山黑水之间。1932年夏，东三省义勇军鼎盛时期，聚众不下三四十万。

可是，在日军强大的攻势下，至1933年春，除了少数能坚持下去外，绝大部分的东

三省各部义勇军都先后遭到失败，千千万万义勇军战士献出了宝贵的生命，然而，东北人民没有屈服。此时，原由中国共产党领导的各抗日游击队不断发展壮大，并重组为东北抗日联军，在白山黑水间与日本侵略者继续展开了不屈不挠的斗争。

东北义勇军主要将领

▲ 坚持抗日的东北义勇军。

相关链接

● 《伪满宪警统治》（中华书局）
○ 《东北抗日联军斗争史》（人民出版社）
● 《中共抗日部队发展史略》（解放军出版社）

吕大千（1909-1937年）

黑龙江宾县人。中共宝县代理特支书记。1937年5月13日，由于叛徒出卖被捕。在伪警察署对敌人对他审讯时，他乘敌人不备，拔出挂在墙上的战刀，向敌人砍去。在狱中备受酷刑折磨，坚贞不屈，对抗日救国事业充满信心。在牢狱中写诗道："时代转红轮，朝阳日日升。今年春草除，犹有来年春。"7月，英勇就义。

陈荣久（1904-1937年）

黑龙江宁安人。东北抗日联军第7军军长兼第1师师长，中共党员。1937年3月，分兵几路截击敌人，并亲自率领一百五十多人，在饶河县西北与三四百敌人战斗，击毙日军大穗参事官以下三十多名，毙伤伪军几十名，打退了敌人的围攻。傍晚，在掩护部队转移时，不幸中弹，壮烈牺牲。

▲ 1932年春，义勇军攻入沈阳，民众在小东门欢迎。

一九三一年十二月六日，上海青年三百多人自动组成「赴东北援马抗日团」。团长张少杰在北火车站向欢送者致悲壮的诀别词：「除非我们死，我们决不回来！」

资料：东北抗日联军

在日本帝国主义发动"九·一八"事变、武装侵略中国以后，中国共产党就领导首遭战祸的东北人民拿起武器，抗击日本侵略军。1932年，抗日游击队就在东北各地出现。至1933年初，中共先后组建了盘石游击队、东满游击队、珠河(哈东)游击队、密山游击队、宁安游击队、汤原游击队和饶河游击队、巴彦游击队等抗日部队。

1933年5月，中共满洲省委根据中共中央的指示精神总结了经验，逐步改变了某些"左"的政策，积极开展反日民族统一战线工作，团结和争取各种抗日武装共同对敌，从而使东北抗日游击战争得到了进一步发展。1936年2月至1937年10月，各抗日部队先后改编为东北抗日联军，共11个军。联军组成后，各军积极出击，以原来的山地游击区为依托，实行远征或转移，扩大了活动范围。全国抗战开始后，为适应联合作战、共同开辟新区的要求，各部队又组成三个路军的司令部，分别在南满、东满和北满地区统一指挥。

第1路军由杨靖宇任总司令；第2路军由周保中任总指挥；第3路军由李兆麟任总指挥。这三路军的总兵力达到5万多人。他们到处打击日军，被日寇称为"满洲治安之癌"。从1936年到1937年，东北游击战争的广泛发展达到了最高峰。

▼ 东北抗日同盟军在密林中坚持抗战，这是第四军司令部的所在地。

相关链接

● 《东北军与民众抗日救亡运动》（中共党史出版社）
○ 《中共东北军党史概述》（中共党史出版社）
● 《马占山将军》（中国文史出版社）

李福林（1907-1937年）

朝鲜咸镜北道人。哈东游击司令。1918年到吉林省和龙县落户。1937年4月，他率部途径二道河子北山村，被敌人包围。激战一天，黄昏时决定突围。他正指挥队伍，不幸双腿中弹，战友要背他突围，他严词拒绝。他销毁文件后，架起机枪掩护战友。敌冲上阵地，在拼死激战中壮烈牺牲。

冷 云（1915-1938年）

黑龙江桦川县人。东北抗日联军第5军妇女团指导员。1938年10月的一天拂晓，她与七名女战士及5军1师部分同志准备渡河时，遭日军伏击。在三面临敌，一面背水的局面下，冷云等八位姐妹，毅然投向波涛滚滚的乌斯浑河心，随着炮弹的爆炸声，血水染红了河水，八位女战士壮烈殉国。

东北抗日联军主要将领

杨靖宇 东北抗日联军第一路军总司令

周保中 二东北抗日联军路军总指挥第

李兆麟 三东北抗日联军路军总指挥第

王德泰 一东北抗日联军路军副总司令第

赵尚志 二东北抗日联军路军副总指挥第

冯仲云 三东北抗日联军路军政治委员第

魏拯民 一东北抗日联军路军政治部主任第

柴世荣 二东北抗日联军路军第五军军长第

许亨植 三东北抗日联军路军参谋长第

宋铁岩 军第一军政治部主任东北抗日联军第一路

崔石泉 二路军参谋长东北抗日联军第

赵一曼 三军二团政治委员东北人民革命军第

▼ 被日寇逮捕的抗日战士。

▲ 活跃在吉林省敦化县牛心顶子一带的东北抗日联军，第二路军的部分战士。

▼ 1939年冬，东北抗日联军第一路军在辽吉边区雪林中的营地。

▼ 被东北抗日联军炸毁的铁路和火车。

▼ 出击炸毁南满铁路的抗联战士，在完成任务后的合影。

● 《中国抗日战争图志》之"东北抗日联军的作战"

相关链接　　○ 东北烈士纪念馆（哈尔滨）

● 《日人笔下的九一八事变》 陈鹏仁 译 (水牛出版社)

一寸山河一寸血

林海雪原中的英雄
——杨靖宇

▲ 杨靖宇将军画像。

▲ 杨靖宇年轻时代的照片。

▲ 东北抗日联军第一路军，在辽吉边区森林中的营地。

▲ 东北抗日联军在伏击敌人。
▼ 抗联第一路军的布告。

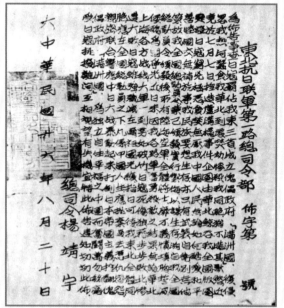

杨靖宇(1905-1940年)

原名马尚德。河南确山人。1927年加入中国共产党。同年10月，领导确山农民秋收起义，建立鄂豫皖边区工农民主政府和农民革命军(后改为工农红军游击队)。后受中共党组织委派到辽宁抚顺、本溪做工运工作。曾五次被捕。九一八事变后，被中共党组织营救出狱。次年，任中共哈尔滨市委书记，代理中共满洲省委军委书记等职。将盘石、海龙的工农义勇军改编为南满和海龙游击队。1933年任南满游击队政治委员，领导建立了以盘石县玻璃河套为中心的抗日根据地。1933年9月，任东北人民革命军第1军独立师师长兼政委。次年4月，任南满抗日联合军总指挥。1934年11月，任中共满洲特委常委兼东北人民革命军第1军军长。并当选为中华苏维埃中央政府执行委员会委员。1936年2月，任东北抗日联军第1军军长兼政治委员。6月，任东北抗日联军第1路军总指挥兼政治委员。指挥所部粉碎敌人的多次"扫荡"，并在本溪以东歼灭南满汉奸邵本良部。全面抗战爆发后，率领东北抗联各部在敌后全力牵制敌军，以配合关内抗战。全国抗战进入相持阶段后，所部亦在极端艰苦的条件下，转战各地，坚持抗战。1940年初，率部到吉林蒙江县开展活动时，遭敌重兵围堵。遂指挥所部化整为零，分散突围，并亲率50余人东进。由于叛徒出卖，所部陷入敌人重围。2月23日，只身一人被敌包围在蒙江县三道崴子林中。面对强敌，毫不畏惧，手持双枪与敌激战近半小时，毙敌多名，不幸身中数弹，壮烈殉国。

敌人获得了他的遗体，非常得意。他们切开了遗体的胸腹，想看看这位战斗到底的人是靠着什么坚持了这么多天的。胃被切开了，他们没有找到一粒粮食，只有树皮、草根和棉絮！看到这些，在场的中日医护人员都低下了头。连日军头目也惊讶得目瞪口呆，半晌才连连说："杨靖宇，中国的英雄"！

▼ 东北抗日联军第一路军的部分警卫战士。

相关链接

● 《东北抗日联军斗争史》 (人民出版社)
○ 《中共抗日部队发展史略》 (解放军出版社)
● 东北烈士纪念馆 (哈尔滨)

一寸山河一寸血

▲ 日军将杨靖宇的头颅割下示众，并将他的腹部剖开，发现腹内没有一粒粮食，全是草根和树皮。

▲ 围剿杨靖宇将军的刽子手在一起合影。

▲ 杨靖宇牺牲后，日军获得他的遗体时的情景。

▲ 杨靖宇将军当年殉国处的情景。

▲ 杨靖宇烈士陵园中的塑像。

▼ 杨靖宇将军殉国处现在的全貌。图中亭子的位置为他牺牲的地方。

相关链接
● 《抗战英烈录》（北京出版社）
○ 杨靖宇烈士陵园（吉林通化）
● 《中国抗日战争图志》之"东北抗日联军的作战"

安德馨（1893-1933年）

陆军第57军第9旅626团1营营长。1933年1月初，日军猛攻山海关，安率所部在南门奋力抵抗，寸土不让，激战至1月3日，安营官兵全部壮烈牺牲。

王澜波（1905-1933年）

四川开县人。陆军第25师149团上校团长。1933年初，奉命由徐州北上抗日。3月12日，王团奉命攻占潮河北岸高地，行至山腰，遭日军伏击。王沉着指挥，率官兵以手榴弹、刺刀与敌短兵相搏，终于击退敌人，占领了高地。激战中，不幸壮烈牺牲。

⑰ 日本从关外入侵关内

关键词：长城抗战 热河抗战 察哈尔抗战

日本在武力侵占东三省后不久，又策划夺取热河省及侵占华北。热河（旧省名），位于辽宁、察哈尔两省之间，南与河北省为邻，万里长城就在其南境。日本军国主义者在炮制"满洲国"时就已公开宣称热河在其版图之内。"九·一八"事变后，日军忙于在辽宁、吉林、黑龙江三省镇压抗日武装，故一时无法兼并热河。

1933年1月1日夜晚，日军在山海关挑衅，制造事端。驻守该地的东北军以不足一团的兵力与海陆空密切配合的强敌拼搏。1月3日，山海关终于不保。山海关沦陷后，热河形势危急。3月1日热河省主席汤玉麟弃职而逃。

▲ 1933年1月1日，日本以猛烈的炮火向山海关倾泻，这是被日机炸毁的山海关南门。

▼ 东北军何柱国部以不足一团的兵力在山海关抵御日军侵犯。这是他在视察守土的士兵。

▲ 日军在长城古北口一线，向我军发动进攻。

相关链接

● 《中国抗日战争图志》之"长城抗战"
○ 《长城风云录》（上海书店出版社）
● 《从九一八到七七事变》（中国文史出版社）

何柱国（1897-1985年）

　　广西容县人。东北军第57军军长。1933年1月，日军进犯山海关，何柱国率部打响长城抗战第一枪。其告士兵书称"愿与我忠勇将士，共洒此最后一滴之血，于渤海湾头，长城窟里，为人类张正义，为民族争生存，为国家雪耻，为军人树人格。上以慰我黄炎祖宗在天之灵，下以救我东北民众沦亡之惨"。所部浴血奋战，给日寇以重创。

1933年

当时世界	1月15日	美国政府通告各国不承认伪满洲国。
	1月30日	德国兴登堡任命希特勒为政府总理，纳粹党上台执政。
	2月24日	国际联盟谴责日本为侵略者。
	2月27日	希特勒制造"国会纵火案"。
	3月27日	日本退出国际联盟。
	5月2日	苏联向日本出卖中东铁路权益。
	7月3日	十一国签订关于侵略定义的公约。

▲ 第29军军长宋哲元在长城抗战时的手迹。

▲ 第29军军长宋哲元和士兵一起高呼抗日口号。

▲ 中国军队开赴长城前线。

▼ 蒋介石给长城前线部队的信。

　　3月4日，日军占领热河省会承德。自此，东北四省悉入日本掌握之内，察哈尔及河北两省开始直接受到威胁。

　　热河沦陷后，蒋介石在形势及抗日呼声的压力下，调派南京政府中央系3个师兵力到北方，加入原在长城一线的东北军、西北军等部队的战斗行列；并以何应钦兼代军事委员会北平军分会委员长，秉承国民政府一面抵抗一面交涉的政策，沿长城线布防，阻止日军进攻。按照这一布局，各部队正在调整之际，日军突然发动了对长城各口的进攻。但在古老的长城线上，日军却意外地遇到了中国军队顽强的抗击。中国军队在装备极其简陋的情况下，主要用大刀和手榴弹与日寇拼杀，许多阵地失而复得，形成拉锯战，使侵略者付出了重大代价，死亡二千六百余人。但是我军悲壮的战斗终能抵抗敌人新式而猛烈的武器。5月12日后，东路我军撤退；北

相关链接

● 文献：《长城抗战概述》（黄绍竑）
○ 文献：《山海关防御战》（何柱国）
● 文献：《二十九军在喜峰口的抗战》（何基沣）

一寸山河一寸血

冯玉祥（1882-1948年）

安徽巢县人。早年从军。1926年加入国民党，任西北国民革命军总司令，参加北伐战争。"九·一八"事变后，主张抗日，反对不抵抗政策。1933年5月，在张家口与吉鸿昌等组织察哈尔民众抗日同盟军，任总司令，领导所部收复康保、宝昌、多伦等地。

方振武（1885-1941年）

安徽寿县人。早年加入同盟会，参加辛亥革命。"九·一八"事变后，任国民政府委员。1931年，起兵晋南，成立抗日救国军，任总指挥，领兵北上察哈尔。1933年5月，与冯玉祥、吉鸿昌等在张家口成立察哈尔民众抗日同盟军，任前敌总司令。同盟军先后收复了康保、宝昌、沽源和多伦。8月，冯玉祥被迫辞去总司令之职后，他通电代理总司令，转战于冀察地区，给日伪以重创。

路我军苦战3昼夜后也退到了密云。5月23日，北平政务整理委员会的代表与敌商议停战。但这时，我59军的健儿在怀柔县附近正与日军血战。这一战从上午4时打到下午7时，战况空前剧烈，这是长城抗战的最后一场恶战。

5月31日，国民政府北平军分会的代表与日方签署了屈辱的《塘沽停战协定》。由于长城线和中国撤军线之间定为非武装区(停战区)，日本侵略华北的通路从此被打开。正当《塘沽停战协定》签订之时，冯玉祥与中国共产党合作的察哈尔抗日同盟军起于塞北抗战前线，对日本侵略军与伪军展开了英勇的斗争。

资料：察哈尔抗日同盟军

热河沦陷后，由东北三省退到热河境内的大批义勇军，又退入察哈尔(旧省名，辖今河北省西北部及内蒙古自治区锡林郭勒盟)境内，投奔力主抗战的原西北军将领冯玉祥。1933年5月24日，盘踞在多伦的日伪军进占沽源，察省形势危急。5月26日，各界代表在张家口召开了察哈尔省民众御侮救亡大会，冯玉祥在中国共产党的支持下，以29军教导团和方振武所部为主，结合义勇军，组成了8万余人的民众抗日同盟军，并任总司令。

随后，以吉鸿昌为北路前敌指挥，邓文为左副指挥，李忠义为右副指挥，方振武为北路前敌总司令，率部队北进。6月22日，民众抗日同盟军收复康保；7月1日收复宝昌、沽源；而后向多伦进军。7月4日，同盟军抵达多伦外围，与敌前哨接触；7日向敌发起反攻，吉鸿昌、邓文和李忠义都亲临前线指挥。12日晨1时，再次总攻，吉鸿昌袒臂冲锋，收复多伦。这是"九·一八"事变后中国军队首次攻克日军据点，因而中外震惊，举国开颜。

民众抗日同盟军为收复察东四县立了功，但是，蒋介石却认为他们的行动是不服从政府而予以反对。同年8月，冯玉祥被迫解职，离开张家口。吉鸿昌、方振武将所部改称"抗日讨贼军"，转战于丰宁、独石口、怀柔、密云等地，继续抗击日伪军。后在小易山地区遭到日军和国民政府所派的中央军的夹击，乃告失败，吉、方两人脱险逃走。

▼ 在喜峰口，半小时内手斩日寇12人的我大刀队战士与来访的北平人民自卫会会员李大钧合影。

▲ 日军的飞机在长城沿线上空侦察。

◀ 我军大刀队在长城抗战中大显雄威，这是阵地上用大刀和日军搏斗的战士。

相关链接

● 文献：《古北口抗战纪实》(杜聿明 郑洞国 覃异之)
◯ 文献：《黄郛与〈塘沽协议〉》
◯ 张家口博物馆 (河北 张家口)

吉鸿昌（1895-1934年）

河南扶沟人。抗日同盟军第2军军长兼前敌总指挥。18岁投笔从戎，立志救国。在指挥攻打多伦的战斗中，身先士卒，袒臂冲锋，连克数垒，威震敌胆。

宣侠父（1899-1938年）

浙江诸暨人。中国共产党党员，黄埔军校一期生。1933推动成立察哈尔民众抗日同盟军，任中共前线委员，吉鸿昌部第二军政治部主任兼五师师长、抗日同盟军军事委员会常委，率部同日军作战。

▲ 张家口博物馆内反映察哈尔抗日同盟军收复多伦战斗场面的绘画。图中手提大刀、袒臂冲锋的为吉鸿昌将军。

▼ 1933年7月，察哈尔民众抗日同盟军收复多伦。

▼ 大境门位于张家口市，是万里长城的重要关隘，在大境门上有清代察哈尔都统高维岳所书的"大好河山"，这里是历代兵家必争之地。当年抗日同盟军由此出发收复失地。

▲ 位于张家口市内的"民众抗日同盟军收复察东失地阵亡将士纪念塔"。

▼ 在前线与敌作战的抗日战士。

● 《中国抗日战争图志》之"察哈尔民众抗日同盟军的抗战"

○ 文献：《察哈尔抗日民众始末》（高树勋 张允荣 邓哲熙）

○ 文献：《跟随冯玉祥在张家口抗日》（刘公民）

沈钧儒（1875-1963年）

浙江嘉兴人。辛亥革命后参加同盟会，曾任国会议员，反对袁世凯称帝和曹锟贿选总统。"九·一八"事变后，呼吁抗日，1935年与邹韬奋等人组织上海文化界救国会。1936年与宋庆龄等组织全国各界救国联合会。同年11月，与史良等七人被国民党当局逮捕，是为"七君子事件"。抗战爆发后获释。

邹韬奋（1895-1944年）

江西余江人，生于福建长乐。"九·一八"事变后，主张抗日救亡，反对国民党的不抵抗政策。1932年创办生活书店。1933年初参加中国民权保障同盟，当选为执行委员。主编《大众生活》周刊、《生活日报》、《生活星期刊》，并参与领导上海各界救国会和全国各界救国联合会。1936年11月22日，与沈钧儒等七人被国民党政府逮捕。抗日战争开始后获释。

18 日本加紧分割华北

关键词：《塘沽停战协定》 "何梅协定"
《秦土协定》

《塘沽停战协定》后，日本侵略者利用它所得的有利条件，更加肆无忌惮地向天津以至整个华北实行侵略和扩张。他们推行使华北逐步脱离中国政府，扶植汉奸及亲日分子建立傀儡政权的政策。

1935年5月，日本借口天津日租界两个主办亲日报纸的胡恩溥、白逾桓被杀和东北义勇军孙永勤部进入冀东"非武装区域"，遂指责中国方面"破坏"《塘沽停战协定》。6月9日，日本华北驻屯军司令官梅津美治郎向国民政府军事委员会北平分会代理委员长何应钦提出：国民党政府取消在河北的党部机关；中国驻河北的中央军和东北军一律撤退；禁止一切抗日活动等。在日方催逼下，何应钦表示承诺日方提出的要求，以复函的方式表示，中方"自主的期其遂行"。这就是所谓的"何梅协定"。

▲ 在河北通县成立的伪冀东防共自治委员会的主要成员，左四是为大汉奸殷汝耕。

与此同时，1935年5月底，日本4名特务从察热边界上的军事要地多伦潜入察哈尔境内张家口进行军事侦察活动，在张北县被中国驻军扣留。日本以此作借口，提出无理要

▼ 驻在华北的日本侵略军。

相关链接
● 《抗日战争》第一卷（四川大学出版社）
○ 《中国抗日战争图志》之"华北事变"
● 文献：《天羽声明》（1934.4.1726）

一寸山河一寸血

李公朴（1900-1946年）

江苏扬州人。"九·一八"事变后，与邹韬奋、杜重远一起筹办《生活日报》。1935年在上海参与组织救国会，次年被推选为全国各界救国联合会负责人之一。1936年11月，与沈钧儒等七人被国民党当局逮捕入狱，是"救国会七君子"之一。

1933年—1934年

当时世界	1933年	日本在中国哈尔滨秘密设置细菌战研究所。
	1934年	
	4月17日	日本发表《天羽声明》，声称要排挤英美在华势力，关闭中国门户，把中国视为日本独占的殖民地和"保护国"。
	8月2日	德国兴登堡病故，希特勒任德国国家元首兼总理、武装力量总司令。
	12月31日	意大利通过《意大利国家军事化》法律。

求。国民政府派察哈尔省政府代理主席秦德纯与日本特务机关长土肥原贤二进行谈判，6月27日以换文方式达成《秦土协定》。

"何梅协定"突破了《塘沽协定》的范围，日本的侵略势力扩及整个河北省；《秦土协定》则延伸了《塘沽协定》的中国撤军线，把察哈尔省设定为中国撤军区。接着，日本侵略者又策动汉奸制造所谓华北五省"自治运动"，企图使河北、察哈尔、绥远、山东、山西等省脱离中国政府。10月，日本派特务唆使汉奸、流氓在河北省东部的香河县举行暴动，占领县城。11月，汉奸殷汝耕在通县成立所谓"冀东防共自治委员会"（后来改称"冀东防共自治政府"）。面对各方面的压力，国民政府于12月指派宋哲元成立冀察政务委员会，以此来应付当时的危局，但华北局势已危如累卵。

▲ 1936年，延安《解放日报》批判"何梅协定"的内容。

▶ 右上：平津两地的"日本国防妇人会"组织在华的日本妇女在车站欢迎日军。

▲ 被中国捕获的日本豫陕甘特务总机关长志贺（左）与其助手山口（中）和田中（右）。

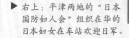

▼ 堆积在铁路旁的日本走私物品。

▼ 1935年，日本策动搞华北五省脱离中国政府的所谓"自治"运动。图为日人所设的伪冀东防共自治政府。

▼ 日军在华北进行军事演习，向我示威。

一寸山河一寸血

相关链接

● 《抗日战争研究》（现代史研究杂志社）

○ 文献：《为抗日救国告全体同胞书》（《八一宣言》，1935.8.1）

● 文献：《平津十校学生自治会为抗日救国争自由宣言》（1935.11.1）

沙千里（1901-1982年）

上海人。"九·一八"事变后，参与发起组织上海市职业界救国会，上海市各界救国联合会、全国各界救国联合会，并分别担任常务理事、执行委员、常务委员等职。1935年创办《生活知识》半月刊，宣传抗日主张。1936年11月，与沈钧儒、史良等人一起被捕入狱，是"救国会七君子"之一。

章乃器（1896-1977年）

浙江青田人。"九·一八"事变后，积极投入爱国救亡运动。1935年与沈钧儒等人组织成立上海各界救国会。1936年参与组织全国各界救国联合会，参与起草联合会章程及《抗日救国初步政治纲领》。同年11月与李公朴、沈钧儒等人同时被国民政府逮捕，为"救国会七君子"之一。

1935.12.9 ❮

⓳ "一二·九" 运动 与忧时言论

❯ 1936.12.12

关键词：亡国灭种　　停止内战　　一致对外

▲ 1932年1月31日，上海民众反日会不顾租界当局的禁令，在沪西劳勃生路(今长寿路)举行市民抗日大会，遭到租界巡捕干涉，群众即举行示威游行，队伍通过南京路至沪中区东新桥(今湖北路北海路)开会。图为会场情景。

日本侵略者的步步紧逼，国民政府的步步退让，使全国同胞满怀亡国灭种、大祸在即的深忧。北平有一个暑期回家的学生，曾在宿舍墙上，写下临别感言："十载寒窗，考进清华，不料大好河山将非我有，真是可叹可恨！"表达了当时北平学生的共同心情。当时的形势是"华北之大，已经安放不下一张平静书桌了"。

1935年12月9日，在中国共产党领导下，北平五六千学生齐集新华门前请愿，高喊"打倒汉奸"、"反对华北自治运动"、"打倒日本帝国主义"、"停止内战，一致对外"等口号。随后，举行了声势浩大的示威游行。游行队伍在王府井大街南口和东长安街与军警发生了冲突。学生们把"九·一八"以来积压在心头的仇恨和愤怒都喷发了出来。史称"一二·九"运动。第二天，北平各校学生宣布总罢课。12月16日，北平44所大、中学校学生和市民3万余人，又先后集合在天桥广场和正阳门前召开市民大会，学生们还分别向市民讲演，全体学生哭声凄惨，围立两旁的市民无不洒泪呜咽。北平学生的爱国行动迅速影响全国各地，扩大成为全国各阶层人

▲ 1935年12月9日，学生们在紧闭的北平西直门前，等待交涉入城。

相关链接

● 《中国现代史资料选辑》 第四册 (中国人民大学出版社)
○ 《中国抗日战争图志》之"一二·九运动"
◐ 文献：北平各校通电 (1935.12.6)

杜重远（1897-1943年）

辽宁开原县人。"九·一八"事变后去上海，组织东北民众抗日救国会。并帮助邹韬奋编辑《生活周刊》。1934年2月创办《新生周刊》，任主编及发行人。1935年5月刊载"闲话皇帝"一文，因文中涉及日本天皇，引起日本驻沪领事的抗议，被国民党当局逮捕，《新生周刊》遭封闭。1937年9月去新疆，1943年10月被盛世才害死于狱中。

1935年

▲ 左：一学生站在电车上演讲。
右：上海市民举行抗战救亡大会，准备进京请愿的情景。

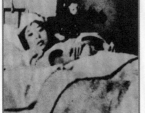

◄ 在与军警冲突中受伤的学生。

北平各校学生数千人游行至正阳门后，正商议对策。

学生们在正阳门前召开市民大会，通过了五项决议。

民声势浩大的爱国反日浪潮。

从12月11日开始，天津、保定、太原、杭州、上海、武汉、成都、重庆、广州等大中城市先后爆发学生的爱国集会和示威游行。许多地方的工厂也举行罢工。上海的律师公会、全国商联会、市教育会、市总工会、会计师公会、记者公会和市农会等14个法团在致北平学生的慰问电中说："窃自国难以来，国人谅政府处境艰苦，忍痛饮泣，以待卧薪尝胆之自奋者，于今已四年矣。诸君迫于积愤，不畏刀锋，以徒手哀求之诚，为保全领土主权完整之运动，其心至苦，其气至壮，远道闻风，无不感奋。除分电国府中枢长官及冀省宋主席外，谨此慰问。愿诸君爱国无畏之志，为合于自卫之进取，同人不敏，誓为后盾。"这表达了广大民众的心声。

▼ 1935年12月24日，上海复旦大学、东南医学院、建国中学、暨南大学、大夏大学、新亚中学、同济大学等校学生组成的赴京请愿团冲破重重阻力，3000多人于当日下午在北站登车出发。

● 文献：《清华大学救国会告全国民众书》（1935.12.9）

○ 文献：《北平市各大学校长联合发告学生书》（1935.12.14）

● 文献：《中华全国总工会为援助北平学生救国运动告工友书》（1935.12.18）

相关链接

傅作义（1895-1974年）

　　山西荣河（今属临猗）人。1933年任华北军第七军团总指挥，率部参加长城抗战，夺回冷口等军事要地。1935年当选为国民党第五届中央执行委员。1936年11月率部进行绥远抗战，收复百灵庙等战略要地，使全国军民为之振奋。

董其武（1899-1989年）

　　山西河津人。1928年入傅作义部，历任副团长、团长。1933年参加长城抗战，任436团团长。1936年任第35军68师118旅旅长，参加绥远抗战。在红格尔图战役结束后，被誉为"绥东抗战"中的五英雄之一。

关键词：德王　满蒙政策　百灵庙　大庙子

　　1935年12月以宋哲元为委员长的冀察政务委员会成立后，标志着日本把华北特殊化政策进一步落实。于是日本加紧为建立伪"蒙古国"打基础。1936年5月，关东军参谋部制定《对蒙（西北）施军要领》，提出要加强蒙奸德王掌权的"内蒙古军政府"，巩固其在察哈尔的统治，并以此为基地，向绥远(旧省名，今内蒙古自治区呼和浩特市、包头市等地)扩展势力，进而谋求向外蒙古以及青海、新疆、西藏等地扩展。为此日本不惜派遣大量军官担任伪军部队的教练和作战指挥，扩充伪军以实现其所谓"满蒙政策"。

　　1936年8月，日本侵略者即指挥伪蒙军，向绥远东北进攻。我绥远省政府主席兼第35军军长傅作义等率部奋起抵抗，展开了绥远

▲ 指挥绥远抗战的三位将领。　左起：赵承绶、傅作义、王靖国。

抗战。同时，日伪侵绥的消息震动了整个中国，各界人士纷纷举行各种形式的援绥抗日活动。

▼ 20世纪30年代的归绥城（今内蒙古自治区首府呼和浩特市）。

▼ 站在绥远抗日前线的战士。

▼ 百灵庙。傅作义部在百灵庙与敌军激战，24日晨克复百灵庙。

相关链接

● 《中国抗日战争图志》之"绥远抗战"

○ 文献：《绥远抗战始末》（孙兰峰 董其武）

● 文献：《记红格尔图之战》（李忠孚）

一寸山河一寸血

达密凌苏龙

　　蒙古族。正黄旗总管兼绥东四旗蒙族保安司令，在战斗中，率蒙族军民密切配合，在外围堵截逃散的日伪军，为红格尔图战役胜利作出很大的贡献。

1936年

当时世界	2月26日	日本爆发"二·二六"事件。
	2月29日	美国国会批准新修改的《中立法案》。
	6月3日	日本修订《帝国国防方针》。
	6月26日	德国军政部发布"统一准备一次可能的战争"的命令。
	10月25日	德意两国签订《柏林协定》。
	11月25日	德日于柏林签订《反共产国际协定》。

　　绥远抗战的第一阶段是红格尔图战役，第二阶段是百灵庙战役，尾声是收复大庙子。首战，保卫红格尔图，我守军自11月13日至19日，战斗7昼夜，打退了日伪的猛烈进攻，并发动夜袭，摧毁了日军指挥官田中隆吉及匪首王英的指挥部。随后，部队冒着零下二十多度严寒，踏着一尺多深的积雪，出其不意，于11月24日全歼日伪军，收复了百灵庙。12月29日，我军收复了日伪的重要据点大庙子。至此，该地区的战役全部结束。绥远抗战是中国军队自1933年长城抗战以来的第一次胜利，使全国广大军民欢欣鼓舞。

　　关东军一手导演的侵绥战争惨败使日本在内蒙的侵略遭到重大挫折。它本欲假手伪军向绥远扩张势力，结果反而丧失了原在绥远的据点。自此一役，国民政府对日外交日趋坚定。正当日本统治集团对如何改变在华不利局面意见不一时，中国内部形势突然出现重大转折，震惊中外的西安事变发生了。

▲ 傅作义等部队长官在冰天雪地中视察阵地。

▼ 曾出骑兵截击日伪军的蒙古族的袍子队。

▼ 当时画家所作的反映我军收复百灵庙，取得绥远抗战胜利的版画。

相关链接

● 文献:《红格尔图保卫战》(张培勋)
○ 文献:《百灵庙战役纪实》(孙长胜)
● 文献:《收复百灵庙的战斗》(韩天春)

李克农（1898-1962年）

安徽巢县人。中共中央联络局局长、中共中央代表团秘书长。在西安事变前，首先代表红军与张学良会谈，为以后的周恩来与张学良会谈和国共合作，一致抗日打下了基础。

高福源（1901-1937年）

东北军第619团团长。1935年10月在榆林桥与红军作战时被俘，后自愿做沟通红军与东北军关系的使者。曾奔走于瓦窑堡与洛川之间，为毛泽东、周恩来和张学良传信，促成了周恩来与张学良在肤施（今延安）的会谈。

1931.7.23 <

㉑ "攘外必先安内"政策

> 1936.12.12

关键词：南京政府 围剿 民族危机

中国国民政府于1927年在南京宣告成立以后，它的内外基本政策是"内求统一，外争独立"，建设三民主义共和国。但是南京政府要求的"统一"，是在"剿灭"中国共产党以及消灭其它的异己势力的基础上实现的统一。

南京政府建立伊始，富于侵略野心的日本军国主义正在变本加厉地对中国实行扩张侵略，造成了中国空前严重的民族危机，也对南京政府的统治形成重要威胁。于是，南京政府面临着两方面的矛盾：在国内，有它同共产党之间的矛盾，和旧军阀以及各派反

▲ 制定"攘外必先安内"政策的蒋介石。

▼ 1932年5月，蒋介石在汉口成立豫鄂皖"剿匪"总部。这是10月30日，豫皖两省行政督察专员在"剿匪"总司令部门前合影。

▼ 蒋介石关于"攘外必先安内"政策的手谕。

相关链接

● 《中国现代史资料选辑》第四册（中国人民大学出版社）
○ 《中央革命根据地史料选编》（江西人民出版社）
● 《中国共产党历史大事记》（人民出版社）

南汉宸（1895-1967年）

山西洪洞人。中共党员。1930年杨虎城主陕时期任陕西省府秘书长。中国共产党从1935年开始争取杨虎城和17路军同红军合作，一致抗日。《八一宣言》发表不久，他于1935年11月到南京见杨虎城，告以《八一宣言》内容，建议双方合作，杨赞成《八一宣言》，并同意与陕北方面沟通关系。

王炳南（1908-1988年）

陕西乾县人。1926年加入共产党。1929年后相继赴日本、德国留学，曾任旅欧华侨反帝同盟会主席等职。1936年回国，被派到杨虎城部工作。同年协助中共代表团和平解决"西安事变"。抗日战争时期，任全国各界救国会中央常委、中共中央南方局后补委员和外事组组长。

蒋势力之间的矛盾；在外部，面对着日本侵略者的步步进逼。

面对内外矛盾的交织，蒋介石把国民政府的政策概括为"攘外必先安内"。1931年7月23日，他发表的《告全国同胞书》中，定下了"攘外必先安内"的基调："当此赤匪、军阀、叛徒与帝国主义者联合进攻，生死存亡间不容发之秋，自应以卧薪尝胆之精神，以忍辱负重之毅力，雪党国百年之奇耻。惟攘外应先安内，去腐乃能防虫。……故不先消灭赤匪，恢复民族之元气，则不能御侮。不先削平叛逆，完成国家之统一，则不能攘外。"这一政策从"九·一八"事变到西安事变前后推行近六年之久。

中国内部中央政府与地方军政集团间、国民政府与工农红军间的内战，削弱和损害了中国的国防力量，让日本侵略者有机可乘。幸而，最后在国家存亡之秋，内战最终不得不被停止。

▲ 中国共产党领导的工农红军在反击国民党军队的"围剿"中。

一九三五年五月，中国共产党驻共产国际代表团在莫斯科编辑、在巴黎发行的《救国时报》（发行至一九三八年二月），向全世界宣传抗日救国主张。这是《救国时报》第一期。

▼ 蒋介石在庐山视察军官训练团。

▼ 国民党第四届中央执行委员第二次全体会议在洛阳的合影。

相关链接

● 《中华民国法规大全》（商务印书馆）
○ 文献："剿匪"区内各县编查保甲户口条例（1932.8）
● 文献：修正保甲条例（1934.2）

张学良（1901-2001年）

辽宁海城人。国民党将领，"西安事变"的组织者。1935年奉命率军到西北与红军作战，多次失利后接受中国共产党的"停止内战，一致抗日"的主张。1936年12月12日与杨虎城在西安扣蒋介石，逼蒋与中共合作抗日，史称"西安事变"。事变结束后亲自送蒋回南京，从此被蒋软禁。

杨虎城（1892-1949年）

陕西蒲城人。国民党爱国将领，曾参加辛亥革命。1936年12月在中国共产党抗日民族统一战线政策的影响下，和张学良一起发动"西安事变"，扣留了蒋介石，逼蒋接受停止内战一致抗日的主张。"西安事变"解决后，被蒋逼令离军出国。抗日战争爆发后，毅然回国参加抗战，但却被蒋囚禁，并于1949年被杀害。

关键词：联共抗日 停止内战 兵谏 华清池

自1935年冬起，国共双方通过多种渠道，进行秘密接触，两党之间中断8年多的联系，终于接通。但是，至1936年秋，蒋介石仍然企图以武力解决红军，下令东北军将领张学良和西北军将领杨虎城围剿长征后到达陕甘一带的红军。而这时，张学良早与红军方面秘密联系，双方停火，并接济红军。张、杨主张停止与红军的内战，要求蒋介石联共抗日。

1936年12月4日，蒋介石在西安督促剿共，张学良面见蒋时，两人为先剿共还是先抗战

▲ 西安事变发生时，蒋介石在华清池的卧室。

▶ 1936年12月13日，《西北文化日报》发表张学良、杨虎城发动西安事变的报道。称：张杨发动对蒋兵谏，通电全国发表八项救国主张，要求改组南京政府，容纳各党各派。

▼ 1936年10月下旬，蒋介石（披斗篷者）在西安视察部队。蒋右为杨虎城，杨后为张学良。

而意见不同，激烈争执。12月7日，张再见蒋时，又一次痛切陈词，但仍然遭到拒绝。在无法达到目的情况下，张、杨秘密策划进行"兵谏"。12日，发生了震惊中外的西安事变。东北军在临潼华清池扣押蒋介石，西北军在西安城内西京招待所扣押了陈诚等一批重要将领。事变一发生，张学良立刻致电中共中央，希望听取中共的意见。中共中央派遣周恩来、博古、叶剑英等人于17日到达西安。

相关链接
● 《中国抗日战争图志》之"西安事变"
○ 《震惊世界的一幕》李义彬 著（上海人民出版社）
● 《"西安事变"的真相》孙铭九 著（江苏文艺出版社）

张闻天（1900-1976年）

上海南汇人。曾任中共中央负总责的书记。西安事变后，中共党内曾出现"审蒋"、"除蒋"，在西安建立一个实质上与南京对立的政府的主张。他主持召开中共中央政治局常委扩大会议，讨论西安事变的应对方针时，明确提出"我们不采取与南京对立的方针"，他不同意"审蒋"、"除蒋"口号。后来中共中央确定了与共产国际相一致的和平解决西安事变的方针。

1936年12月

当时世界	
12月13日	日本外务省举行紧急会议商讨对策，决定采取静观态度，避免积极行动。
12月14日	苏联《真理报》发表题为《中国发生的事件》社论。
12月14日	美国要求驻华大使表述"美国政府对行政院长蒋介石人身安全的关注"，认为"现在的局势对世界具有利害关系"。
12月16日	苏联外交当局指示苏联驻华临时代办要求紧急会见孔祥熙或张群，表明苏联态度。

▲ 应张学良、杨虎城之邀，中共中央以周恩来(右)、秦邦宪(左)、叶剑英(中)和李克农组成代表团赴西安。

▼ 1936年12月14日，宋美龄派蒋介石的顾问端纳到西安了解事变情况。图示张学良在看端纳带来的宋美龄的信。

态度后，于22日派宋子文、宋美龄到西安谈判。各方对停止内战，团结抗日，达成了谅解。25日，张学良亲送蒋介石回到南京。西安事变的和平解决，成为由国内战争走向抗日民族战争的转折点。

西安临潼华清池附近的骊山是蒋介石被扣的地方。现此处改为「兵谏亭」。

▼ 西安事变发生的当日，随蒋介石来西安的一批军政人员被扣。图示其中一部分人员的合影。

对张、杨发动西安事变的用意和主张，中共持充分肯定的态度。但对于事变的解决，中共中央内部开始意见并不完全一致。当时主持中共中央工作的张闻天及周恩来主张，不与南京对立，争取把西北地区局部的抗日统一战线转变到全国的抗日统一战线。中共中央最终决定采取和平解决事变的方针。南京方面在了解张学良、杨虎城和中国共产党都无意加害蒋介石并希望和平解决这次事变的

相关链接

● 《张学良在一九三六》 远 方 编 (光明日报出版社)
○ 《西安事变秘闻》 贝特兰 著 (陕西人民出版社)
● 《西安事变临潼兵谏回忆》 (陕西省临潼县文史资料委员会)

一寸山河一寸血

潘汉年（1906-1977年）

　　江苏宜兴人。中国共产党谈判代表。1935年受中共中央派遣到国外做联络工作。1936年任中共代表，在香港、上海、南京等地与国民党的代表进行"停止内战，一致抗日"的谈判，开展抗日统一战线的工作，是最早同国民党当局举行正式谈判的中共代表。

曾养甫（1898-1969年）

　　广东平远人。1935年12月任国民政府铁道部次长。1936年初受国民政府指派，秘密与中共方面派出的代表联络，后在陈立夫指导下与中共中央北方局代表周小舟会谈国共消除内争、共同抗日的具体办法，为第二次国共合作的协商开辟了道路。

　　关键词：国民党"五届三中全会" "中央考察团" 抗日民族统一战线

▲ 1937年5月，国民党和共产党双方人员同祭黄帝陵。

　　1937年2月，国民党为商讨对共产党和对日本的政策，召开五届三中全会。中共于2月10日致电国民党三中全会，提出五项要求和四项保证。五项要求：1.停止一切内战，集中国力，一致对外；2.保障言论、集会、结社之自由，释放一切政治犯；3.召集各党各派各界各军的代表会议，集中全国人才，共同救国；4.迅速完成对日抗战之一切准备工作；5.改善人民的生活。四项保证：1.在全国范围内停止推翻国民政府之武装暴动方针；2.工农政府改名为中华民国特区政府，红军改名为国民革命军，直接受南京中央政府与军事委员会之指导；3.在特区政府区域内，实施普选的民主制度；4.停止没收地主土地之政策，坚决执行抗日民族统一战线之共同纲领。

　　从1937年2月中旬至9月下旬，共产党和国民党的代表就两党合作抗日问题，进行六次正式谈判。8月中旬，中共代表周恩来、朱德、叶剑英同蒋介石等就发表宣言和改编红军问题，在南京举行第五次谈判。蒋介石最后同意将红军改编为国民革命军第八路军，任命朱德、彭德怀为正副总指挥。9月中下旬，国共两党举行第六次谈判。22日，中央通讯社发表了《中国共产党为公布国共合作宣言》。第二天，蒋介石发表谈话，承认中国共产党的合法地位。至此，国共第二次合作宣告建立，抗日民族统一战线正式形成。

▲ 在陕西的红军举行改编为"八路军"的抗日誓师大会。

相关链接　　● 《西安事变与第二次国共合作》（长城出版社）
　　　　　　○ 《历史的脚印》童小鹏（文物出版社）
　　　　　　● 《中国近现代史资料选辑》（中国人民大学出版社）

董健吾（1891-1970年）

江苏青浦（今属上海）人。早年在上海从事宗教、慈善事业，任圣彼得教堂牧师。参加共产党领导的互济会工作，有"红色牧师"之称。1936年经宋子文与宋庆龄商议，受宋庆龄委托，秘密前往陕北中共中央驻地瓦窑堡，接通了国共两党中断了八年的联系。

王以哲（1896-1937年）

吉林宾县人。陆军第67军军长。曾率部在古北口痛击日寇。1936年12月参加发动西安事变，主张顾全大局和国共联合共同抗日。1937年2月2日，不幸和宋学礼、蒋斌、徐方三位军官同时被极端分子杀害。

一寸山河一寸血

▼ 国民党"中央考察团"在延安与中共领导人的合影。
左起：叶剑英、邵华（考察团成员）、朱德、涂思宗（考察团团长）、毛泽东、肖致平（考察团成员）。

▲ 延安城头挂着标语："欢迎为国共合作而努力的中央考察团"。

国民党「中央考察团」到红军驻地参观，并和红军将领一起合影。

相关链接

● 文献：毛泽东、朱德等致蒋介石书（1936.12.1）
○ 文献：《中央关于西安事变及我们任务的指示》（1936.12.19）
● 文献：《国民党三中全会后的形势与我们的任务》（1937.3.23）

马相伯（1840-1939年）

江苏丹阳人。社会名流。"九·一八"事变后，因痛感国难深重，在上海积极参加救国工作，坚决主张对内团结、对外抗战，被尊称为爱国老人。1937年3月，任南京国民政府委员。

田 汉（1898-1968年）

湖南长沙人。"九·一八"事变后，积极从事抗日救国的宣传活动，创作了《乱钟》、《扬子江暴风雨》、《中国的怒吼》等剧本及《民族生存》等电影。其间与聂耳合作创作《义勇军进行曲》，激发了全国人民的抗日斗志，后来成为中华人民共和国国歌。

1932 〈 **㉔ 中国的抗敌救国准备** 〉 1937

关键词：以国防为中心 全面整军 资源委员会

南京国民政府对日抗战的策略是：战争爆发得"越迟越有利，这样才可以争取准备的时间"（陈诚）。事实上，中国的抗日准备始自"一·二八"淞沪战争以后，当时成立了"国防设计委员会"(后改为资源委员会)，统筹规划全国国防与经济建设。1934年1月召开的国民党四届四中全会，通过了《确定今后物资建设根本方针案》，确定国民经济的重心在内地，以国防为中心的经济建设方针。同时，在财政金融方面，也进行了改革，并多次制定国防建设计划。1934年底决定进行

国民政府在一九三五至一九三六年间在山西忻口地区修建的国防工事。

全面整军。

国防工程的建设，从1935年开始有较大的进展。是年冬，以4个师兵力构筑了苏州、常熟、嘉兴、江阴等地国防工事。翌年春，国防工事建设全面展开，其布局是以南京为中心，其次是沿海和黄河第一线，然后是黄河以北各战略要点。与此同时，兵工生产也按照抗战的需要实行转变，一是开始将兵工厂从沿海地区陆续转移内地；二是加速武器生产，扩大军火制造规模。这时期，还进行了稳定金融和经济动员准备，成立了资源委员会，详细调查工、农、矿各业的状况，以制定战争时期发展经济之计划。

▼ 驻扎在西北的杨虎城所部，在"停止内战，统一意志以图救亡"的口号下，对部队加强军事训练。

相关链接

● 《蒋百里的晚年与军事思想》薛光前 著 (传记文学丛书)

◐ 《抗日战争》 第一卷 (四川大学出版社)

● 《兵役法》（《国民政府公报》1933.6.19)

聂耳（1912-1935年）

云南玉溪人。"九·一八"事变后，在北平参加文艺界抗日救国运动。后长期在上海参加左翼电影戏剧和音乐活动。先后创作了《毕业歌》、《大路歌》、《开路先锋》、《新女性》等歌曲，并得到广泛流传，极大地鼓舞了人民的抗日斗志。由他谱曲、田汉作词的《义勇军进行曲》后来成为中华人民共和国国歌。

史良（1900-1985年）

江苏常州人。上海律师大会执行委员。"九·一八"事变后，在上海发起成立上海妇女界救国会，被推为理事。1936年5月全国各界救国联合会成立，被推举为执行委员。同年11月，与沈钧儒、章乃器等六名著名爱国民主人士一起被捕入狱，为著名的"救国会七君子"之一。

1936年初，军事当局制定了《民国廿五年度国防计划大纲草案》、《国防设施纲要草案》和《作战计划》等文件。其中规定："以四川为作战总根据地"。此外，还就沿海地区重要的工矿企业、学校、机关等向西南迁移作出了大体的设想。1937年初，参谋本部制定的《民国廿六年度国防作战计划》，对于中日之间的军事形势作出了准确的估量，认为日军发动大规模侵华战争已为时不远，如日军对河北、绥远、山东、福建、浙沪等要地再犯一步时，便会"以局部军事行动而揭开战争之序幕"，并指出日军"对我之作战方针将采取积极之攻势，而期速战速决"。

根据以上论断，"计划"正确地提出了战略上的"持久战"和"消耗战"的方针，要求"于不得已时实行持久战，逐次消耗敌军战斗力，乘机转移攻势"。

▼ 蒋介石和庐山军官训练团的学员的合影。

▼ 1935年春，国民政府以"参谋旅行团"的名义，组织人员在全国各地考察，进行战争准备和计划。这是他们在杭州的合影。

● 《中华民国重要史料初编》 秦孝仪 主编（台北）
○ 《民国档案》1987年第1期（南京·中国第二历史档案馆）
● 中国第二历史档案馆（南京）

相关链接

宋美奇

在东北义勇军中担任宣传队长的女青年。

徐春国

辽宁省法库人。"九·一八"后弃家赴各地召集爱国志士，在法库、康平两个县进行抗日，迭获胜利，并联合义军刘世祥，率部围攻法库县城。由于日军大队增援，义军弹药缺乏，难以久持，她率军突围而出，而后继续战斗在辽热边境。

关键词：广田三原则 独占中国

　　"九·一八"事变之后，国民政府在汪精卫兼任外交部长期间，对日政策是一方面寄希望于国际联盟，一方面避免政府与政府间的直接交涉，且多为妥协和退让。1935年12月，南京政府改组后，以张群为外交部长，中国的外交一改不与日本直接交涉的政策，采取主动与日方谈判的战略，带来了对日外

▲ 中国外交部长张群(右)和日本驻华大使有田八郎在南京会谈。从1935年12月16日到1937年2月25日，张群先后与三任日本驻华大使交涉，当时日本对中国野心勃勃，进逼不已，蓄意寻衅，咄咄逼人。几十年后，张群说："我身历其境，首当其冲，恰似寒天饮冰水，点滴在心头，不是局外人所能想像。"

▼ 1937年3月，王宠惠任外交部长。这是他与日本记者谈中日关系。

▲ 中国驻日大使蒋作宾回国(中持手杖者)。

交的主动性和强硬性。

　　在此期间，日本通过了《帝国的外交方针》，明确规定了其基本国策是"外交国防相辅相成"，并向中国提出了所谓"广田三原则"。简言之即一为"中日亲善"，"中

相关链接
- ● 《张岳公闲话往事》 陈香梅 笔记 (传记文学出版社)
- ○ 《抗日战争》 第一卷 (四川大学出版社)
- ◐ 文献：关于川樾、张群会谈报告川樾大使致有田外务大臣电

姚瑞芝

上海人。"九·一八"后，毅然别校离家，只身徒步出关抗日，屡次遇险，皆坚持奋勇前进，曾独身一人夺取敌人盒子枪五支。上海淞沪抗战起，转投十九路军翁照垣抗义勇军，后来复又出关，参加二十九路义军萧汉臣部，继续战斗在兴城、锦西一带。

1936年—1937年

当时世界	1936年	日本加快在中国东北的"集团部落"建设。本年建立"集团部落"3370个，加上此前建立的1172个，共计4542个，大量移民，进行直接掠夺和战争准备。
	1937年	
	2月20日	日本制定《第三次处理华北纲要》。
	4月16日	日本制定《指导华北之方针》。
	5月1日	美国总统罗斯福签署新《中立法案》。

国应先彻底取缔排日，并应抛弃依赖欧美政策，采取亲日政策"，这就是要中国割断与欧美各国的关系，由日本独占中国的一切权益；二为承认"满洲国"和"华北特殊化"；三为"合作防共"。从1935年下半年到1937年初，中日间展开了激烈的外交谈判。谈判的前半段是中国驻日大使蒋作宾与日外相广田弘毅在东京进行；后半段是中国外交部长张群与日本驻华大使有田八郎、有吉明、川樾茂之间在南京先后进行。在谈判中，中国拒绝了日本的无理要求，强调中日关系的调整，应合乎平等及互尊领土与主权完整之原则。这是大战前中日政府间历时最长、涉及范围最广、态度针锋相对的一场政治和外交斗争。最后谈判破裂，日本图穷匕首见，终于走上发动全面侵华战争的道路。

▼ 1937年4月，中国财政部长孔祥熙、海军部长陈绍宽访问欧美，此行主要目的是希望得到欧美各国的援助，抑止日本的侵华之势。这是孔祥熙等访问德国柏林时与德国经济部长沙赫德等合影。前排左一为驻德大使程天放、左二为孔祥熙、左三为陈绍宽，前右一为德国外长沙赫德。

▲ 中国政府通过各种途径把中日冲突诉诸国际社会，争取各国的同情及有利害关系各国的支持。这是1936年，著名军事家蒋百里在欧洲考察军事完毕后与中国出席太平洋学会代表胡适，同时回国（持手杖者为蒋百里，持帽者为胡适）。

◀ 左一，继蒋作宾之后出任驻日本大使的许世英。

左二，抗战全面爆发前，最后一任日本驻华大使川樾茂。

相关链接

● 文献: 张群关于调整中日关系之演讲词
○ 文献: 张群外交报告
● 文献: 中国国民党五届三中全会外交报告(中日关系部分)

生 書 魁 堂 棠 昌 元 明 貞 中 容 祿 選 有 元 魁 玉 修 山 海 玲 書 維 珍 清 和 富 祥 山 妮 明 義 山 保 玉 喜 江 義 國 生 福 坡 杰 華 仁 華 元 繁

張元熊 董書來 王鐵小 韓重振 梁啟山 張雲先 閻金牛 錢振元 李泰春 鞏志亭 劉建銀 朱同福 趙心寬 岳建鵬 發有義 吳廣忠 任仕柱 焦東 和祥 楊禮雲 耿文芳 陳貴生 王清山 劉玉杰 張東小 趙錫珍 劉牛堂 張五德 郭曲祿 聶鐵崗 張永才 李永勝 張金世 朱善林 田甫乃 陳小可 孔祥林 郭福祿 趙田琴 郭許忠 侯更堂 王禮明 胡致祥 張登雲 陳吉連 陳自山 張金貴 李和條

李文書 張福廷 趙滿英 張占魁 王小其 蘇建其 潘二孩 趙元海 董現永 劉銀榮 趙人動 李順德 張成伐 張俊福 吳少祥 孟更年 何雷果 趙尋真 劉守浦 高文秀 任生秀 彭有才 郭玉清 焦貴州 王法祥 李林保 李永遠 白世彥 武俊杰 李正福 韓臭小 周德汗 張拉寬 李寬印 張臣保 王光旦 李文明 王東陽 劉瑞芳 郭鳳岐 馬占元 于文廷 鄭米貴 王文可 閻炳文 張金 王崇喜

程小臣 宋保賢 張清凱 趙德魁 郜少林 王根毛 韓福群 余登友 賈言長 郭德勝 夏金紅 鄧竹生 朱祿小 宋九入 劉順福 王喜才 趙興義 周二昌 魏德真 王書 苑振青 徐斷長 李信 李洪祥 馮仰珍 趙連珍 周青雲 張運城 郭雙喜 耿索之 王清雲 霍廣人 王二中 李關周 霍乃成 翟小貴 李家有 陶秋世 張生 王鳳岐 張煥銀 張金山 田玉生 王本善 郭相棠 秦小五 侯洪旺

劉萬富 徐小四 韓永祥 江中品 王富榮 陳景州 李敬 賈叛小 李福益 謝連升 劉洛達 陳三九 劉全喜 李子林 王存貴 範國重 劉位壽 王貴 薛明遠 黃有才 吳占元 田根群 楊志清 張思成 杜小和 陳臭小 李景林 安廣斌 巨保中 許中長 金貴增 靳振五 鞏玉 張忠漢 種小娃 李吉祥 希文帝 袁鳳瑞 全世望 王尚海 竇米小 趙金貴 趙奉山 凌紀元 張崇文 陳玉書 王貴堂

魏慶雲 王效誰 石俊明 趙建強 魏振海 李二成 趙滿偶 徐公卿 王振士 胡二苗 趙太祥 王士祥 靳心平 張香小 李文安 範振家 錢子棣 梁支周 賈俊修 劉拴柱 張香山 余福來 王允珍 郭治要 曹玉喜 王必金 穆金玉 李書振 李貴寶 郭金水 王東文 彭青智 李永盛 閻成林 霍鳳青 崔有珍 李玉魁 趙紅科 李玉興 馬大貞 王錫山 陳保小 董安平 武金堂 王雙貴 王興法 陳學光

劉長生 曹占英 陳永祿 張德明 張二成 閻雲山 李雙元 胡春林 李忠望 侯光有 肖福保 王孟冬 李小群 張二小 吳進忠 秦吉山 馮和廣 石榮學 楊生華 李冠武 湯成贊 李德意 傅忠小 周北坪 劉志華 山玉起 王同福 王拉柱 卜福喜 張才榮 張順其 胡富成 鞏世科 劉雙景 馬銷汪 張忠漢 張庚心 許元廣 陳報祥 喬來構 趙玉林 馬振基 馬貴玉 張清河 王二林 李換成 崔雙德

王中山 黃業臣 王月山 王東來 李宜東 程金池 周春馬 賀有成 侯文化 趙文貴 郭福德 郭懂祖 呂林山 李興元 徐海 孫三銷 喬連香 陳芳田 劉樹成 張漢斌 孫忠義 張俊山 張忠瑞 劉玉懷 郭振川 周紹堂 李榮貴 于聰明 李祺祥 劉運連 白成剛 錢參金 耿聯享 宋乃有 李興堂 申保貴 張樹生 孟新德 劉法澤 君白小 郭世和 趙玉忠 胡城 郭如群 張樹田 李吉祥 王永福

王心月 胡代祥 楊沒虎 陳玉根 楊占山 劉樹春 柳根柱 李福利 郝秀宗 趙明貴 孫振華 趙小五 劉玉榮 王中英 魏忠 郝沸清 張廣發 張春 劉成魁 楊少英 張清文 張祿昌 張振丈 米增林 奉槐 張祺 張明杰 霍來生 楊華振 郭金科 褚虎林 劉占長 楊值華 楊青忠 黃甫祿 時光雲 李文生 杜文亮 馮福盛 方勝魁 吳仁宗 郭小元 李廣海 鞏天保 曹金文 召金生 李加祥

陳清雲 趙振榮 張華旺 馮同海 褚更新 劉勝光 耿生元 周萬明 高鎖德 張魁山 劉景章 杜狗子 李漢朝 陳正方 王少武 李光富 郭銀山 張文中 王生元 王能法 趙萬國 佐而權 謝中堂 李立志 劉金安 吳萬信 劉方發 劉時先 李玉海 黃世寬 劉文魁 王招存 李桂三 李學成 李洪昆 熊學義 李平三 李志國 楊明玉 楊玉順 侯成義 孫銀東

▲八路軍129師386旅

代文孝 趙禮修 劉雙
得 李有銷 劉書琴

龍 先 生 張 安 貨 明 廷
魏金林 李國華 田四孩 郝炳旺 王福奎 路保山 李森林 杜子才
王方庫 胡金明 王海福 劉崇明 安恩廣 楊明山 邢天雲 陳二小
王順榮 李存在 王振中 司潤生 吳玉華 李全小 郭中旺 王廷友
魏先洲 王守政 孟計珍 賈有福 教志和 王玉貴 岳清玉 郭晃紅
雷東山 鄭彥峰 耿順學 陳雲勝 路風玉 常振秀 史鴻文 姚心田
馬盡忠 張長喜 郝還均 楊莊子 張雲才 王好義 邢長遠 郝戒德
靳玉臯 韓希公 郝錫如 李從喜 徐秋平 劉福大 趙德金 楊天亘
于銀子 毛發 李金貴 王榮耀 楊生芳 李山 王登山 譚自戒
泛賢 章生 吳均彥 德運 庭修 連明 進臣 永明 黃日光 月標 吳桂標 熊漢生 容桂森

出师未捷身先死，长使英雄泪满襟……

孫明 翟金升 高長軍 張潤科 王聊魁 郝黑風 王長壽 李三孩 趙金柱 岳紫雲 李學士 張俊發 李高德 陳德懷 袁立友 劉十珍 李意春 李永成 李生昌 詹桂清 譚孟生 王紀成 李中大 夏青山 李保金 賈城明 周任清 王有清 魏家意 王潘雲 張富華 宋玉琴 馬鴻升 余春林 余德明 高生雲 張生善 李要群 楊增祥 馬紅升 趙全中 任喜來

高滿令 王玉山 程壽山 劉紀倉 楊我山 王成永 張明才 秦英魁 楊小玉 魯元貴 魏貴昌 楊玉普 陳貴生 張國德 文五祥 彭萬良 池太長 周紹五 王起文 高俊生 周成武 余三名 李海中 楊朝雲 王德山 金雲龍 高福才 王新華 張光話 劉長富 牛春苗 吳長狗 張貴元 石漢臣 任卷貝 石玉山 韓玉生 門福元 範地耀 錢尚貴 唐正福 苗永全

趙連江 孔小娃 石家 郭孟亳 顧寶山 段修胡 甄金鎖 段小廷 楊瑞昌 張增玉 曹仲華 謝雙全 李順其 韓貴先 王中保 朱順建 王世全 張星一 劉任平 劉貴德 崔王榮 馮得勝 羅貴春 劉天元 羅義雲 李成和 秦心志 楊同任 王其明 朱炳武 段秀立 劉明章 吳鳳都 馬高大 周勛時 苗儒山 孟兆軍 劉之飛 劉鳳山 趙幫貴 車有好 王年尚

趙增山 呂平祥 冀光林 吳忠臺 朱群祥 王世風 孫更辰 林德祥 賈玉東 趙其珍 王玉清 李溪 朱紹祥 何林禮 韓得神 張文金 何大仁 杜中明 何富才 王保祥 袁世成 翟生峰 李三 張智仁 何文清 趙玉林 宋金山 趙東州 馬先芝 陳文宣 原春新 楊保山 廖雲康 高秋香 張桂發 程原青 龐福來 李文龍 溪存善 郭鳳生 趙聘安 程貴林

劉志倫 王永連 張玉如 秦士元 張會 張二富 程中山 劉鳳來 劉來成 馬吉雨 高中倫 趙春江 王成義 高金生 陶大友 趙道懷 任心珍 楊永中 魏富川 宋金仁 汪少德 霍影魁 董振端 吳集容 王和成 李長生 陳貴運 李清山 吳則玉 王雲成 焦清花 周金平 代光明 原葉洪 連德生 徐斌元 李滿囤 李保臣 羅天保 魏文貴 金光位 楊富昌

劉福子 王中隊 王盛堂 馮文三 劉善永 張四和 郝永先 朱金義 王振山 馮明信 趙忠漢 魏家平 李天溪 楊天禮 高大成 唐半奎 宋奎 張永福 邢白友 路呂太 楊喜保 張明祥 甘義成 王正國 施玉林 姜福元 劉明永 郝金山 李子均 林元榜 段玉送 劉洪順 劉月明 許昌禮 寇成桂 趙永良 苗旺榮 王鳳春 霍明清 宋牛 李其力 李汪切

金明禮 李森貴 程志民 趙殿臣 楊小本 李清雲 李景泰 王玉林 賀辰福 馮治國 冀作華 徐正國 王光全 朱風和 趙國財 向子其 王法合 王少金 馮相成 夏才林 羅文勝 閻玉貴 李林平 陳少清 馮國雲 郭州財 劉庚申 楊壽奎 楊玉方 仇玉國 王仁學 劉來亦 王祥大 何學連 陳發連 王有富 陳明玉 單國甲 王來鎖 牛進財 李子歌 陳永作

劉魁武 尹九河 友連莊 姚貝祥 張庚朋 張品運 張文章 宋廣順 侯漢堂 周牛小 趙鳳鳴 劉玉鳴 吳世禮 趙金和 丁友義 馮玉明 張正心 陳正堂 馮登相 苗德生 羅明順 王永南 張來福 李貴山 馮老玉 劉反德 魏子勝 石本禮 王中付 李銀貝 蔡潤雲 賀于三 方春敏 趙昌義 何映泉 毛大彬 馬喜祿 陳家福 袁春喜 李秀雲 和志忠 張有才

胡石合 李金蘭 韓殿科 張小保 張甲寅 張忠林 關道勳 冀福林 龔開祿 李福藝 侯福順 劉福興 史守信 李玉鹿 杜東城 王紅明 鐘若潮 沈爾七 黃新瑞 郁達大 陳村生 劉金玉 戴子清 楊風林 陳中山 常順元 邱中和 張群小 李振祥 錢書貴 趙清林 曹玉堂 劉金榮 王同山 易容 劉俊清 徐純禮 黃孝忠 金鶴齡 劉宗海

▲國民革命軍抗日烈士

向問前 徐德厚 陳景森 鄧煥超 楊鳳山 蕭賢亭 李振雲 張新順 黃有清 馮桂卿 馮振德 郭勝標 包均
李士富 江澤民 羅德成 張鳳文 羅坤 杜文山 婁忠明 陳少勤 張隆發 李連清 譚吉 封吾開 石壽
梁生 劉蘭普 王星明 馬鴻耀 李得興 趙貴清 賈峰長 解鴻儒 李海清 陳信實 王雄 陳彬 陳侯敬
劉金才 張士業 劉忠保 竇德才 蘇財源 蕭德成 李月林 朱春輝 張玉明 梁華廷 劉福珠 巢展福 余華德
牛玉清 安國俊 陸建元 王老信 張啟發 葉占奎 馬文榮 楊振海 朱少華 蘇振德 南玉科 必振華 陳銳明
昌士東 楊昌福 周林生 黃萬魁 韋龍 郭茂金 樊憲斌 鍾春才 陸器 許照連 劉玉南 傅金水 陳俊軒
李青 劉子清 潘錫州 王恩普 常舉財 張德秀 梁禮才 王忠山 尹世芳 史殿元 張鐵大 張子高 江玉山 劉振權 黃得勝
楊義旭 張具五 傅殿甲 關雙印 劉富儉 黃新元 李聰得 尚得順 黃青山 張孝然 鄭雲生 蘇衡 王雲 孫九 金標
劉維川 彭月清 王子定 張有德 董占興 毛成志 謝邦金 戴明華 吳國福 林依寶 蔡春林 邱美西 薛保 帕貴益

畢間皇 邊金貢 劉功才 李言令 張清柱 張計木 紅福嶺 段小東 尚江祥 韓玉祥 郝樹新 張良心 劉三混 賀哇勝 霍二毛 範在未
何雲章 劉炳蘭 王運新 李志清 李士晉 李發財 楊青元 李完來 周清雙 燕飛朋 李來山 王長生 寧文國 申永信 董二克 侯振信
郭成江 炎德義 李小三 劉三帝 王進喜 謝占標 趙保明 張宗堂 許計貴 張貴富 程好生 楊慶祥 杜國安 吳增林 田良英 何雲章
李拐 鄭三卯 喬裏有 劉書德 竇紅臺 白彥文 吳雲鳳 銀鎖東 虞永生 孔懷慶 王三金 楊貴祥 宋作義 龔謀年 楊文德 劉德法
盧忠信 李吉祥 張巨垂 陳忠三 鄭三印 常根亭 張有 魏行有 王永昌 張武英 賈慶成 李雲清 王振富 陳二棟 張玉元 張燕葉
王克應 田春花 李義 孟昭曾 進才 李朝海 楊廣元 郭登田 李金山 郭紀山 宋秀文 王建崗 馬根臣 張金福 崔忠命
梁成文 王雙鎖 耿文 關道訓 賈連德 魏興有 白寶保 安守其 趙德勝 趙國富 段保成 康貴清 張增祥 吳明山 鈕仁鎖
朱希望 常根生 呂福義 張瑞其 申三則 郝連德 侯錫剛 李四珠 王振遠 李三米 宋德發 池景昌 張如文 劉振魁 張和廷

▲華僑

王密 劉盛芳 黃洋揚 葉鳳生
黃志強 梁添成 魏國堯 顧文初
陳現 符蘭平 楊仰生 泥桐植 徐師良 吳九如
羅一帆 陳永炎 顏金榜 蒙文森 李毅夫 洪清機
陳劍雄 範清 陳志奮 陳鎮和 鄧仕賢 戴淑環
盧洪基 符克 陳顯 蘇英祥 範德元 戴淑媛
陳琴 林秀梅 林烈 關孟祝 劉博歐 林輝燦
朱明 劉金宇 余白克 林日尊 張幼庭 尤鴻源

▲國民革命軍抗日烈士

李述青 郭青宮

李玉昌 王計成 張王燕 李恒珍 史宗和 張成 亦富友 李旺順 宋德良 王學書 趙小要 徐斌武 余啟豐 王志美 聶興仁 洪道生 江耕 王昌福 孔金烈 慕占榮 周克儉 唐增學 王忠懷 唐金至 李先發 傅作洪 林民仁 金人招 俞新全 龔雨鑫 曾吉齋 何大興
劉占魁 趙永厚 郭于清 李福春 李小五 張長海 王福龍 中占 宋孝先 李連海 陳毛海 阮從 王少奎 晏子青 劉福平 任傳友 曾菊村 余世清 王文彬 陳克雁 張運海 江鳳德 王福臨 黃慶雲 梁德祿 馬霖福 王彩雲 溫民生 張邦爲 劉春生 蒲明賢 陳玉文
汪玉成 鮑有仁 柴浩然 李升堂 荊仁保 王元高 張永清 陳旺章 杜三小 張清新 劉法維 王明 蕭玉臣 鎮方興 魏宗榮 傅道喜 楊金山 許行雲 李順旺 諶漸廷 龍澤安 李成起 曹本發 黃理明 蔡春樓 歐高水 張德卿 喻樹清 周賢通 郭大禮
趙玉成 程宗山 胡文會 潘德海 馬柴光 賈桑東 李新房 張照雨 張忠伍 劉春林 熊奇榮 龍國章 陳占五 劉進山 邱明祥 姚繼鈞 張元禎 趙志俊 張傳義 蔡永祥 李成山 藍雲山 耿保金 龐少林 陳其新 于大汝 顏康祿 楊益之 劉子強 楊雲
趙拜城 楊玉根 張殿卿 李中金 白永昌 李增祥 王玉山 郭志清 郝在槐 趙定堂 閻平安 庚問鳳 段生先 李鶴齡 張紀明 胡鑫山 陳世煥 馬鴻恩 王樹清 朱德秀 劉開地 杜濟濤 張道臣 方賽寶 鄭土土 阮炳文 林葉興 劉光華 彭准友
廖平之 楊鳳岐 劉振華 任富祥 曹金魁 段炳儒 宋玉元 張重山 劉德海 劉吉祥 陳心志 蕭應新 陳永杰 鄭來壽 黃華鈞 王觀魚 彭興福 程揚名 王家甫 姚雲良 丁奉君 黃治家 沈邦成 余榮豐 柯生金 施三頂 游顯和 馬香亭 梁步瑤
閻袖林 趙清林 梁金堂 郭鳳升 吳瑞祥 楊朝武 張新福 常玉林 孫法水 鮑今生 向寬文 林木生 李長勝 黃國光 李懷祖 王宏山 高元誠 劉金河 謝永奏 鄧錢有 劉雲榮 汪正祥 鄭高友 吳法明 陳孝日 林雲虎 林大家 馬惠慶 葉保生
曹玉秀 廖平江 宋蓮花 張永亮 曹文治 王根保 杜風歧 林振章 崔信書 李旺民 陶啟生 農高林 王中有 皮修銑 林雲松 楊富和 甘福曾 曹光連 徐振國 張德山 丁富雲 劉先榮 韓正公 聶火雷 陳庚元 王銀虎 李興武 車遠 黃茂才

▲新四軍陣亡烈士

李金波 李國義 許鳳山 賀寶山 談文斌 王天顏 孫學良 周炳梅 張育英 李玉章 袁少卿 王維勝 周貴昌 紀學易 袁知 張家生 朱得勝 李白順 張景芳 吳克忠 梁永康 徐孝斌 李思敬 胡兆才 邱金山 韓超 王聖元 劉永福 朱立華 馬良福 孫文華 王鐵杜 莊提多 張復臣 趙延明 範獻 鄭金玉 趙中文 孫從芝 聶永升 黃德福 朱得勝 張貴才 劉妻鳳 謝文近 錢雲飛 楊大海 李金榮 張春榮 吳志高 韓書華 孫誠雪 華漢泉 趙汝金 喬四切 李智足 王作臣

張駿雄 藍天華 趙景山 沙俊富 郭希溝 唐正法 梅龍鳳 方秀開 陳振新 許宗和 許傅明 唐儀 朱家桃 羅泰昌 朱信官 王正修 向桂全 林財隆 卿雲高 花有興 假心影 高勝太 劉心恒 李子月 第金齋 蕭孔山 王殿臣 王興隆 陳宗澤 韓世德 張振德 陳一林 王榮全 梁書雲 李上保 賈錫元 周永長 張寶元 何炳田 鳳金聖 吳宗才 王繼勝 張友春 費海泉 李得勝 袁春連 蔣壽生 任伯富 姚蔭樓 王得才 郭得山 唐報悅 孫得勝 陳濟 鄭元法 劉丙英 陳得勝

王 馮 仇 邵 盧 傅 陳 徐 周 李 董 顧 李 胡 張 王 何 冒 周 高 吳 陳 周 胡 黃 郭 張 周 舒 崔 張 周 閻 陳 許 余 趙 徐 張 周 唐 李 熊 田 申 馬 徐 張 鄧 夏 蘇 王 唐 宿 丁 楊

三　中国全面抗战的开始

赵登禹（1898-1937年）

　　山东菏泽人，陆军第29军132师中将师长，曾以长城抗战率大刀队奇袭日军闻名。"七·七"事变后，率部急驰北平参战。7月28日，日军向南苑发动猛烈进攻，赵指挥部队奋勇抵抗，不幸在大红门地区被敌枪射中，身中五弹，壮烈殉国。

佟麟阁（1892-1937年）

　　河北高阳县人。陆军第29军上将副军长。1937年7月，他率部在南苑、团河一带抗击日军，时父在北平城内病重，他挥泪说："事急矣！此移孝作忠之时，不能侍老父矣。"7月28日晨，日军机械化部队及空军向驻守南苑的29军部发动大规模进攻。他亲临前线指挥，先是腿被敌机枪击中，仍坚持指挥作战，继头部又被敌机炸伤，壮烈殉国。

1937.7.7 ‹ **㉖ 卢沟桥事变与平津地区失陷** › 1937.8

关键词：宛平城 吉星文 全面侵略中国

　　西安事变后，日本认为："中国的统一和军备稳步而顺利地进展着。再按以前那样以局部地区作战行动即可达到政治目的就变得困难了。"（日本1937年度作战计划）它决定提前发动侵华战争。于是，日军发动了卢沟桥事变，又名"七·七"事变。

　　卢沟桥在北平西南15公里处的宛平县城外。从1936年底开始，北平和天津已处于日军的包围之中。北平的东、北、西三面，都被日军控制，只有西南一角，还由中国军队驻防。这位于平汉线上的卢沟桥，成了北平

卢沟桥事变爆发后，我宛平城守军紧急出击赴战。

通往内地的唯一道路。

　　1937年7月7日夜，日军又在卢沟桥附近进行实弹演习。深夜11时左右，日军诡称一名士兵失踪，提出要进入宛平城搜查的无理要求，遭到中国方面的拒绝。正交涉间，日军突然向宛平城射击，继而又炮轰卢沟桥。驻守卢沟桥附近的中国第29军37师110旅吉星文团官兵忍无可忍，奋起还击，卢沟桥事变就此爆发。7月26日，日军进攻廊坊。28日拂晓，日军又进攻北平郊区中国军队阵地，29军进行了反击。同日，位于南苑的29军军部遭到日军的猛烈攻击和轰炸，中国守军牺牲5000人以上。当晚，宋哲元率第29军军部撤

▲ 在卢沟桥指挥与敌作战的吉星文团长和赶赴前线的29军官兵。

相关链接
● 《中国抗日战争图志》之"卢沟桥事变和平津之战"
○ 《七七事变》（中国文史出版社）
● 中国人民抗日战争纪念馆（北京）

刘芳贵（1902-1937年）

山东临清人。陆军第21师122团团长。1937年8月21日，日军主力经南口右侧猛扑居庸关。他奉命率部扼守八达岭，阻击敌人。亲赴前线，冒着弹雨指挥战斗。击退敌人多次进攻，杀敌甚多。激战中，不幸被敌弹击穿胸部，壮烈牺牲。

当时世界	6月4日	日本组成新内阁。
	6月9日	东条英机提出《关于对苏对华战略的意见书》。
	6月24日	德国发布《国防军统一备战》训令。
	7月11日	日本发表《关于向华北派兵的政府声明》。
	7月12日	美国国务院发表声明，把侵略者和被侵略者混为一谈。
	7月16日	中国政府向《九国公约》签字国送交备忘录。
	7月20日	德国政府声明在远东冲突中严守中立。

▲ 我第29军士兵出击敌人前，在北平城高呼口号。

▼ 北京卢沟桥抗日战争纪念馆内，反映我军和敌浴血奋战的油画。

出北平。7月30日，北平沦陷。

日军在进攻北平的同时，又进攻天津。日军对天津市区狂轰滥炸，驻天津第29军38师所部在李文田副师长指挥下向日军攻击后奉命撤出。7月30日，天津沦陷。与此同时，日本军方又在积极准备开辟华中战场，打算攻占上海、南京。从"卢沟桥"事变到侵占华中之始（"八·一三"事件），短短5个星期之间，野心勃勃的日本侵略者竟把战火从华北扩大至华中，发展成全面侵略中国的战争，给中华民族带来空前的亡国危机。中国全国范围很快就出现了团结抗日的局面。

一寸山河一寸血

文献：《七七事变纪实》（何基沣 邓哲熙 王式九等）

文献：《宁为战死鬼 不作亡国奴》（金振中）

文献：《血战长城内外》（陈长捷）

相关链接

第一个牺牲的战地记者 —— 方大曾

▼ 1937年，"七·七"事变爆发后，方大曾立即前往卢沟桥采访、编发了一组卢沟桥抗战的稿件。以下是登在《良友》画报上的作品。

方大曾(1912-1937年)

1912年7月13日生于北京，自幼喜爱摄影。曾创立少年"影社"，举行过公开展览。"九·一八"事变后，在中法大学参加"反帝大同盟"，编写机关报《反帝新闻》。1935年，曾到天津基督教青年会工作，与吴奇寒、周勉之等人成立"中外新闻学社"，受聘北平基督教青年会少年部干事，"一二·九"运动后，参加"中华民族解放先锋队"(简称"民先")。

1936年，绥远抗战打响后，他曾到绥远前线进行了长达43天的采访，拍摄了数百张照片，写成《绥东前线视察记》等战地通讯。

1937年，"七·七"事变爆发后，即赶往卢沟桥摄影、采访，是最早采访卢沟桥抗战的摄影记者之一。这期间他还担任《大公报》战地特派员，发表了"保卫北平的二十九军"、"卢沟桥的形势"、"长辛店巡礼"、"血战居庸关"等报道，特别是他反映卢沟桥抗战的摄影作品，成为这一事件的经典作品。8月，他由平汉线转至山西在同蒲铁路沿线进行采访，9月30日从河北蠡县寄出《平汉北段的变化》一文。然后，他就消失了，永远消失了。

他是全面抗战初期第一个以身许国的摄影记者，他拍摄的作品留住了一个个永远鲜活的生命和他目光抚摸过的时代 —— 中华民族奋起抗击日本侵略者的时代。

相关链接
● 《寻找方大曾》 (中国摄影出版社)
○ 文献：《忆小方》 (范长江)
● 文献：《半个世纪的搜索》 (陈申)

▲ 哨兵。

▼ 准备战斗(1936年，绥远抗战中的场面)。

▲ 卢沟桥事变后，刊登在上海《良友》画报上的作品。

▼ 准备战斗(1936年，绥远抗战中的场面)。

相关链接

● 文献:《以身许国的新闻战士》(方澄敏)

◐ 文献:《怀念小方》(陆诒)

◑ 文献:《血战居庸关》(小方)

张树桢（1898-1937年）

河北人。陆军第72师416团少将团长。1937年8月，他奉命增援罗子圈守军第4师阵地，一到达阵地即与敌军展开激战。为挽回危局，乃亲率一营官兵，白刃搏斗，强堵敌突破口。腿部突然受伤，仍坚持指挥战斗。激战至深夜，日军疯狂进攻，全营官兵拼死作战，全部壮烈牺牲。

尉迟凤岗（1903-1937年）

山西朔县人。陆军第7师21旅少将副旅长。"七·七"事变后，奉命增援河北涿州。9月22日，经保定董村时，突遭敌人袭击。他迅即率一部官兵阻击敌人，担负起掩护部队转移的重任。他虽身负重伤，仍坚持战斗，完成了掩护部队转移的任务。终因流血过多，壮烈牺牲。

㉗ 中国政府的抗战决策

关键词：庐山宣言　国军作战指导计划

一寸河一寸血

▲ 1937年7月，蒋介石在庐山庄严宣布全国抗日。

一九三七年国民政府积极重新分配战时资源，人力、财物不断运送前线。

卢沟桥事变标志着日本全面侵华战争的开始，也是中国全面抗战的开端。1937年7月17日，蒋介石在庐山宣言："我们希望和平而不求苟安；准备应战而决不求战。……如果战端一开，那就是地无分南北，年无分老幼，无论何人皆有守土抗战之责任。"同时，国民政府作出了一系列关于抗战的重大决策：

1. 建立对日作战的中央军事指挥体制。以军事委员会为抗战最高统帅部，推蒋介石为陆海空军大元帅。

2. 实行全国军队总动员和调度军队。在全国范围内重新统一配置和调度军队。

3. 召开国防会议，确定抗日军事战略。制定了《国军作战指导计划》、《第三战区作战指导计划》等作战方案，将全国划分为若干战区。

相关链接

● 《中国现代史资料选辑》第五册 (中国人民大学出版社)
○ 《抗日御侮》蒋纬国 总编著 (黎明文化事业公司)
● 文献：《卢沟桥事变始末》(王冷斋)

洪寿彭（1903-1937年）

山东临清市人。陆军第29军38师运输连连长。1937年10月，该连向青县运送物资途中遇敌机袭击，情况万分危急。他即令全连分散隐蔽，自己却迎着飞机袭来的方向迅跑。不幸在敌机的扫射下中弹阵亡。

当时世界		
	7月29日	日本参谋本部确定中央统帅部对华作战计划，谓："以中国驻屯军约4个师团为基干，击溃平津地方的中国军队。"根据情况，以一部分兵力，在青岛及上海附近作战。
	7月31日	苏联《真理报》发表题为《日本对外政策的侵略方针》的社论。
	8月10日	美国提议调停中日冲突。
	8月12日	日本制定再向中国增兵方案。

▲ 1937年日本侵华战争全面爆发，蒋介石与蒋夫人宋美龄与外国记者面谈。

▼ 卢沟桥事变爆发后，上海报纸上转载的一幅漫画。

"HOW DO YOU LET GO OF ONE OF THESE THINGS!"

（美国危急倦恐不自量力了）

的，本当中國是一條龍，日本忿然把她睡着時捆綁，不料她醒了，日本當她睡起一條龍尾。（美國報紙漫畫）

▲ 1936年7月至9月，毛泽东在接受美国记者斯诺采访中多次明确指出，日本的大陆政策和海洋政策不仅指向中国，而且也指向美、英、法、苏等国家，日本帝国主义不仅是中国的敌人，也是美、英、法、苏等国家人民的敌人。

▼ 1937年3月1日，毛泽东在同美国记者史沫特莱谈话中指出：我们中、美、英、法、苏、法建立太平洋联合战线，否则有敌人各个击破的危险，图为史沫特莱（右）在延安采访毛泽东、朱德时的情景。

4. 实行交通、粮食、资源、金融等各方面的统制。将国民经济逐步由平时转向战时轨道。

5. 向全世界宣告中国政府的抗战决策。8月14日，国民政府发表《自卫抗战声明书》，指出："中国之领土主权，已横受日本之侵略，《国联盟约》、《九国公约》、《非战公约》已为日本所破坏无余。……中国决不放弃领土之任何部分，遇有侵略，唯有实行天赋之自卫权以应之。"

● 文献：《天津抗敌记》（李致远）
○ 文献：《七七事变及张家口战役》（刘妆明）
● 文献：《第十三军南口抗日纪实》（吴绍周）

相关链接

073

吕超然（？-1937年）

　　山西人。陆军第73师424团上校团长。1937年9月12日，敌铃木旅团，陆、空联合共7000余人，直扑广灵右翼吕团阵地。在迎击中，他亲率预备连向敌进攻，杀敌300余人，敌势稍却。不幸为流弹所中，忠勇殉国。

姜玉桢（1894-1937年）

　　山东菏泽人。陆军第66师196旅中将旅长。1937年9月29日，为掩护主力部署忻口会战，奉命率部死守原平七天。由于敌我力量极度悬殊，我官兵伤亡惨重。死守七日后，又受命再守三天。孤城连日奋战至十昼夜，完成任务，于10月11日突围。出城后，被炮弹击断一腿，又遭一弹，以身殉国。

28 平型关大捷和太原会战

关键词：第二战区 忻口 娘子关 阳明堡

　　卢沟桥事变和平津失陷后，日军由平津地区沿平绥、平汉、津浦铁路线展开战略进攻。中国军队在南口、居庸关、琉璃河、固安之线、静海东南小王庄等地的英勇固守，在张家口、姚马渡、北赵扶等地的有力反击，均给日军以相当的损伤。这些部队浴血奋战，以空间换取了时间，为掩护完成全国抗战的战略部署和战略展开创造了条件。

　　9月13日，大同失守，日军企图沿同蒲铁路南下，直取太原市，以控制晋（山西）、绥（绥远）两省。中国第二战区部署部队，凭借长城天险，阻止日军深入。在战场上，第二战区守军主要担任正面防御，八路军在

▲ 平型关战斗中我军的机枪阵地。

▼ 平型关战斗中八路军115师指挥所，左一为林彪师长。

▼ 八路军与日军在平型关战斗中进行白刃战。

日军侧翼和后方开展游击战，给予正面防御以有力配合。在平型关一役，115师（师长林彪）

一寸山河一寸血

相关链接
● 《中国抗日战争图志》之"平型关大捷和忻口、太原会战"
○ 《中国抗日战争纪实》VCD 第六集（广州俏佳人文化传播）
● 《晋绥抗战》(中国文史出版社)

郑廷珍（1894-1937年）

河南柘城人。陆军第25路军独立第5旅少将旅长。卢沟桥事变爆发后，他率部开赴晋北前线，配属第9军，在忻口南怀化东北高地布防。10月12日，与日军第5师团等展开激战。15日夜，在对敌反冲锋战斗中，他跃出掩体，率部与敌短兵相接，夺回部分阵地。激战中不幸中弹，以身殉国。

程继贤（1910-1937年）

山西太谷人。陆军第72师434团上校团长。1937年9月下旬，他奉命率部驰援平型关，一举攻占了平型关要地鹞子涧。日军增兵夹击程部，企图夺回阵地。他抱定与阵地共存亡的决心，率领不足千人的兵力，与优势之敌展开了激烈的争夺战。后因弹尽援绝，他与所部官兵均壮烈牺牲。

▲ 忻口前线我炮兵瞄准敌方目标轰击。

歼敌一千余人，缴获大量轻重武器。这是中国抗战初期在华北战场取得的第一个大捷。日军在平型关受阻后，不得不改变计划，转攻茹越口。9月28日茹越口陷落，第二战区决定缩短战线，防守太原以北要地忻口。日军取中央突破战法，猛攻忻口西北侧我军阵地。忻口一役，双方角逐一个多月，毙伤日军近三万余人，创下了华北战场最高歼敌的纪录。中国军队伤亡十万余人，虽付出了重大牺牲，但破坏了日军在河北平原会战的计划，又为我军主力实施战略转移，部署新的作战争取了时间。11月初，我军从忻口前线撤退。

忻口战役时，为掩护山西东侧背，中国军队还坚守娘子关，进行正太路防御战，与来犯日军血战了十天。11月7日，日军围困太原，孤守太原城的部队仅十个多营，他们与敌战斗竟日。翌日晚9时，守军由南门突围，太原城沦陷。

太原会战中国军队主要将领

阎锡山 第二战区司令长官
黄绍竑 第二战区副司令长官
朱德 第十八集团军总司令
杨爱源 第六集团军总司令
傅作义 第七集团军总司令
卫立煌 第十四集团军总司令
孙连仲 第二集团军总司令
邓锡侯 第二十二集团军总司令
林彪 八路军一一五师师长

太原会战日本侵略军主要头目

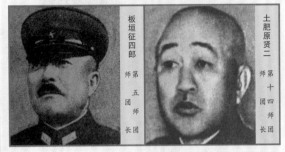

板垣征四郎 第五师团师团长
土肥原贤二 第十四师团师团长

此时，日本侵略军的其余部队，亦已沿平绥线西进，占领包头。11月上旬，日军已侵占了河北、察哈尔、山西、绥远以及山东部分地区，基本上完成了对华北和内蒙地区的占领。

● 文献：《光荣殉国的第四三一团第一连全体官兵》（魏志桐）
○ 文献：《忻口阵中日记》（郝梦龄）
● 《中共抗日部队发展史略》 张廷贵 等著（解放军出版社）

相关链接

张培勋（1887-1937年）

山西原平人。骑兵第1师第2团上校团长。1937年9月，日军步、炮兵5000余人猛犯绥远凉城，他指挥全团英勇抵抗。敌不断增援进攻，他仍奋不顾身，激烈拼杀。不幸被敌炮弹击中，壮烈殉国。

郝梦龄（1898-1937年）

河北藁城县人。陆军第9军上将军长。1937年10月4日，郝率所部从贵阳到达山西，受命为中央地区前敌总指挥，在忻口车站至南怀化镇一线布防。时敌以陆、空联合猛攻，郝督部与敌血战五昼夜，屠予敌以重创。10月16日凌晨，郝亲临大白水前线，指挥七个旅突袭敌军阵地，不幸中弹牺牲。

▲ 坚守要隘的我军重机枪阵地。

▲ 我第94师指挥员在前沿阵地指挥作战。

◀ 忻口前线我军派出的尖兵，从侧面高地向敌包围。

▼ 位于忻口的中国军队前线指挥所。第9军长郝梦龄、第54师长刘家麒等皆在此壮烈殉国。

相关链接

● 文献：《平型关战役经过》 (陈长捷)

○ 文献：《攻夺南怀化》 (秦福臻)

◐ 《中国人民解放军战役集成》 (解放军出版社)

刘家麒（1894-1937年）

湖北武昌人。陆军第54师师长。1937年10月4日夜，刘师所率161旅和162旅到达忻口前线后，即在中央主阵地南怀化镇及关子村南高地布防。经数日鏖战，阵地失而复得，予敌以重创，刘师也伤亡惨重，有的团仅剩100余人。16日，刘身先士卒，在前线指挥时中弹殉国。

石焕然（1895-1937年）

山西绛县人。陆军70师410团上校团长。1937年10月，日军进犯太原，他奉命率部赶至崞县城北东桥村设防。7日，日军在重炮掩护下发动进攻，崞县北城墙被轰塌十余丈，日军窜入城内。他率部与敌展开激烈巷战，并投掷手榴弹数十枚，使日军死尸枕藉。激战中，不幸中弹牺牲。

▲ 阳明堡 八路军129师769团一部袭击在此附近的日军机场，一举毁、伤日机24架。

◄ 当时《新中华报》刊登奇袭阳明堡机场的报道。

▲ 忻口前线我军炮兵阵地。

▲ 今昔娘子关。忻口会战时，中国军队在娘子关布防抵抗日军，血战十多天，有一万多将士在这里牺牲，他们大部分没有留下姓名。

▼ 日本攻陷太原城。

资料：奇袭阳明堡机场

忻口会战中，八路军129师385旅769团团长陈锡联率部以第一营袭扰山西崞县（今原平县崞阳镇）之敌；以第二营破击阳明堡西南交通；以第三营为突击营，负责主攻机场。于10月19日夜，赵宗德率第3营在群众配合下悄渡滹沱河，潜入代县城西南的敌阳明堡机场，对守敌发起突袭，激战近1小时，炸毁敌机24架，歼灭日军百余人。在战斗中，营长赵宗德不幸牺牲。这次战斗，是129师开赴华北抗日战场后的首战，有力配合了忻口友军作战，显示了八路军灵活机动的游击战术，成为当时传遍中外的头条消息。

● 平型关战役纪念馆 (山西、灵丘)

◐ 文献：《第三十五军太原守城亲历记》 (韩伯琴)

◑ 文献：《忻口抗战日记》 (刘家麒)

相关链接

黄梅兴（1897-1937年）

广东平远县人。陆军第88师264旅少将旅长。8月14日，亲临前线，指挥官兵连续攻克了日军十多个堡垒，向着日军的指挥中枢海军司令部推进。下午3时许，他率部攻击日军盘据的爱国女校时，被敌炮弹击中，当即殉国。

阎海文（1916-1937年）

河北昌黎县人。陆军第5大队24中队飞行员。8月17日，在执行轰炸虹口、江湾敌军任务时，飞机被敌炮弹击中。跳伞后不幸落入敌阵，他以手枪顽强抵抗，击毙敌军数名，誓死不做俘虏，用最后一颗子弹自尽殉国。

㉙ 华东战场之序幕 "八·一三"

关键词：虹桥事件 日海军陆战队司令部
日租界 汇山码头

日本侵略者在进攻华北的同时，又在上海进行挑衅。1937年8月9日，日本士兵驾车闯入虹桥机场警戒线内开枪滋生事端，担任虹桥空军总站站长的李疆雄赶到现场，即将两名日军击毙。此为"虹桥事件"。事件发生后，日本一面进行外交交涉，一面则开始

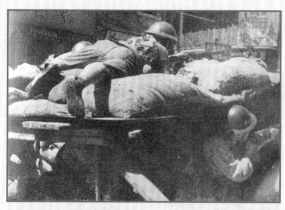

▲ 中国军队依托街中工事向进犯的日军射击。

▼ 我军战士向敌阵发起冲击的一个瞬间。

▲ 虹桥事件后中日双方会同查勘现场的情景。

增派军舰到上海。8月11日，中国政府令京沪警备司令张治中率第87师、第88师开赴上海作抗敌准备。

1937年8月13日晨，日军以日租界和黄浦江上的军舰为基地，向驻西宝兴路附近的中国保安队射击，我军即奋起反击，"八·一三"抗战开始。之后的十天里，日本大量援军未到时，我空军出动轰炸敌海军陆战队司令

相关链接

● 淞沪抗战纪念馆（上海宝山）

○ 《八一三淞沪抗战》余子道 张 云著（上海人民出版社）

● 《救亡日报》（上海1937年）

蔡炳炎（1902-1937年）

安徽合肥人。陆军第18军67师201旅少将旅长。1937年8月25日拂晓，他向盘踞在陆家宅的敌人出击，攻占了敌人前沿阵地。后敌援兵到达，疯狂反扑，我部伤亡惨重。他勉励部属："本旅将士誓与阵地共存亡，进生退死，不得畏避！吾辈有两条路，敌生我死，我生敌死！"在陆家宅与敌反复冲杀时，不幸身中数弹，壮烈殉国。

当时世界	8月15日	日本政府发表扩大侵华战争的《帝国政府声明》。
		日本正式编组"上海派遣军"。
	8月21日	中苏签订互不侵犯条约。
		英国共产党发表援助中国抗战宣言。
	8月30日	中国政府向国际联盟控告日本侵略。
	8月31日	侵华日军成立华北方面军。
	9月14日	美国总统发表声明，即日起不准向中国或日本运输任何武器弹药。
	9月22日	英法对日军飞机在中国滥炸非军事区提出抗议。

淞沪会战中国军队主要将领

冯玉祥　第三战区总司令长官（先）
蒋介石　第三战区司令长官总（后兼）
顾祝同　副第三战区司令长官
张治中　中央作战军总司令
陈诚　左翼作战军总司令
张发奎　右翼作战军总司令

淞沪会战日本侵略军主要头目

松井石根　华中方面军司令官
柳川平助　第十军司令官
长谷川清　中国方面舰队司令官

▼ 日军伤亡惨重，这是日军工事一瞥。

▲ 上海郊区（江湾一带）激战后的残迹。

部、汇山码头和江面敌舰等，都命中起火。地面部队在进攻中，不怕牺牲，前仆后继，至8月21日，将敌赶至黄浦江左岸狭隘地区，并包围敌海军陆战队司令部、公大纱厂等据点，奋勇歼敌。

当时，法国巴黎《人道报》主笔古久里曾写道：许多年来，我们英勇的中国同志所不倦地呼吁的民族精神，统一精神，在这迷途的侵略者之前，突然像一道现代的新万里长城似地耸立了起来。

▼ 在当年双方激战的地方，现今仍能挖出遗留的炸弹。

一寸山河一寸血

相关链接

● 《八一三淞沪抗战》（中国文史出版社）
○ 《日本在华的赌博》 [英] 尤脱莱（商务印书馆）
● 《中国抗日战争图志》之"淞沪会战"

庞汉祯（1899-1937年）

广西靖西县人。陆军第170师510旅中将旅长。10月22日，陈家行阵地被日军攻占。当夜，庞即率部由战头桥向陈家行阵地反攻。几经冲杀，终于将该阵地全部夺回。23日下午，日军再次发动进攻，向守军阵地猛烈炮击，庞不幸中弹牺牲。

秦　霖（1900-1937年）

广西桂林人。陆军第171师511旅中将旅长。10月23日，秦率部在湾宅一线阻敌。日军向秦部阵地发动猛烈攻击，通讯联络全部中断。在此危急关头，秦激励部队说："军人保卫国家，临难岂可苟安？"他身先士卒，率部上前与三倍之敌肉搏，使敌锋受挫，战局逆转。但此时，秦不幸中弹，壮烈殉国。

1937.8.13 ＜

30 震惊世界的淞沪会战

关键词：吴淞　宝山　月浦　罗店　双草墩
　　　　浏河　金山卫

＞ 1937.11

　　"八·一三"事变后，战火在中国南北同时蔓延开来。自1937年8月14日，中国军队在上海向敌发动进攻起，至11月12日我军西撤。这是二战中首次大会战。这次战役，日军以松井石根为总司令，先后投入陆、海、空军与特种兵部队近三十万人，动用舰船一百三十余艘、飞机四百余架、战车三百余辆，并曾狂妄地宣称一个月内占领上海。中国先由冯玉祥、后由蒋介石（兼）任第三战区司令长官指挥，下设左翼军、中央军、右翼军，先后调集中央部队，广东、广西、湖南、四川、

▲ 上海北站周围激战后的情景。

贵州、云南等地部队和税警总团，中央军校教导总队，以及部分省市保安总队，总计兵力约七十余师，奋勇迎战。战争一启，我军采取进攻态势，猛烈攻击日军在沪据点，予敌重创。8月下旬，日军大批援军在吴淞、川沙登陆，我军在宝山、月浦、罗店、浏河等地与日军反复争夺阵地。至9月17日，我军退守北站、江湾、庙行、罗店、双草墩一线，坚持防御。10月26日，中国主力撤至苏州河以南。11月5日，日军在杭州湾北岸的全公亭、金山卫等地登陆，形成包抄上海中国军队的

▼ 日军炸弹在上海市区爆炸，这是被炸死的上海市民。

相关链接

● 文献：《回忆八一三淞沪抗战》（白崇禧）
○ 文献：《八一三淞沪抗战记略》（史说）
● 文献：《孤军奋斗四日记》（杨瑞符）

吴克仁（1894-1937年）

　　黑龙江宁安县人。陆军第67军军长。11月初，奉命死守松江县城3日，掩护上海守军撤退。11月9日完成任务后，于突围时中弹牺牲。

吴继光（1903-1937年）

　　江苏盱眙县人。陆军第88师174旅少将旅长。11月初，吴奉命率部坚守青浦，与敌血战四昼夜。继而转守白鹤港，继续狙击日军。日军主力在陆、空火力掩护下，强行架桥渡河，吴将军冒着枪林弹雨指挥部队击退敌人多次进攻。战至11月9日，所部大多伤亡，将军也被敌弹击中阵亡。

▲ 淞沪会战期间，大上海笼罩在炮火硝烟之中。

▲ 我军撤退时，由88师团长谢晋元带领一部分战士坚守位于闸北、与苏州河仅一河之隔的四行仓库，以作掩护。当时称"八百壮士"，英雄事迹轰动全国。图示正在坚守中的四行仓库。

▼ 增援的日军到达上海，向我发动进攻。

态势，我军遂于11月9日开始从上海周围撤退。12日，日军占领上海。

　　淞沪会战挫败了日军从北方进行中央突破、速战速胜的战略意图，迫使日军在华北战场上转攻为守，在青岛地区暂停军事行动，打乱了日本军国主义者侵华的全盘计划，粉碎了他们3个月灭亡中国的迷梦。它使中国进入全面抗战的高潮。这次战役，日军伤亡四万多人，被我军击毁、击伤飞机二百多架，舰船二十余艘。中国军队的牺牲精神和战斗能力，赢得了各国军事观察家的高度评价。但是我军以落后的武器死守被日军优势火力控制的战线，有二十五万多将士伤亡。淞沪会战，一寸山河一寸血！

● 文献：《虬江、宝山、月浦、广福血战记》（方 靖）
○ 文献：《英勇战士，血肉长城》（张发奎）
● 文献：《一寸山河一寸血的淞沪战争》（黄 维）

相关链接

一寸山河一寸血

淞沪会战中的名记者
——王小亭

王小亭，1900年生于北京。

早年任职于英美公司电影部，做摄影师，是中国人投身于电影界最早的一个。在二三十年代的摄影记者中，他是有口皆碑的风云人物。他的足迹遍及大江南北，长城内外，摄取了大量有历史意义的新闻照片，建树颇丰。1928年日本制造的济南"五三惨案"发生时，作为万国新闻社记者的王小亭，到济南摄影，曾受日军监视，但他仍不顾危险摄取了日军暴行的镜头，其中有被日军惨杀的我同胞的尸体共10余幅，这组难得的新闻照片后来刊登在《良友》画报第26期上。

"九·一八"事变后，他又到了东北锦州前线摄影。察哈尔、绥远、热河等地都留下他的足迹。王小亭的作品很多，散见于《良友》画报、《申报》、《世界画报》、《时代画报》、《北晨画报》、《战时画报》、《大众画报》等很多种刊物。"八·一三"抗战开始后，他奔赴战地，拍摄了很多照片，特别是他在上海火车站南站拍的一个小孩坐在被炸毁的月台上大哭的照片，受到高度评价，被美国评为最优秀的新闻照片之一。照片发表后引起国际反应，美国对日本杀戮无防御能力的男女老幼一事提出抗议。这就激怒了日本人，诬蔑他的照片是假的，并悬赏通缉他，但他不顾危险，仍然活跃在各抗日战场，为中华民族的子孙后代留下了许多珍贵的历史瞬间。1981年3月9日他在台北逝世。

王小亭的名字和他拍摄的照片将和中国抗日战争的历史永存！

▼ 上海火车南站遭日军轰炸后的情景。1937年8月28日正午，日机轰炸上海南站，当场炸死正在候车的妇孺二百多名，伤者不计其数。这张照片迅即传遍全球，激起了世界各国人民对日本侵略者的强烈谴责。

相关链接
● 《中国摄影史》 马运增 陈申 胡志川 钱章表 彭永祥 编著
○ 《上海摄影史》 (上海人民美术出版社)
● 《中华图画杂志》 (中华图画杂志社)

▲ 上海妇女冒险亲赴战地，向健儿们敬献棉衣，藉表爱护之忱，并以为国奋斗为民族争生存相劝勉。

▲ 以密集之高射机关枪火力威胁敌机，使敌空军只可作漫无目标之轰炸。

▼ 中国军队开赴华北战场。

▼ 上海苏州河畔孤守四行仓库之壮士。

相关链接　　● 《良友》(1926-1945年)
　　　　　　○ 《抗战画报》(抗战三日刊社)
　　　　　　◑ 《抗日画报》(新生出版社)

谢晋元（1905-1941年）

广东焦岭县人。陆军第88师524团少将团长。10月下旬，谢奉命扼守四行仓库，掩护大部队撤退。他对部下说："这里是我们大家的坟墓，只要有一个人在，这块土地就是我们中国的！"从10月27日坚持到31日，后奉命退入公共租界孤军营。在解除武装后，他三年如一日，带兵出操升旗。1941年4月24日被袭击，身中数刀，伤重牺牲。

茅丽瑛（1910-1939年）

浙江杭州人。"上海职业妇女俱乐部"主席，中共党员。她组织发动"劝募寒衣联合大公演"和"物品慈善义卖会"，支持前线抗战。1939年12月12日，茅在会所开完募集筹备会，正准备回家，突遭日伪7个特务的枪击。因医治无效，不幸于15日身亡。

③① "孤岛"上海

关键词："中立国" 工部局 除奸活动

▲ 上海租界外国士兵和日本占领军在站岗。

▲ 上海租界地因英、美、法是"中立国"而未被日军占领，但已处于日军的四面包围之中，因而有"孤岛"之称。图示"孤岛"内的边沿地区，当时各国军队均构筑了防御工事。

中国军队从上海西撤后，日军在其所占领的南市、闸北、虹口、浦东和杨树浦等地到处设立关卡，沿苏州河各桥口岗哨林立，戒备森严。许多地段被日军辟为军事警戒区，那里的居民被驱赶一空，房屋被拆除。沦陷区内，到处笼罩着恐怖的气氛。

这时，公共租界和法界因英、美、法是"中立国"而未被日军占领，但已处在日军的四面包围之中，因而有"孤岛"之称。其范围是：东至黄浦江，西达法华路（今新华路）、大西路（今延安西路）、南抵民国路（今人民路），北临苏州河。英、美、法、意等国军队在租界边沿装置铁门或铁丝网，并构筑工事。1937年11月13日，工部局总裁费信樟代表租界当局宣称，工部局保持中立态度，在中日战争中不偏袒任何一方，对双方在租界内的权益一视同仁，租界的行政权没有变化。

"孤岛"的市面繁闹如故，冒险家照样在这里投机取巧，寻欢作乐。日伪的势力也千方百计地渗入租界，进行恐怖活动，妄图灭绝一切抗日势力。但是不忘国耻家仇的中国人，一刻也没有停止过反抗斗争。在这个特殊的环境中，既有人民群众自发的反抗，又有国共两党特工人员的除奸活动和不同的

相关链接
● 淞沪抗战纪念馆（上海宝山）
○ 《"八一三"抗战史料选编》（上海人民出版社）
○ 《侵华日军暴行总录》之"上海篇"

郁 华（1883-1939年）

　　浙江富阳人。上海沦陷时，任江苏高等法院第2分院刑庭庭长。他在全国人民抗日热情的鼓舞下，不畏强暴。1939年11月23日，遭敌伪特务暗杀。

徐阿梅（1906-1939年）

　　上海法商电车公司工人，中共地下党员。"八·一三"淞沪会战时，他曾组织"星期服务团"，为抗日军队服务，每逢星期日，亲自带领团员去战地帮助军人挖战壕、堆沙包和修筑防御工事。1939年12月29日深夜，被日伪特务在市郊秘密杀害。

政治文化宣传。在这段时间内，上海人民开展群众性的献金活动，救济难民，支持前线；大批爱国青年秘密参加抗日游击队和奔赴抗日根据地；还先后进行了护关、护邮、护校、抵制伪币和反对伪政权等各项运动，抗日的文化活动也盛极一时。在这错综复杂、惊心动魄的环境中，涌现出许多可歌可泣的事迹和传奇人物。

▲ 1941年12月，太平洋战争爆发后，日军立即进入上海的租界，仅仅数小时，租界即为日军控制。此为南京路上行驶的日军军车。

▼ 日军"接收"租界后，人们纷纷从银行中取款的情景。

①

②

③

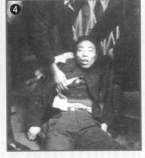
④

图①-④是1937年12月3日，日本侵略军队伍在南京路上行进时，遭到爱国青年用手榴弹袭击的过程。

▲ 1937年11月11日淞沪会战结束后，日军策划在公共租界、法租界等地举行游行，向上海各界示威以显示其武力。但是，遭到了上海人民的激烈抗争。

1937年12月3日上午，5000名日军携带野炮、机枪，整队通过公共租界。当日军行进到大世界时，此时正在大厦上修理霓虹灯的工人杨剑萍高呼着"中国万岁"，纵身从楼上跳下，以身殉国，表明上海人民誓死不屈的心声。之后，日军队伍又经南京路向广西路口进发，当时很多记者估计一定会有重大事件发生，都打开相机准备随时捕捉镜头，并记录了日军在南京路上行进的场面。果然，当日军到达广西路口时，有一爱国青年向日军队伍投掷手榴弹，当场死伤日军士兵三人，他本人也被巡捕开枪击中，壮烈牺牲。这四张照片就是当时现场拍摄的。

一九四一年十二月八日，太平洋战争爆发后，日军进入租界，这是日军队伍经过南京路西藏路口时的情景。

● 《孤岛见闻》 陶菊隐 著（上海人民出版社）
○ 《魔窟》（中国文史出版社）
● 《中国抗日战争图志》之"孤岛上海"

相关链接

饶国华（1894-1937年）

四川资阳人。陆军第145师上将师长。在保卫南京外围的广德战役中，腹部中弹，仍率部向敌阵冲锋。至11月30日，身临危城，孤军无援。在日军到来之前，在广德城东门外铺了卧毯，盘腿坐于其中，面对日军方向大呼："威廉第二如此强盛都要灭亡，何况你小小日本，将来亦必灭亡！"言罢，以手枪自戕成仁。

萧山令（1892-1937年）

湖南益阳人。宪兵中将副司令。1937年冬上海失守后，调守南京，并兼任首都警察厅长及南京市长。12月12日，日军攻入南京。奉令渡江突围时，他亲自断后掩护。敌人水陆夹击，我兵单力薄。激战中，壮烈捐躯。

㉜ 国民政府西迁与南京保卫战

关键词：长期抗战　迁都　南京卫戍司令长官

　　1937年11月，上海、太原失陷，南京已暴露在日军炮口之下，国民政府决定按照既定计划，迁都四川重庆。11月16日，国民政府主席林森在南京登"永丰"舰启程。20日，国民政府发表移驻重庆办公的宣言，内称："国民政府兹为适应战况，统筹全局，长期抗战起见，本日移驻重庆。此后将以最广大之规模，从事更持久之战斗。"21日，四川省政府主席刘湘致电林森，称颂迁都之举"益昭抗敌之精神，复兴既得根据"，表示"谨率七千万人翘首欢迎"。实际上，国民党中央党部、国民政府各机关以及蒋介石等军政要人先移驻武汉办公，后来才移往重庆。

　　11月24日，国民政府正式公布委任唐生智兼任南京卫戍司令长官，负起保卫南京的

▼日军的装甲部队正在向南京城猛烈攻击。

一寸山河一寸血

相关链接　　●《南京保卫战》(中国文史出版社)
　　　　　　　○文献:《卫戍南京之经过》(唐生智)
　　　　　　　●文献:《第八十八师扼守雨花台中华门片断》(卢畏三)

易安华（1900-1937年）

　　江西宜春人。陆军第87师259旅少将旅长。1937年11月12日，率部参加南京保卫战。12月9日，日军冲入光华门，易率部与敌展开肉搏，经一昼夜血战，全歼入城之敌。12日，雨花台失守，为挽救危局，易毅然指挥部队冒着炮火，向莫愁湖方向出击。在转移途中，不幸中弹，壮烈牺牲。

朱　赤（1904-1937年）

　　江西修水人。陆军第88师262旅少将旅长。1938年12月，朱部参加南京保卫战。11日，与日军主力激战，朱亲率敢死队击退日军多次进攻，保住了阵地。12日晨，日军以优势兵团冲锋，朱率部拼死抵抗，损失奇重。日军再次攻击，我军阵地全毁，朱将军与全体官兵均死于日军炮火下。

重责。其实，当时蒋、唐均知道南京不可守，只因南京是首都，决无轻易奉送敌人之理，故希望凭其天然地势，可支撑一两个月。当时中国军队主力已西撤，留在南京的约10万人，与装备精良、海陆空协调作战的日军进行最后奋勇搏斗。其间，中国军队曾在光华门击退日军，表现出色，使日军为侵占南京付出了重大代价。

　　最后由于中国军队火力不足，战至12月12日暮，紫金山第二峰和各城门均告失守。当时，作为总指挥官的唐生智向守城部队下达突围和撤退的命令较迟，造成了严重失控和极度拥塞局面。

13日，日军侵占南京，并开始了持续六周、"现代史上最黑暗一页"的南京大屠杀。

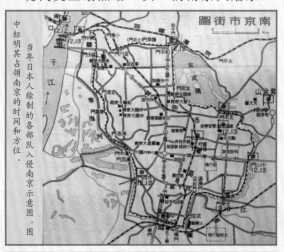

图中标明其占领南京的时间和方位。当年日本人绘制的各部队入侵南京示意图。图

▼ 南京城内随政府西迁的人员，纷纷束装就道。

▼ 南京城墙被日军炸开时的情景。

▲ 占领南京的日本侵略军。

　　　　　　相关链接
● 侵华日军南京大屠杀受难同胞纪念馆（南京）
○ 文献：《南京守城战》（宋希濂）
● 《中国抗日战争图志》之"南京保卫战"

伍必毅

南京大屠杀幸存者。1922年生，现为退休干部。

刘永兴

南京大屠杀幸存者。1913年生，现为退休职工。

33 惨绝人寰的南京大屠杀

关键词："不留俘虏" 集体枪杀 活埋 焚尸灭迹 劫掠 纵火 强奸

1937年12月13日，南京沦陷。其后日军对我手无寸铁的同胞进行了长达六周惨绝人寰的大规模屠杀。大屠杀中最凶残的是谷寿夫中将的第6师团及中岛今朝吾中将的第16师团。这些屠杀是日本侵略军当局所规定"不留俘虏"方针的产物。然而，日军不但不遵守国际惯例，肆意屠杀已停止战斗的士兵，还屠杀无数毫无抵抗力的平民百姓。据战后东京国际军事法庭查明，"中国军队在南京陷落前就撤退了"。这场大屠杀是在南京这座"无抵抗的都市"中展开的。达到了令人发指、骇人听闻的地步。日军屠杀的残酷难

▲ 侵占南京的日寇举行入城仪式。

以形容：除集体枪杀外，有砍头、劈脑、刀戳、穿胸、刺腹、断肢、碎尸、活埋、淹死、冻死、饿死，最后焚尸灭迹。

据统计，被集体屠杀的达19万人以上，加上被零散屠杀的，总计我被害同胞达30万人以上。

这场大屠杀，还伴随着劫掠、纵火和奸杀妇女，南京约三分之一的建筑物和财产化为灰烬，无数妇女惨遭强奸。据战后国际法庭认定，日军入侵南京市后的一个月中，发生了2万起左右的强奸案件。从十来岁的幼女到70岁的老妇，均无一幸免。她们不仅遭兽

▼ 侵占南京的日寇举行入城仪式。

相关链接
- 《侵华日军南京大屠杀档案》 (江苏古籍出版社)
- 《侵华日军南京大屠杀史料》 (江苏古籍出版社)
- 《侵华日军南京大屠杀史稿》 (江苏古籍出版社)

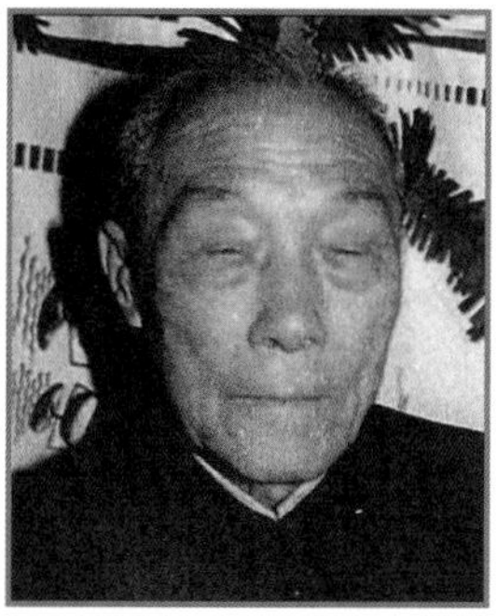

马忠山

南京大屠杀幸存者。1915年生，回族，现为退休职工。

夏淑琴

南京大屠杀幸存者。1930年生，家中9口人，被日军枪杀了7口人。她的背脊被日军戳了两刀，手臂被戳一刀，至今还留有疤痕。

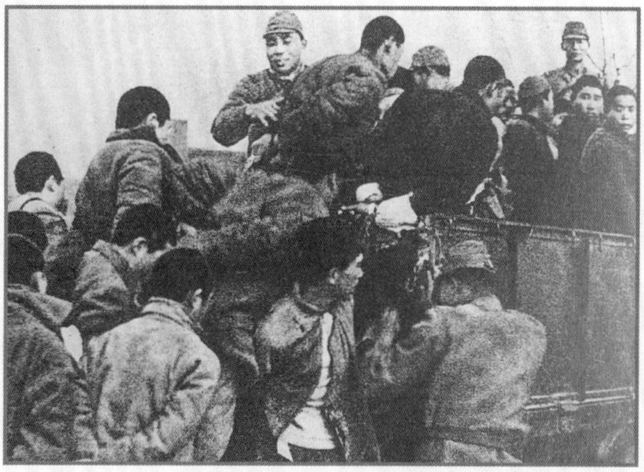

▲日军攻占南京后，大批青壮年被日军捆绑着押往南京郊外集体屠杀。

日本鬼子杀人不眨眼，无数无辜的同胞倒在日本侵略者的屠刀之下。南京地区横尸层叠，惨绝千古人寰！

▼日寇将我南京青年当作刀靶进行刺杀。

▶在南京城外的铁丝网上，一位被日军杀害的中国人的头颅。他的嘴里是日本人塞的烟头。这是美国人拍的镜头。

▶南京江东门“侵华日军南京大屠杀遇难同胞纪念馆”内陈列的遇难同胞的白骨。

兵蹂躏，还遭到割乳、割腹等凌辱。

本来日军如此暴行，是企图在南京制造一恐怖世界，欲吓倒和压倒中国人民，摧毁中国的抵抗精神和民族意识，结果却激起了中华民族对侵略者更大的痛恨与抗战到底的决心。

相关链接

- 《中国抗日战争图志》之“南京大屠杀”
- 《侵华日军南京大屠杀史》朱成山 主编（南京大学出版社）
- 《侵华日军南京大屠杀—幸存者证言集》（南京大学出版社）

潘开明

南京大屠杀幸存者。1917年生，现为退休职工。

石 明

南京大屠杀幸存者。1919年生，现为退休职工。

一寸山河一寸血

▲ 日寇血洗后的南京中山路。

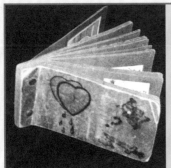

南京大屠杀的铁证

南京大屠杀期间，南京金陵照相馆的青年罗瑾利用某日本兵在其照相馆冲洗底片之机，将日军自摄的屠杀我同胞的照片数十幅印了下来，保存在这本小册子内。当年血海深仇，如今铁证如山。

▼ 日军捕捉南京徒手市民，准备屠杀。

▲ 日军将落入其魔掌的善良市民，先行欺骗、搜身，然后分批进行屠杀。

日寇强奸中国如女后，还迫其裸体摄影，肆意侮辱。此照片为日军所摄。

相关链接

● 《被遗忘的大屠杀》 张纯如 著 (天下文化)

● 《黑色12.13》 孙宅巍 李德英 著 (青岛出版社)

● 《南京战——寻找被封闭的记忆》 (上海辞书出版社)

袁世丰

　南京大屠杀幸存者。1920年生，现为退休职工。

李秀英

　南京大屠杀幸存者。1918年生，当年怀有身孕的李秀英与三个日本兵奋力搏斗，曾被日军刺戳30多刀。

◀ **日寇的杀人竞赛**

日本《东京日日新闻》报道日军第16师团富山大队副官野田岩(右)，炮兵小队长向井敏明(左)在南京紫金山下进行杀人比赛。向井敏明已杀了106人，野田岩已杀了105人，他们还要以杀150人为目标，继续竞赛。

▲ 三个杀人刽子手，"竞赛"后正拭去刀上的血迹。

▲ 指挥侵占南京的日军司令官松井石根(坐者)。

枪杀和活埋，侵略者以机枪扫射成百成千人，最后焚尸灭迹。

被日寇屠杀的南京市民的尸体。这场大屠杀主要是集体

◀ **《魏特琳日记》**

魏特琳，美国人，于1919年秋到金陵女子文理学院任职，至1940年5月回国。在侵华日军侵占南京前后的日子里，她一方面千方百计地吁请国际正义力量抵制日本侵华战争，一方面以大无畏的气概置生死于不顾，保护和拯救中国的妇女、儿童。同时，她以一位外国女性特有的敏锐和情感，在日记里真实、详尽地记录了侵华日军南京大屠杀的暴行。

◀ **《拉贝日记》**

拉贝，德国西门子公司驻中国商务代表，在中国工作30年。在侵华日军侵占南京前后的日子里，出任南京安全区国际委员会主席。在此期间，他以其独特的身份和西方人的视角，以一个虔诚的基督教徒的体会，抱着对中国人民深切的同情心，在尸骨遍地的金陵古城中，逐日记载了这中国历史上最为惨痛的一页。

◀ **《东史郎日记》**

东史郎，日本人，出生于1912年，25岁即1937年应征加入侵华战争，曾参加过华北作战、南京大屠杀、徐州、武汉、襄东等战役。在侵华战争期间，他将亲身的经历记录下来，汇集成《阵中日记》，在日记中，东史郎将其杀害中国军民的罪行，特别是与同伙参加南京大屠杀的经过如实地记载下来。晚年，他反省了自己的罪行，并不顾日本社会的压力，公布了自己的日记。

一寸山河一寸血

● 《南京大屠杀》 [日] 洞富雄 著 (上海译文出版社)

○ 《1937·南京大救援》 尹集钧 编著 (新大陆出版社有限公司)

● 文献：远东国际军事法庭检查官陈述日军侵略中国华东暴行

相关链接

相关链接

● 文献:远东国际军事法庭关于日军在南京进行大屠杀的判决

○ 文献:远东国际军事法庭对战犯松井石根判处绞刑

● 文献:战犯处理委员会关于谷寿夫罪行调查表摘要

左列：美国国会图书馆所藏侵华日军南京大屠杀的照片。

右列：日军在南京的汉中门、汉西门、鱼雷营、宝塔桥、中山码头、煤炭港、草鞋峡、上新河地区、凤台乡、花神庙、燕子矶江边以及其它地区，进行了大规模的集体屠杀。这是我国后来在以上地点为遇难同胞树立的部分纪念碑。

相关链接

● 文献：蒋介石批准判处战犯谷寿夫死刑代电 (1947.4.25)

○ 文献：国防部军事法庭对战犯田中军吉等人的宣判笔录

● 文献：国防部审判战犯军事法庭对战犯向井敏明等人的判决书

扈先梅（1895-1938年）

　　河南安阳人。陆军第51军少将旅长。1938年2月，参加台儿庄会战。他率部设防于淮河北岸，狙击南路日军北上。日军精锐师团向我军发起疯狂的进攻，扈将军率部顽强抵抗，宁死不退。激战中双方损失惨重，尸横遍野。扈将军不幸身中数弹，壮烈殉国。

刘明让（？-1938年）

　　山东东平人。陆军51军上校团长。东北讲武堂高等军事研究班毕业。台儿庄之役奉命围攻日军盘踞的峄城，身先士卒，奋勇冲杀，并大呼"杀敌报国，正此时也！"酣战中不幸阵亡。

❸❹ 台儿庄大捷与徐州会战

关键词：津浦路南北　台儿庄　徐州　第5战区

　　日军占领南京、济南以后，企图沿津浦线推进，南北夹击，会攻江苏省徐州，以便沟通南北战场，进而击破陇海路中国军防线，夺取郑州、武汉等地。第5战区司令长官李宗仁，指挥中国军队同日军在以徐州为中心的津浦路南北的广大地域，展开了大会战。徐州会战共有三个阶段。第一阶段是津浦路沿线的初期保卫战。这一阶段，日军以津浦线南段为主攻，北段为助攻，向徐州推进。双方血战一个多月，形成对峙状态。

　　第二阶段即台儿庄大战。台儿庄，在山东省南端，位于津浦路台儿（庄）支线及台

▲ 我军在台儿庄与敌炮火、坦克相拼，反复肉搏冲锋，寸土必争，还组织敢死队夜袭日军。这是我军冲入台儿庄歼敌的情景。

▲ 台儿庄附近的我军阵地。

▶ 在台儿庄指挥作战的我军将官。
左起：第2集团军总司令孙连仲、第30军长田镇南、第31师师长池峰城。

潍（坊）公路的交叉点，扼运河的咽喉，是徐州的门户。1938年3月中旬，北线日军分左右两翼，向台儿庄进犯，企图从北面包抄徐州，3月23日，开始猛攻台儿庄。我第31师官兵坚守台儿庄城寨，与敌炮火、坦克相拼，至死不退。4月3日，第5战区指挥第20军团由东向西、第2集团军由南向北、第3集团军由北向南，大举反攻。日军遭中国军队内外夹击，死伤枕藉，至7日夜，除小部突围逃跑外，大部被歼。此役，中国军队摧毁了日军第5、第10两个师团之精锐部队，歼灭日军一万余人。这一仗沉重打击了日军的气焰，极大地

相关链接

● 《徐州会战》（中国文史出版社）
○ 《台儿庄大战亲历记》（山东人民出版社）
● 《川军出川抗战纪事》（四川社会科学院出版社）

李必蕃（1891-1938年）

湖南嘉禾人。陆军第23师中将师长。1938年春，率部在山东郓城至菏泽一带，与日军血战数昼夜。李临危不惧，亲自率部出击，与敌人血肉相搏。不幸腹部中弹，血流不止，于弥留之际，勉强坐起，提笔留下遗言："误国之罪，死何足惜，愿我同胞，努力杀敌"。

1938年

当时世界		
	1月7日	意大利政府颁布海军扩军计划。
	2月4日	希特勒改组国防部和外交部。
	2月7日	中苏签订《军事航空协定》。
	2月20日	希特勒宣布德国承认伪满洲国。
	3月12日	德国入侵奥地利。
	4月2日	英国张伯伦政府正式承认德国对奥地利的吞并。
	4月6日	美国政府承认德国对奥地利的吞并。

振奋了中国军民的抗战意志。但我军也付出了重大的牺牲。

徐州会战的第三阶段是鲁南相持，最后中国军队主动突围。 1938年4月中旬，日本大本营震惊于台儿庄战役的失败，调整部署，调集华北、华中共多三十万兵力，分六路对徐州进行四面合围。中国军队为了避免被优势之敌围攻，5月19日主动放弃徐州，向豫（河南）、皖（安徽）两省边界突围，使日军的企图未能得逞。徐州会战毙伤日军三万二千余人，中国军队伤亡十万余人。徐州会战结束，日本即把进攻武汉和广州提上日程。

▼ 中国军事博物馆收藏的反映台儿庄大战的油画。

徐州会战中国军队主要将领

李宗仁 第五战区司令长官

李品仙 第五战区副司令长官

孙桐萱 第三集团军总司令

孙连仲 第二集团军总司令

汤恩伯 第二十军团军团长

张自忠 第五十九军军长

一寸河山一寸血

相关链接

● 《中国抗日战争图志》之"台儿庄大捷和徐州会战"

○ 台儿庄大战纪念馆（山东台儿庄）

● 文献：徐州会战（李宗仁）

方叔洪（1906-1938年）

　　山东历城人。陆军第114师中将师长。1938年春，曾率部参加台儿庄会战、鲁南山地游击战，卓有战绩。4月，在鲁南冯家场战役中牺牲。

王铭章（1893-1938年）

　　四川新都县人。陆军第122师上将师长。1938年3月17日晨，日军在飞机大炮掩护下，从四面进攻滕县。王亲自登城督战，"决以死拼，以报国家"。鏖战至5时，敌从西城攻入，王仍率部与敌巷战。巷战中，他腹部中弹，血流如注，为不做俘虏，高呼"抗战到底"口号，举枪自戕，壮烈殉国。

▲ 我军疾步前进，包围台儿庄之敌。

▼ 我各路大军齐集鲁南，参加徐州会战。

▼ 弹丸之地的台儿庄，一场惊人的血战之后，成了世界闻名之地。

▲ 凭藉黄河天堑，我军由各渡口开出，出击北岸敌人。

▼ 日军的火炮向我军轰击。

相关链接

● 文献：《徐州会战简述》（孙连仲）

○ 文献：《赴滕县抗敌散记》（陈仕俊）

● 文献：《临沂之战追述》（田玉峰）

纪鸿儒（1899-1938年）

安徽太和人。陆军第51师302团上校团长。1938年4月，日军由安徽涡阳、山东曹县两路进犯，纪率部乘夜袭击敌人，击毁敌装甲车七辆。残敌退至三叉砦，凭藉坚固工事顽抗。纪身先士卒，率部向敌阵地节节进逼。攻至敌阵地战壕时，不幸身负重伤，忍痛劝勉部属说："勿以我死为念，弟兄们努力杀敌。"因伤势过重，壮烈牺牲。

高　鹏（1904-1938年）

陕西乾县人。陆军第25师上校团长。1938年3月，高团参加台儿庄会战，获胜后，尾追日军至江苏邳县一带。4月20日，日军主力疯狂反扑，高团奉命固守莲花山。21日，日军扑上山头，高率余部与敌肉搏，不幸头部中弹，壮烈牺牲。

▲ 日军占领徐州，这是装甲车开进徐州城的情景。

▶ 1938年5月19日，日军侵占徐州，这是日军的华北方面军司令官寺内寿一（右）和华中派遣军司令官畑俊六在一起的情形。

▼ 陷入泥潭中的日军。

▲ 当年台儿庄战役激战地之一的清真寺内，至今仍可看到数不清的弹痕。上为美国著名史学家唐德刚教授的手指伸进古树上的弹洞。
▼ 下为布满弹痕的清真寺墙壁。

相关链接

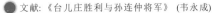

● 文献：《台儿庄胜利与孙连仲将军》（韦永成）
○ 文献：《台儿庄的巷战》（孟企三）
● 文献：《徐州突围片断》（安占海）

田耕元（　　-1938年）

　　湖南乾城人。陆军第13师73团上校团长。武汉保卫战时，率73团防守武胜关、鸡公山、九里关等地，屡摧顽敌，极著声誉。奉令向蒲圻、崇阳转移时，于赵李桥与敌血战中阵亡。

李超林（　　-1938年）

　　河南开封人。陆军第51军上校团长。率部在开顺街、石门口等地与敌人激战，所有村落全被夷平，李团仍死守不退。敌以陆、空火力配合，并施放毒气，李仍从容抚慰部下，亲察阵地，不幸受敌狙击牺牲。

1938.6.11 ＜　㉟ 保卫大武汉　＞1938.10.25

关键词：国共合作 长江沿线 皖西 豫东南广州 富金山之战

▲ 蒋介石(中)在武汉主持军事会议，布署对日作战。

　　武汉是平汉、粤汉两铁路的衔接点，又是东西南北水陆交通的枢纽，属中国的心脏腹地，战略地位十分重要。自南京失守后，这里成了中国政治、军事和经济、文化的中心。

　　1938年6月11日，日军溯长江西上，进攻安庆，拉开了武汉会战序幕。武汉会战是继上海会战之后又一大规模会战。在长江以南、长江沿线和长江以北地带，皖西及豫东南等地各战场，中国军队均英勇抵抗。特别是在马当、瑞昌、万家岭、马头镇、田家镇、富金山和固始、商城等战斗中，我军与敌浴血奋战，反复肉搏，前仆后继，英勇事迹，不胜枚举。但在日军优势火力进攻下，我军防线一再被攻破。至10月中、下旬，日军逼近武汉，中国军队于10月25日撤出武汉。在武汉会战后期，日军为切断从国外经香港向中国大陆输入物资的中国国际补给线，以三个师团，在海军和航空兵的配合下进犯广东。华南防务不足，担当广东防务的第4战区缺乏准备，日军得以长驱直进，于10月21日侵占广州。

　　武汉会战期间，国共两党为了抵御民族大敌，相互合作，动员全民投入保卫大武汉

▼ 广西健儿北上，参加武汉会战。

098

一寸山河一寸血

相关链接

● 《武汉会战》 (中国文史出版社)

○ 文献：《以全力保卫大武汉》 (陈诚)

● 文献：《武汉保卫战》 (李宗仁)

沈东平（1905-1938年）

河南舞阳县人。原名张炳乾，西华人民抗日自卫军参谋长，中共党员。1938年8月1日拂晓，沈带近百名战士，在睢县城南马洛口村外伏击日军，毙敌十余名。当敌人迂回到村内时，沈带手枪队部分战士占据一座楼房，与敌对峙。后被敌援军包围，沈多处负伤，坚持不肯先行突围，不幸腹部中弹，英勇牺牲。

当时世界	5月4日	法国52个团体发起组织中国之友联合会，开展援助中国抗战的活动。
	5月17日	美国通过海军武装计划。
	5月30日	希特勒下达关于入侵捷克斯洛伐克的密令。
	6月8日	中国驻日本大使馆全体人员奉召回国。
	7月5日	法国派兵侵占中国西沙群岛。
	7月26日	英日两国就在华权益问题举行谈判。
	7月29日	日苏爆发"张鼓峰事件"。

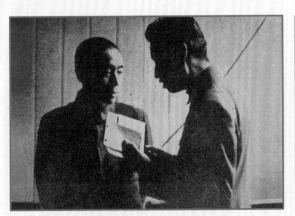

▲ 武汉会战期间，中国共产党和国民党携手共商抗日大计。这是中共领导周恩来(左)在武汉。

▲ 武汉保卫战中，信阳我军向敌发射迫击炮。

▲ 我军士兵勇猛冲锋，收复丁家山阵地。

的战斗；国际友人也云集武汉，给中国人民以道义上和物质上的重要支持。武汉会战历时四个半月，战线扩大到皖（安徽）、豫（河南）、赣（江西）、鄂（湖北）四省数千里地。中日双方投入兵力之多（中国一百余万、日本二十五余万），战线之长，时间之久，规模之大，是抗日战争中任何战役所不能比拟的。武汉会战毙伤日军三万五千五百余人，中国军队伤亡二十五万余人。会战结束后，日军由于战线延长，兵力与资源不足，加上敌

后抗日根据地的日益发展壮大，不得不放弃"速战速决"的企图，抗日战争便逐渐进入了相持阶段。武汉战役结束后，日本在军事上采取的主要方针是确保其占领区。从此，敌后战场在抗日战争中日益占有重要地位。

▼ 向武汉进攻的日军。

▼ 我军缴获的日军慰问袋和军旗。

▼ 侵入武汉外围大别山区的日军。

一寸山河一寸血

● 《中国抗日战争图志》之"武汉会战"

相关链接　○ 文献：《武汉地区空战纪事》(吴鼎臣)

● 文献：《南浔会战》(薛岳)

柴敬忠（1909-1938年）

湖北通山人。陆军第139师726团上校团长。1938年10月25日，日军向江西德安县进犯，柴奉命率部向敌袭击，激战三小时，将敌击溃。敌人又以3000兵力猛攻，柴腹背受敌，亲自率领一批敢死队冲入敌阵，与之白刃格斗。26日、27日柴率部坚守老虎山阵地，打退敌人十余次进攻。在战斗中柴身中数弹壮烈殉国。

雷忠（1901-1938年）

湖南嘉禾人。皖北军事联络委员兼游击副总指挥。1937年夏，淞沪抗战爆发后，雷组建的游击部队活动在敌占区，避实就虚，不断袭击敌人。1938年10月，在安徽北部与日军作战中，不幸被敌弹击中阵亡。

▲ 武汉会战期间，我空军与日机在武汉上空展开激战。这是4月19日武汉市民仰头观看空战的情形。

▲ 同左。

▼ 日本人拍摄的轰炸武汉的情景。

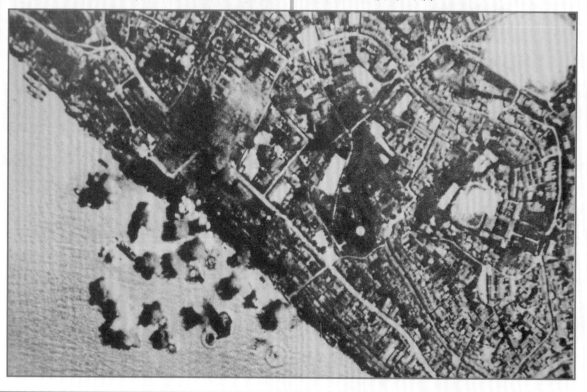

相关链接

● 《中国现代史资料选辑》（中国人民大学出版社）
○ 文献：第九战区作战计划（第九战区司令长官部）
● 文献：武汉卫戍区作战计划（武汉卫戍区司令部）

冯安邦（1896-1938年）

　　山东无棣人。陆军第42军中将军长。1938年3月，冯率部参加台儿庄会战。9月，奉命扼守大别山，血战50余日，击退敌人多次进攻，坚守住阵地。不久，又奉命转战鄂北襄樊一带。11月3日，行抵襄阳时，突遭敌机轰炸扫射，冯不幸中弹，重伤殉国。

毛岱钧（1902-1938年）

　　湖南湘潭人。陆军预备第9师35团少将团长。1938年7月，毛率部参加九江战役，固守庐山以西阵地，与敌激战昼夜，全团官兵伤亡殆尽，阵地被敌突破。毛率领传令兵及少数预备队员发起反冲锋，击溃敌人，收复了阵地。激战中，毛身负重伤，昏迷过去，被敌人停获，宁死不屈，壮烈牺牲。

▲左：在万家岭阵地上的我军战士。
右：坚守庐山五老峰阵地的我军战士。

◀我军在德安以西的万家岭地区，对南进之敌构成包围圈。这是在万家岭村舍与日军巷战的情形。

▼日军占领武汉。

▲日军冲进广州城的情景。

▼日军在广东省政府前拍照，表示其占领广州。

● 文献：《第五战区作战命令》（白崇禧 李品仙）
○ 文献：《马当要塞长山阵地保卫战》（杜隆基）
◑ 文献：《长江下游布雷战》（骆周能）

相关链接

毛泽东（1893-1976年）

中共中央军委主席。

朱　德（1886-1976年）

中共中央军委副主席、
国民革命军第八路军总指挥。

**㊱ 八路军、新四军
挺进敌后**

关键词：八路军　新四军　115师　120师　129师

▲ 八路军总司令朱德在延安号召全军指战员将抗战进行到底。

1937年8月，根据国共两党达成的协议，中国工农红军主力四万余人改编为国民革命军第八路军（9月改称第十八集团军），辖115师、120师和129师。朱德为总指挥，彭德怀为副总指挥。

115师由聂荣臻率领独立团和一个骑兵营，在晋察冀边区开辟抗日根据地。

120师由师长贺龙、副师长萧克率领，向晋西北挺进。

129师由师长刘伯承、副师长徐向前率领，渡过黄河，开赴晋东南。

开赴山西的八路军，执行中国共产党中央制定的"基本的是游击战，但不放松有利条件

的运动战"的战略方针。1937年9月25日，115师部队于晋东北要隘平型关伏击歼灭日本侵略军第五师团所属之第21旅团一千余人，10月18日，120师部队在雁门关以南伏击日军运输队，断敌运输线并收复雁门关。10月19日，129师部队夜袭山西代县阳明堡日军机场，烧毁敌机24架。八路军在对日军作战中连获胜利，沉重地打击了日军的侵略气焰，极大地鼓舞了全国军民坚持抗战的胜利信心。

1937年10月，中国共产党根据同国民党达成的协议，决定将江西、福建、广东、湖南、湖北、河南、浙江、安徽八省的红军游击队分

▼ 中共中央革命军事委员会发布的红军改编为八路军的命令。

相关链接　● 《抗日战争研究》张海鹏　荣维木　主编（近代史研究杂志社）
○ 《中国人民解放军战役集成》王清魁（解放军出版社）
● 《中国人民解放军战史简编》（解放军出版社）

周恩来（1898-1976年）

中共中央军委副主席。

彭德怀（1898-1974年）

国民革命军第八路军副
总指挥。

▲ 八路军各部队奔赴敌后战场。

▼ 八路军在平型关战斗中歼敌板垣师团一千余人，毁汽车一百余辆，缴获大批武器、战马。这是战士们背着缴获的战利品胜利归来。

别集中，改编为"国民革命军陆军新编第四军"，任命叶挺为军长，项英为副军长，张云逸为参谋长，袁国平为政治部主任。1938年1月，新四军军部成立，下辖四个支队。随即挺进敌后，开展抗日游击战争，创建了华中敌后抗日根据地。

1938年6月17日，新四军先遣队在镇江句容公路上的卫岗，进入了第一次战斗，截击由镇江南下的日军汽车队，歼敌一个中队，击毙日军数十人，敌五辆汽车被击毁四辆，缴获步枪十余支和大批日币，首战告捷。

● 文献：《朱德与华北抗日游击战争战略支点的部署及实施》（庾平）
○ 文献：《毛泽东与世界反法西斯统一战线》（钟小敏）
○ 文献：《张闻天持久抗战思想论析》（王文滋）

相关链接

叶剑英（1897-1986年）

国民革命军第八路军参谋长。

左　权（1906-1942年）

国民革命军第八路军副参谋长。

八路军部分抗战将领

林彪　八路军一一五师师长第

聂荣臻　副师长（后任政委）八路军第一一五师

罗荣桓　师政治部主任八路军第一一五

萧华　师政治部副主任八路军第一一五

贺龙　师长八路军第一二〇

关向应　师政治委员八路军第一二〇

萧克　师副师长八路军第一二〇

周士第　师参谋长八路军第一二〇

甘泗淇　师政治部主任八路军第一二〇

刘伯承　师长八路军第一二九

张浩　师政治委员八路军第一二九

徐向前　副师长八路军第一二九

▼ 被我军缴获的日本军旗和武器。现陈列在中国军事博物馆内。

▲ 1937年11月，八路军115师和129师在山西广阳打击日军，这是我军战斗中的阵地，拿望远镜者是343旅旅长陈光。

▼ 1939年9月，八路军120师在河北灵寿陈庄镇和日军战斗，歼灭日军1200余人，这是我军的机枪阵地。

▼ 在侵华战争中，被我打得疲惫不堪的日军。

相关链接
● 《中国抗日战争图志》之"敌后游击战"
○ 《中国人民解放军战役集成》 王清魁（解放军出版社）
● 《中国人民解放军战史简编》（解放军出版社）

任弼时（1904-1950年）

国民革命军第八路军政治部主任。

邓小平（1904-1997年）

国民革命军第八路军政治部副主任。1938年1月担任129师政治委员。

新四军部分抗战将领

叶挺 军长 新四军

项英 中共东南分局书记兼新四军副军长

张云逸 第三支队司令员兼新四军参谋长

袁国平 部主任 新四军政治

周子昆 参谋长 新四军副

陈毅 理军长（后）新四军代

刘少奇 政治委员（后）新四军

赖传珠 参谋长（后）新四军

邓子恢 部主任（后）新四军政治

粟裕 一师师长 新四军第

李先念 五师师长 新四军第

张鼎丞 七师师长 新四军第

▲ 1939年2月，周恩来到皖南新四军军部传达党中央关于新四军向北向敌后发展的方针。这是周恩来和新四军的领导干部合影，右起：叶挺、朱克靖、周恩来、傅秋涛、粟裕、陈毅。

▼ 在侵华战争中，日本侵略军伤亡惨重，疲于奔命。

▼ 日本在侵华战争中，凭借其武器的优势在中国到处狂轰滥炸。

相关链接

金谷兰（1804-1938年）

山东高唐县人。中共鲁北特委委员。1937年春，在当地组织抗日武装，后到范筑先部队政训处工作。1938年2月，在做伪军的争取工作时被害。

赵伊萍（1910-1939年）

河南郾城人。中共鲁西区党委秘书长兼统战部长。1939年3月5日，鲁西区党委机关随八路军先遣纵队向荏平、博平地区挺进中，在琉璃寺一带与日军遭遇，激战终日。交战中赵负伤被俘。敌百般折磨后，将他全身浇上汽油，放火燃烧。赵壮烈牺牲。

37 延安和各抗日根据地

关键词：陕甘宁边区　华北抗日根据地
华中抗日根据地　华南抗日根据地

一寸河一寸血

　　抗日战争时期，中国共产党独立自主地在华北、华中和华南的广大地区建立了十多个抗日根据地，以之坚持抗战。

　　1937年9月，根据国共谈判的协议，原陕甘宁苏维埃区域，改名为陕甘宁边区，成立了边区政府，辖23个县。延安是陕甘宁边区首府，中国共产党中央的所在地，成为抗日战争敌后战场的指挥中枢。陕甘宁边区面积近13万平方公里，包括陕西、甘肃、宁夏三省相接的各一部分地方，人口约150万。中

这是一九三八年五月，毛泽东著《论持久战》。

共领导人在这里，指挥八路军、新四军及其他武装力量，深入敌后，发动群众，广泛开展游击战争，在华北建立了晋绥、晋察冀、晋冀豫、冀鲁豫、山东和河南等抗日根据地；在华中建立了淮北、淮南、皖江、苏北、苏

▼ 抗日战争中的延安。

▼ 当年毛泽东住过的窑洞。

相关链接

● 《中国抗日战争图志》之"延安和各抗日根据地"
○ 《抗日根据地发展史略》（解放军出版社）
● 《中共抗日部队发展史略》（解放军出版社）

王荣贵（1918-1940年）

河北肥乡县人。中共党员，曾任肥乡、曲周、永年三县县长。1937年创建了肥乡县第一支人民抗日武装——自卫队，任队长。1938年自卫队改编为冀南三分区六大队时任大队长。1939年赴延安受训八个月。1940年3月初，在肥乡焦寨、史寨之间与敌作战时英勇牺牲。

张衡宇（1907-1942年）

山西忻县人。中共中央北方局调查研究室秘书。1942年5月，日军扫荡太行山区，张衡宇正在辽县（今左权县）协助地方工作。6月6日，突然遭遇搜山的日军，为掩护战友和群众，他掏出手枪向日军射击，吸引日军，不幸中弹牺牲于山西省辽县大山中。

中、苏浙、浙东和鄂豫皖湘赣边区等抗日根据地；在华南建立了琼崖抗日根据地和广东抗日游击根据地。从1937年抗战开始到1940年底，是八路军、新四军开辟敌后根据地的关键时期。这期间，军队从不足6万人发展到近50万人，根据地人口包括中心区和游击区共计达1亿人。

1940年冬，成立于1936、1937年的东北抗日联军（中共领导的游击队）受到严重挫折，为了保存实力，部分进入苏联境内，余部则仍坚持抗敌。抗日联军的长期奋斗，紧紧拖住了日本关东军的主力，在战略上配合了全国的抗日战争，也使敌人无法放手向苏联进犯。

▲ 中国抗日军政大学 1936年6月1日在瓦窑堡成立，初称"红军大学"，后改此名。共办8期，有12个分校。先后任校长、副校长的有林彪、徐向前、罗瑞卿、何长工等。

▼ 黎明的钟声。

▲ 在晋察冀边区第一届参议会上，宋劭文主任委员在作报告。

▼ 八路军第115师的骑兵营在黄河岸边。

一寸山河一寸血

相关链接

● 《中国抗日根据地史国际学术讨论会论文集》（档案出版社）

○ 文献：《抗日根据地在抗日战争中的重要性》（王桧林 李隆基）

● 文献：《关于抗日战争的几个问题》（廖盖隆）

107

金方昌（1921-1940年）

　　山东聊城县人。中共代县县委员。1940年11月24日，日军大"扫荡"时在代县大西庄被捕，敌人打断他一只胳膊，挖掉他一只眼睛。他手蘸眼血在狱中的墙壁上写下"严刑利诱奈我何，铡首流泪非丈夫"的壮语。1940年12月3日，和战友周致远、杨三三、侯义成牺牲在敌人的屠刀下。

马功岑（1912-1942年）

　　山东濮县人。中共党员。抗战爆发后，积极组织抗日游击队。曾历任民运科长、邯郸县长、永年县长、永肥县长等职。1942年12月25日，在反"扫荡"中与敌搏斗，壮烈牺牲。

▲今日延安。

▲八路军用土法炼铁，制造武器。

▼在抗日根据地，军民团结如一人。这是八路军战士在帮助群众劳动。

相关链接

● 文献：《抗日根据地建立的特点及其历史地位》（杨圣清）

○ 文献：《创建抗日根据地是中国革命胜利的基础》（胡华）

◐ 文献：《西方学者对抗日根据地的研究》（范力沛）

解蕴山（1905-1943年）

　　河北大名县人。中共党员。抗战爆发后，先后任大名、魏县县长、支队政委，魏县游击队长、一专署专员等职。1943年5月26日，在魏县反击敌人"铁壁合围"的战斗中光荣牺牲。

朱　程（1909-1943年）

　　浙江平阳县人。冀鲁豫5分区司令员。1937年参加抗战，任河北民军第4团团长，接受共产党领导。1939年加入中国共产党，任华北民军司令员。1943年夏，调任冀鲁豫5分区司令员，同年9月28日，在曹县王厂遭敌快速部队奔袭，英勇牺牲。

▲ 毛泽东、朱德和来访的美国军官在一起。
▶ 发展壮大着的八路军骑兵队。

▲ 八路军和新四军臂章。
▼ 1940年8月，中共中央北方分局颁发晋察冀边区民主政权施政纲领。

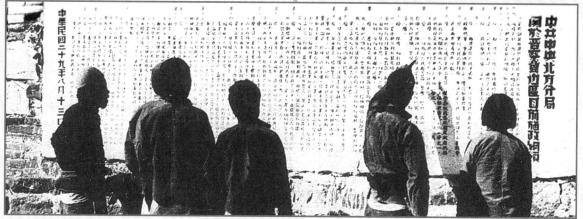

● 文献：《五台山抗日根据地的建立与发展》（唐盛镐）
○ 文献：《晋冀鲁豫抗日根据地的建立、巩固和发展》（李 新）
● 文献：《华南抗日根据地概况》（梁 山）

相关链接

姚子青（1909-1937年）

广东平远县人。陆军第98师583团中校营长。1937年8月下旬，姚率第3营官兵五百多人固守宝山县城。日军从28日开始对宝山狂轰滥炸，9月3日开始攻城。姚亲临第一线，率领全营官兵与敌人昼夜血战，毙伤敌人九百余人。9月5日，日军从长江东、南、北三面登陆，进一步围困宝山县城，姚率所剩官兵二十余人与敌白刃巷战，直至9月7日全部壮烈牺牲。

李 勇

晋察冀抗日根据地民兵英雄。被誉为"爆炸大王"，他埋的地雷，曾炸得日寇胆颤心惊。

㊳ 全国规模的游击战

关键词：敌后战场 南岳会议 主力军
地方游击兵团 人民自卫武装

▲ 1938年秋季，日军对我北岳区发动进攻，我参战部队活动在五台山、冀西地区的山岭中。

▲《论持久战》是毛泽东于1938年5月，在延安的演讲稿。毛泽东在总结抗日战争初期经验的基础上，系统地阐述了中国实行持久战以获得对日作战胜利的战略。

抗日战争开始后不久，面对日军不断向我内地深入进犯的形势，中国共产党形成了完整的抗日游击战争战略，它所领导的八路军和新四军，首先分成许多支队，向敌人的后方挺进，在广阔的地域进入战略相持阶段开辟了抗日战争的敌后战场。此后，蒋介石在1938年冬的南岳军事会议上也作出了"政治重于军事，游击战重于正规战；变敌后方为其前方，以三分之一兵力于敌后方扰袭敌人"的决定。国共两党在开展敌后游击战的战略上，取得了许多共识。各自都作出了自己的努力，形成了全国性的规模。

抗战初期，中国共产党在各地通过组织游击队、自卫队，进行战争动员、武装起义和争取、改编游杂武装等方式扩大军队，新建了许多抗日武装。抗战中期，敌后战场已形成了主力军、地方游击兵团和人民自卫武装三种武装力量相结合的体制。于是，以主力部队和地方基干民兵为骨干，以广大群众为基础，组织党、政、军、民各方面的力量，展开了群众性的人民游击战争，使侵略者在其占领区时时遭到抗击，一刻不得安宁。

此外，敌后军民在游击战中还创造和发展了许多灵活、巧妙的新战法，如地道战、地雷战、"麻雀战"等等，经常有效地用于袭扰和

▼ 1939年11月7日，八路军晋察冀军区部队歼灭日军"名将之花"阿部规秀中将及其所部独立混成第2旅团一部于涞源县黄土岭，共歼敌九百余人。这是当年击毙阿部规秀时所用的炮（现存军事博物馆）和当年的报道。

相关链接

● 中国军事博物馆（北京）
○《中国人民解放军战役集成》王清魁（解放军出版社）
●《中国人民解放军战史简编》（解放军出版社）

路景荣（1902－1937年）

江苏武进县人。陆军第98师583团上校团长。8月底至9月初，所部守卫宝山及狮子林炮台一线，阻敌登陆。故军炮火猛烈，路团长鼓舞部属与阵地共存亡。是役，该师官兵伤亡4960人，其中营、连、排长达二百多人。

孙玉敏

山东胶东抗日根据地民兵女英雄。

▲ 八路军在喜峰口的机枪阵地。

消灭日军，使敌人攻防无措、疲于奔命。敌后于是也变成了抗日前线。主要由共产党领导的敌后战场与主要由国民党承担的正面战场相对独立，又相互配合，构成了中国抗日战争的整体。

▼ 平汉线上一千八百余名伪警防员武装起义后，抗日根据地人民开会欢迎他们。

坚持敌后抗战的部分八路军新四军将领

▼ 广东游击队伏击敌人。

相关链接

- 《中共抗日部队发展史略》（解放军出版社）
- 华北军区烈士陵园（河北石家庄）
- 太行太岳烈士陵园（山西长治）

李 忠（ -1937年）

安徽合肥人。陆军第63师361团上校团长。我军与敌在上海苏州河畔激战，李于指挥战斗中不幸殉职。

李殿冰

晋察冀抗日根据地的民兵英雄。他率领民兵巧打"麻雀战"，曾荣获"神枪手"称号。

▲ 八路军总司令朱德在华北敌后战场。

▲ 民兵利用房顶运动，出击敌人。

▼ 把地雷埋在公路上，伏击日军。

开门战术

敌人来街巷中敲门入户，我民兵就开门冲杀，给以迎头痛击。

资料：灵活巧妙的游击战法

地道战创始于华北的平原地区。最初只是构造简单的地窖，作为秘密的战斗基点。后来随着斗争需要，开始打通，发展为村村相连、户户相通、设有瞭望、射击、暗堡等设施的战斗地道，可由村内到村外，由地面到地下，神出鬼没地打击敌人。

地雷战是一种群众性的游击战法。敌后战场的群众就地取材，自制各种地雷。他们在公路、铁路、村口、家门口到处布下地雷阵，就连儿童也学会了埋雷，使敌人寸步难行。

破袭战是迟滞敌人运动的一种战法。利用黑夜撬毁铁路，使敌人的交通运输瘫痪；破坏公路、桥梁，使敌人的摩托化部队无法通行；割断敌人的电线，使敌人的电讯联络失灵。此外，还动员广大群众平毁敌人的封锁沟或封锁墙，打破了敌人对根据地的分割和封锁。

"麻雀战"是到处散布许多小组武装，灵活而快速地对付敌人的战法。游击队和民兵三五成群，采取出没无常的行动，像麻雀一样到处速战速散，巧妙地杀伤、消耗、迷惑和拖倦敌人。

一寸山河一寸血

相关链接

● 茅山新四军纪念馆 (江苏句容)

○ 《东北抗日联军斗争史》 (人民出版社)

● 《抗日战争研究》 张海鹏 荣维木 主编 (近代史研究杂志社)

崔日喜

  冀热辽抗日根据地的民兵英雄。他曾在白旗堡战斗中，从火线上奋不顾身地抢救了两名伤员。

谢鼎新（1901-1937年）

  广西苍梧县人。陆军第176师上校团长。1937年10月参加淞沪会战，在陈家行的激烈战斗中，身中数弹，壮烈殉国。

▲ 老百姓掀翻铁路，切断日军的交通线。

▲ 新四军在江南的沼泽地带战斗，打击日寇。

▼ 被我游击队击落于广东中山县的日海军大角大将的座机残骸。

▲ 上和左：各游击区群众自发土制的各种地雷和炸弹，当年曾发挥很大的作用，炸得日本鬼子胆颤心惊。

▼ 1940年，晋察冀青年抗日先锋队举行拥军支前誓师大会。

● 《侵华日军暴行总录》（河北人民出版社）

相关链接 ○ 《陕甘宁边区政府大事记》（档案出版社）

● 《冀热辽烽火》（辽宁美术出版社）

113

梅兰芳（1894-1961年）

著名京剧表演大师。上海沦陷时在沪，蓄须明志，杜门谢客。多次拒绝日伪头目要他出演的要求，保持民族气节直至抗战胜利。这是梅兰芳的蓄须明志照。

沈佩兰（1903-1954年）

浙江萧山人。1940年2月，在一次战斗中被我军包围的日军占据她的家为据点负隅顽抗。沈佩兰悄然出村，向我军报告敌情，要求炮轰其住宅。顷刻间，她家23间楼房化为灰烬，上百名日军也葬身火海。沈佩兰不惜"毁家杀敌"的事迹广为传颂。

39 日本"以华制华"政策与汪伪政府

关键词：以华制华 "艳电" 汪精卫
"调整中日关系三原则"

日本在侵略中国的过程中，一贯使用政治诱降和分化、瓦解中国内部的手法。1938年11月3日，日本政府宣称，日本的目标是建立"日满华三国合作"的"东亚新秩序"，同时又制定了《使（中国）抗日政权屈服乃至崩溃要领》，决定极尽政略、谋略及外交等各种手段，通过收买及培植汉奸势力，建立傀儡政权，来"以华制华"。经过多方活动及各种试探，日本终于找到一向推行媚日、对日妥协路线的汪精卫汉奸集团。

1938年12月18日，身为中国国民党中央副总裁的汪精卫同周佛海、曾仲鸣等人秘密逃离重庆，经昆明到达越南河内。同月29日，

▼ 汪精卫(右)和侵华日军头目西尾寿造(日本派遣军总司令)在一起。

▲ 1940年11月30日，汪精卫和日本阿部信行、伪满洲国臧式毅共同签署《日、满、华共同宣言》。图为签约后步出礼堂的情形。前左一为汪精卫，左二为阿部信行，后为臧式毅。

在河内发表致蒋介石等人的通电（12月29日的电报代号为"艳"日，故又称"艳电"），

一寸山河一寸血

相关链接
● 《中国抗日战争图志》之"汪精卫集团叛国投日"
○ 《抗日战争研究》（近代史研究杂志社）
● 《审讯汪伪汉奸笔录》（江苏古籍出版社）

弘一法师（1880-1942年）

近代著名的佛学大师。他对日军侵华极为愤慨，说道："吾人吃的是中华之粟，所饮的是温陵之水，身为佛子，于此时不能共纾国难于万一，自揣不如一只狗子！"曾书写"念佛不忘救国，救国不忘念佛"字幅，还加跋语云："佛者，觉也。觉了真理，乃能誓舍身命，牺牲一切，勇猛精进，救护国家。是故，救国必须念佛。"

李树棠（1886-1939年）

山西中阳人。太原绥靖公署少将参议。故攻陷太原，故伪威迫利诱他出任伪维持会长，李严词拒绝，誓不附逆。被日伪逮捕后，于1939年2月14日服毒殉国。

表示响应日本首相近卫提出的"调整中日关系三原则"，即"善邻友好"、"共同防共"、"经济提携"等条件，公开叛国投敌。

汪精卫公开投降日本帝国主义后，全国各党各派各界人民都一致强烈声讨，要求通缉、惩治卖国贼。1939年1月1日，国民党中央常委决定永远开除汪精卫党籍。

1939年5月，汪精卫由河内转逃上海，6月到日本"访问"。同年12月30日，汪精卫在上海同日本政府代表签订卖国条约《日华新关系调整要纲》及其附件。1940年3月，在日本的指使下，汪精卫在南京成立伪国民政府，自任代理主席兼行政院院长。当时，日本政府发表声明，表示对汪伪政权支持。但有趣的是，日本政府自身并未立即在外交上给予正式承认。与此同时，日本认为重庆政府始终在国际上代表着中国，故又设法开辟与重庆的联络路线，希望与重庆直接媾和。故汪伪政权成立之初，其伪国民政府主席一职一直虚悬。最后，日本延迟至1940年11月底才正式在外交上承认伪政权。

▲ 汪精卫在日本和东条英机在一起。

▲ 汪精卫在日本参拜明治神宫。

▲ 汪伪上海市市长陈公博。

▼ 1940年1月，汪精卫与王克敏、梁鸿志等汉奸在青岛聚会，商议组织伪国民政府。

▼ 汪精卫和日本侵略军头目在一起。

● 《汪伪政权内幕》（江苏省政协文史资料委员会编）
○ 《汪伪十汉奸》（上海人民出版社）
● 《国共抗战大肃奸》 王晓华 等编（中国档案出版社）

一寸山河一寸血

曹　炳（1900－1937年）

山西人。陆军第72师433团上校团长。1937年10月，奉命驰援南怀化，不顾敌人炮兵、坦克与空军协同的猛烈炮火，为争夺高地，往返冲杀不殆。日军施放毒瓦斯后，曹仍率部坚持战斗，不幸被敌弹洞穿腰部，壮烈殉国。

严传经（1895-1938年）

福州市人。海军"义宁"炮艇艇长。曾历任"海容"军舰鱼雷副、海军第一舰队司令部正副官。1938年6月25日，在鄱阳湖抗敌时殉职。

40 中日两国实力比较

关键词：现役　预备役　后备役　师
师团装备补充

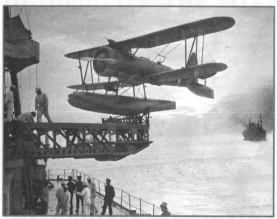

▲日军的飞机从航空母舰上起飞，轰炸中国。

▼日本侵略军海军的舰炮。

日本军国主义多年来疯狂地扩军备战，以1937年为例，巨额军费竟占日本当年全年预算总额的75%。开战之始，日本有现役兵38万人，预备役兵73.8万人，后备役兵87.9万人，第一补充兵役157.9万人，第二补充兵役90.5万人，各种兵役共计448.1万人。战斗兵属于现役、预备役、后备役者共计约有199.7万人，此外都是后勤兵役与补充兵役。日本陆军有17个师团，海军有各种舰艇190万吨，空军飞机2700多架。

相比之下，中国军力薄弱得多。中国陆军现役兵有180万。由于1936年方实施征兵制度，故预备兵役、后备兵役一无所有。当时

▼日本侵略军中的装甲部队。

相关链接
● 《细说抗战》黎东方 著 (远流出版公司)
○ 《抗战八年》王 平 著 (学人图书公司)
● 《抗战胜利的代价》许倬云 丘宏达 主编 (《联合报》)

一寸山河一寸血

卢义欧（1903-1937年）

河南滑县人。陆军第74师429团上校团长。1937年10月，在太原会战中，卢奉命防守忻口，指挥所部与敌人反复冲杀数昼夜。在全团官兵伤亡过半的情况下，又奉命夺取敌人某高地。卢身先士卒，亲自率领部分官兵，冒着硝烟弹雨，冲向敌阵。激战中，不幸中弹。临终时，仍口呼"杀敌"不止。

戴广进（1914-1937年）

安徽合肥人。空军第4大队第23队少尉飞行员。1937年9月19日，在南京青龙山空战中，驾机穷追敌寇，中弹殉国。

陆军部队步兵182个师（当时日军1个师团的火力相当我军3个师。开战后，我军装备补充困难，渐成1比5，甚至1比10的比例）、46个独立旅；骑兵9个师、6个独立旅；炮兵4个旅及20个独立团，工兵3个团，化学兵5个团，防空兵及高射炮兵7个团，通讯兵3个团，交通兵4个团，铁道兵1个团，保护铁道之铁甲车5个大队。同时因版图辽阔，战时预定使用于第一线之兵力约有步兵80个师，所余之100多个师兵力尚需驻防各地，维护治安，担任镇守之职责。海军方面，那时号称世界海军第三强国的日本舰队总吨位190万吨，而中国海军的各种舰艇仅5.9万吨。空军方面，当时的中国不能自制飞机，全赖向外购买，致使飞机种类复杂，其中作战飞机仅305架。

然而，随着日本侵略地区扩大、战线拉长，其兵力虽陆续大幅增加，仍有不足之感。1938年11月武汉会战结束时，日陆军全数共有34个师团，除了在日本本国和朝鲜各留1个师团以外，8个师团在中国东北，24个师团陷在华北、华中、华南的广大战场上，故在人力、物力、财力的消耗上，已日益困难。另一方面，在中国正面战场及敌后战场的兼攻下，日本已不得不停止其战略进攻，而改为战略相持。

▲ 抗战中，步枪和大刀是中国军队的主要武器。中：为一个妇女在慰问抗日将士时，手执我战士曾砍杀过日寇的大刀留影。我军装备的真实情况大部分没有留下图像记录。

草鞋

▲ 抗战中，我军大部分部队装备简陋，战士们脚穿草鞋，跋山涉水，
▼ 冲锋陷阵，流血牺牲，有"草鞋兵"之称。

▶ 日军的炮兵，正在向中国军队发射毒气弹。日军往往靠这种卑鄙的手段来占领我军的阵地。这是日本军部盖上"不许可"印的不许发表的照片。

一寸山河一寸血

● 《中国民族抗日战争史》（中共党史出版社）
○ 《中国抗日战争史》军事科学院 编（解放军出版社）
● 《抗日御侮》蒋纬国 总编著（黎明文化事业公司）

相关链接

萨师俊（1896-1938年）

　　福建闽侯人。海军"中山"舰舰长。1938年10月24日，奉命巡防湖北金口，忽遭日机来袭。两腿被炸断，左臂也受重伤，仍镇守望台，屹立不动。时舰将沉没，官兵再三请离并强掖他下舢板，犹大呼杀敌不止。敌机再袭，中弹成仁，与舰同沉。是役，该舰伤亡40多人。

高昌衢（1917-1937年）

　　福州市人。海军"平海"军舰航海见习生。1937年9月22日，在江阴与敌激战中阵亡。

41 中国海空军的战绩

关键词：江阴海空战　马当保卫战　水上布雷
"八·一四"、"二·一八"、"四·二九"空战

　　全国抗战开始，日军凭借海上力量的绝对优势，封锁长江口及南北海岸，切断我海上交通，并以其舰队侵入黄浦江，妄图迅速

▼ 此为"中山"舰，在湖北金口与日本飞机激战后，沉于金山。舰长等20多名官兵阵亡。

▲ 中国海军总司令陈绍宽。

▲ 中国空军总司令周至柔。

溯长江而上，配合其陆军水陆并进，南北合攻南京，从而一举摧毁中国政府的政治中心。中国海军当时仅有战舰和辅助舰船约66艘，总吨位5.9万吨，与那时称世界海军第三强国的日本舰队相比，差距极大。鉴于敌我力量

▼ 国民政府海军部在南京的旧址。

相关链接　● 《中国抗日战争图志》之"海军御敌"
○ 《中华民族抗日战争史》 王秀鑫 郭德宏 主编（中共党史出版社）
● 《中国抗日战争史》军事科学院 编（解放军出版社）

一寸山河一寸血

陈耕炳（1897-1937年）

　　福州市人。海军"宁海"军舰枪炮副军士长。曾历充各舰一、二、三等兵和帆缆下士、枪炮上士等职。1937年9月23日，在江阴与敌激战中牺牲。

张秉燊（1894-1938年）

　　福州市人。海军"江贞"军舰副舰长。曾任永健军舰枪炮副。1938年7月20日，在岳州抗敌时殉国。

▲ 以劣势装备抗击日本侵略者的中国海军士兵。

▼ 中国海军最优良的军舰"宁海"号，在江阴海战中击落日机4架。后被日炮弹击中下沉，伤亡六十多人。

大的江河湖泊，实施水上布雷，收效甚大，使具有压倒优势的日本海军每每望水兴叹，视为荆棘畏途，始终不能有效地利用长江和其它水道进行军事进攻和运输。中国海军在长江流域与敌鏖战的同时，驻守在闽（福建）、浙（浙江）、粤（广东）、桂（广西）、鲁（山东）等各地的海军官兵，也在各自的海域奋战入侵日军。

▲ 当时日本年产一千多架飞机，这是他们的飞机。

▼ 日本号称"世界第三海军强国"，这是他们的舰队。

悬殊，我采取避免与敌争锋海上的战略，集中力量守卫长江，在黄浦江和长江中筑起一道道防线，发挥要塞威力，粉碎了敌舰溯长江西犯的计划。中国海军阻塞上海港汊和长江江面，袭击日军旗舰"出云"号，策应淞沪作战，保卫南京安全，掩护政府后移及物资西迁，并在长江沿线节节抗击。其中有著名的江阴海空对战和马当保卫战。我放弃武汉后，海军组织了一支支游击队，活跃于广

相关链接

● 《日军侵华八年抗战史》何应钦 著 (黎明文化事业公司)

○ 《抗日御侮》蒋纬国 总编著 (黎明文化事业公司)

● 中国航空博物馆 (北京)

沈崇诲（1911-1937年）

空军第2大队第9中队中尉分队长。1937年8月19日，沈所在的中队出勤6架轰炸机出击，沈等以低空投弹，将敌巡洋舰1艘炸沉。此时，沈因飞机尾部被高射炮射中，开始减速飞行。他用目光与后座驾驶员陈锡纯会意，开足油门，对准一艘敌舰俯冲下去，与敌舰同归于尽。

汪雨亭（1913-1937年）

江西贵溪人。空军第2大队第11副队长。1937年8月29日，驾机出击上海浏河口一带日军军舰，战斗中飞机发生故障，英勇献身。

抗战开始时，中国空军列入编制的飞机共296架，性能大多很差，与拥有二千七百多架新式作战飞机及庞大飞机制造工业作后盾的日本空军相比，处于明显劣势。但是，中国的飞行勇士仍奋起抵抗。1937年8月14日中国空军健儿首战告捷，以3比0取胜，1938年又取得了"二·一八"、"四·二九"等大捷，振奋了全国人民的斗志。抗战的第一年，中国空军共击落日机209架，炸毁日机179架，取得了辉煌的战绩。随后，由于损失的飞机没有足够数目的补充，我空军在相当长的时间内，一直在困境中坚持抗战。

▲ 1938年5月19日，空军第14中队长徐焕升，领队远征日本长崎、佐世保等地，撒传单100万份后，胜利归来。

▲ 我空军轰炸机在长江上空准备轰炸日舰。
▼ 空军第四大队的部分飞行员。

▲ "民族兴亡责任待吾肩，长空万里复我旧山河"的空军健儿。

太原防空演习完竣奉命送空军第四大队航空同志摄志纪念合影群

吕晋山　邓德积　冯干御　苑金函　谭文　王维一　高志航　仲执翔　严瑶园　李桂　刘志汉　王志悒　夏明

相关链接
● 《中国抗日战争图志》之"空军御敌"
○ 《中华民族抗日战争史》王秀鑫 郭德宏 主编（中共党史出版社）
● 《抗日战争正面战场》中国第二历史档案馆 编（江苏古籍出版社）

乐以琴（1915-1937年）

　　四川芦山县人。空军第4大队第21队上尉副队长。1937年8月14日，乐击落第一架日机，随后在一个月中共击落8架敌机，被誉为"空中四大天王"之一。1937年12月3日，在保卫南京的空战中阵亡。

李桂丹（1914-1938年）

　　辽宁新民县人。空军第4大队大队长。1938年2月18日，敌机38架空袭武汉。李率第4大队迎敌，在短短的12分钟内，击落敌机12架，李一人就击中其中3架。在激战中，李奋不顾身冲入敌机群中，不幸座机中弹，壮烈牺牲。

▲ 1938年2月，武汉各界追悼"二·一八"空战中我空军阵亡的烈士的场面。

▼ 抗战初期，我空军地勤人员为教练机装炸弹准备起飞作战。

▼ 被我空军击落的日机残骸。

● 《卫国血史》 贺圣遂 陈麦青 编（复旦大学出版社）

○ 《抗日御侮》 蒋纬国 总编著（黎明文化事业公司）

● 《中国抗日战争史》 军事科学院 编（解放军出版社）

相关链接

刘震东（1893-1938年）

山东沂水人。第五战区第2路游击纵队司令。1938年2月，刘部前往营县阻敌。敌以优势兵力围困县城，刘率部奋勇抵抗，专打近敌，使敌军伤亡甚多。在敌人发起猛攻时，不幸中弹，壮烈殉国。

范筑先（1882-1938年）

山东省政府第6区专员，鲁西北抗日游击总司令。范与中共合作，在以聊城为中心的鲁西北组织了五六万人的抗日武装和二十多个抗日县政权，给日寇以沉重打击。其子范树民也在对日作战中牺牲。1938年11月日军猛攻聊城，范率部固守，打退敌人数次冲锋。15日，敌攻入城内，范左臂负伤，自戕殉国。

④ 黄河决堤

关键词：黄河大铁桥　花园口　黄河大堤
　　　　黄泛区

▲ 为阻止日军前进，国民党军队炸毁了郑州黄河大铁桥。

黄河水害自古以来就是中原地区的一大祸患。日本发动全面侵华战争之后，曾多次出动飞机轰炸黄河铁桥、渡口和堤岸。

1938年2月11日，从安阳起飞的七架日军轰炸机窜到开封北面的柳园口一带，轰炸黄河两岸的河堤和渡口，投弹四十多枚，结果渡口设施被毁，两岸河堤遭到破坏。同日，日机13架分三批轰炸黄河铁桥，投弹二十多枚。2月21日，机再次轰炸黄河铁桥。炸弹击中桥面，桥架震动变形，铁轨枕木纷飞，铁桥108孔中，有77孔被毁。

1938年5月，日军占领徐州后，集合南北两路兵力，准备进犯武汉。6月5日，日军攻占河南开封，随即进逼郑州，企图打通平汉、津浦、陇海三线，造成直指武汉、进而窥伺西南大后方的形势。在这紧要关头，国民政府军奉命于6月7日炸毁了当时中国最长的铁路桥郑州黄河大铁桥。接着，又于6月9日在郑州以北郑县的花园口炸开黄河大堤，借南泛洪水，遏阻日军的前进。为此，中华民族付出了沉重的代价。其间，虽然一部分日军

▼ 黄河岸边的炮火浓烟。

相关链接　● 《中国民族抗日战争史》（中共党史出版社）
　　　　　　○ 《中国抗日战争史》军事科学院 编（解放军出版社）
　　　　　　● 《中原抗战》（中国文史出版社）

刘桂五（1902-1938年）

直隶建昌(今属辽宁)人。骑兵第6师中将师长。1938年4月，他奉命率部袭击绥垣及武川，截断敌之交通，策应友军时，遭日军包围，他率部奋力杀出重围。4月22日，又与敌千余人及装甲车七十余辆遭遇，敌人分数路攻击。刘率部迎敌，身负重伤，仍坚持用手枪射击，毙敌数名。后因伤势过重而壮烈殉国。

1938年

当时世界	9月29日	英、法、德、意召开慕尼黑会议和炮制《慕尼黑协议》。
	9月30日	《英德宣言》签署。
	9月	共产国际执行委员会主席团发表援华声明。
	10月8日	台湾爆发反日暴动。
	11月7日	英、美、法与日本互致照会。
	11月9日	德国纳粹屠杀犹太人，三万多人被关进集中营。
	11月18日	日本外相有田八郎发表要求修改《九国公约》的声明。

▲ 我军战士涉水作战。

▼ 日机轰炸黄河河堤。

被我军团包围就歼，整个攻防形势有了改变，但同时也造成了历史上黄河的一次严重改道，使豫、皖、苏三省44个县遭受严重灾害，数十万人被淹死，一千多万人流离失所，5.4万平方公里的土地变为荒凉贫瘠的黄泛区。在这因黄河泛滥而出现的悲剧里，日本侵略者自6月12至16日，又频繁出动大批飞机到黄泛区大肆轰炸、扫射，致使原来的黄河决口扩大，已堵住的决口复被炸毁。滚滚黄水，覆地成灾，横流难挽，无数难民于绝望中呼天喊地，怨愤至极。

▼ 黄河决堤后，虽然遏制了日军的前进，但造成了黄河的严重改道，使豫、皖、苏三省44个县受灾，人民付出了沉重的代价。图示流离失所的难民。

相关链接

● 《抗日战争正面战场》 (江苏古籍出版社)
○ 《花园口掘堤前后》 (中国广播电视出版社)
● 《武汉会战》 (中国文史出版社)

陈锡纯（1916-1937年）

湖南长沙市人。空军第2大队9队少尉飞行员。1937年8月19日出击长江口外及白龙港敌舰，在飞机故障时，与沈崇海同机撞向敌舰，与敌舰同归于尽。

林人骥（1913-1937年）

福建闽侯(今福州)人。海军"宁海"舰中尉航海员。1937年9月23日，在江阴血战中阵亡。

43 滇缅公路

关键词：大理 下关 保山 畹町 腊成
国际信道

▲ 参加修路的少数民族民工。

▲ 参加修路的少数民族民工。

▲ 滇缅公路上的筑路民工。

"七·七"事变爆发后，云南省政府主席龙云在参加南京国防会议时向国民政府建议修筑滇（云南）缅（缅甸）公路，以备在日军封锁全部海岸后，中国也有一条通过缅甸仰光的出海交通线。国民政府采纳了此建议。龙云回云南后，立即令省公路局组织测量，并着手筹备新修下关（今大理市）至畹町段，续修禄丰至下关段。

1937年11月开始测量滇缅公路。12月，从大理起沿线及附近17个县、10个民族的民工近15万人陆续走上工地。民工们在沿线的从山峻岭中，搭草窝，找岩洞，随处栖身。省公路局在关畹段设立了6个工程分处，另招石、木、小工二万多人开石方、建桥涵。禄

相关链接

● 《中国抗日战争图志》之"大后方和陪都重庆"
○ 《云南抗日战争史》孙代兴 吴宝璋 主编（云南大学出版社）
● 《血线—滇缅公路纪实》白 山 著（云南人民出版社）

谢志恒（1908-1937年）

广西容县人。陆军第170师508旅上校团长。1937年11月13日清晨，我军转移到常熟虞山附近，敌机成批飞来狂轰滥炸，低空扫射。谢亲临现场视察，不幸腹部中弹倒下，他对左右说："我完了，望你们继续努力杀敌，报仇雪耻，救国家民族于危亡，争取最后胜利。"急救无效而牺牲。

夏国璋（1894-1937年）

广西容县人。陆军第175师少将副师长。1937年11月中旬，我军撤出淞沪。夏以一旅孤军扼守吴兴县城，掩护大军撤退。日军主力数万人疯狂地进攻吴兴，夏临危不惧，率领全体将士浴血鏖战。经数天拼搏，我军弹尽援绝，伤亡惨重。21日，日军突破防线，夏大吼一声，率全体将士冲入敌阵，与日军血战至死。

▲ 滇缅公路上的筑路民工。

丰下关段的铺路面和改善工程也有民、石工数万人。全线施工高峰时，每天有20万人之多。又在保山设总工程处，以技监段纬（美国留学生）负总责，指导全线施工。省公路局出动了各级技术人员近百人，和沿途各县民众披星戴月进行修筑。夏季，怒江两岸及芒市至畹町一带低海拔地区，气候炎热，恶性疟疾猖獗，加之工程艰险，事故频繁，因此病死、摔死的人每天都有。但是修路员工

▼ 滇缅公路修筑时的情景。

▲ 滇缅公路上的惠通桥，横跨于怒江之上。

▲ 滇缅公路经贵州延伸至重庆的山路。

▼ 滇缅公路上运输繁忙的景象。

为了抗日救亡，仍坚持下去。1938年8月31日，自昆明经楚雄、下关、保山到畹町和缅甸腊成的中国段全长1154公里全线胜利通车，施工时间仅仅9个月。消息传出，世界震惊。当时的美国总统罗斯福并不相信，专令其驻华大使詹森路经滇缅公路回国，向他报告，他才相信了。罗斯福总统说，这是一大奇迹。

日军占领越南后，滇缅公路成为中国惟一国际通道。抗日军用物资及一切进、出口物资，接受盟国军事援助等都靠此路运输。

相关链接

● 《太阳泣血》 罗越先 杨新旗 著（云南美术出版社）

○ 《中华民族抗日战争史》（中共党史出版社）

● 《抗日战争研究》 张海鹏 荣维木 主编

125

一寸山河一寸血

李 杰（？-1937年）

湖南人。陆军第88师上校团长，在南京保卫战中壮烈牺牲。

孟汉霖（1918-1937年）

江苏江宁人。海军学校航海毕业，"平海"军舰航海见习生。于1937年9月22日在江阴抗战中阵亡。

关键词：军需物资　资源委员会　战时工业基地

"卢沟桥事变"后不久，日本侵略者的炮火就逼近了上海，妄想迅速摧毁长江三角洲这个经济中心，从而达到控制我经济命脉的目的。为了保存经济建设的实力，生产支

▼ 大迁移中，火车常冒着敌机轰炸的危险前进。

▼ 迁移中，一个在火车轮上方睡觉的人。

后方转进，另建工厂从事生产。

工人在搬运拆卸下来的机器，向大

援抗战的军需物资，并开拓和发展大后方工业，中国东南沿海的爱国的实业家、工商业者和科学家纷纷集议，计划工厂内迁。国民政府行政院责成资源委员会主管迁移上海及沿海各地工厂的工作。对迁移地点、办法、运费及生活费等都作了详细规定，并在苏州、镇江和武汉等地设立了办事处，协助中途转运工作。

10月间，上海工厂迁移监督委员会工作结束，工厂迁移的重心移到了武汉。在武汉，刚迁来的工厂一面寻找场地复工，及时赶制枪炮弹药和被服等，积极支持前线；一面还在从长计议，准备继续内迁。1938年6月29日，

一寸山河一寸血

相关链接

● 《西南民众对抗战的贡献》（贵州人民出版社）
○ 《陪都遗址寻踪》（重庆出版社）
● 《中国抗日战争时期》（三联书店）

李友于（1905-1938年）

陕西扶风人。陆军第85军89师529团中校副团长。1938年4月初，在台儿庄以北侧击日军，双方激战三昼夜。李鼓励将士说："今日之战，有进无退，有我无敌，我等报国，正当时也。"话毕率先冲杀，连克日军阵地三处。4月6日，李在台儿庄外大顾栅村视察前沿阵地时，不幸被日军炮弹弹片击中，壮烈殉国。

高玉辉

在战斗中牺牲的咸宁炮艇二等兵。

▲ 内迁工厂在大后方安顿后立即投入战时生产。

▲ 东南方的女技工在西南后方，投入战时生产。

日寇逼近马当防线，武汉各厂又开始第二次拆迁。

在上海工厂内迁的同时，沿海其他城市工厂的迁移工作也在积极进行。1938年春，中国北方最大的一家纺织厂裕丰纺织厂从黄河起步，将8000吨机器设备由铁路南运汉口，再换装380条小船，穿过水流湍急的三峡向四川驶去。其间有120条船沉入三峡，但其中99条又被船工打捞上来。不知经过多少艰险，终于在1939年4月到达重庆。

截至1939年底，各地内迁工厂共140家。其中包括：钢铁工业1厂、机械工业168厂、电器工业28厂、化学工业54厂、纺织工业92厂、食品工业22厂、教育用品工业31厂、其它工业14厂。其后，湘、赣、豫各工厂继续内迁，到1940年底，内迁工厂共639家，器材达12万吨，历时三年半的中国有史以来第一次工业大迁移暂告结束。就这样，在以重庆为中心的西南川、黔、滇三省，建成了规模比较齐全的战时工业基地，同时推动了内地工业的发展。

▲ 上海嘉定镇民居被日军焚毁后的景象。

▼ 1937年8月，从上海逃出的部分难民到达南京下关时的景象。

相关链接

● 《卫国血史》 贺圣遂 陈麦青 编 (复旦大学出版社)
○ 《中华民族抗日战争史》 (中共党史出版社)
● 《抗战时期内迁西南的工商企业》 (云南人民出版社)

一寸山河一寸血

汪化霖（1905-1937年）

湖北黄冈县人。陆军第18军67师401团副团长。淞沪会战中，所部在罗店血战旬余，为了构筑新阵地，汪亲率一个排，于9月17日在金家宅附近占领前进阵地，掩护全团构筑工事。出发前，汪向团长朱志席表示："成功不敢预期，成仁确有决心，不到日暮决不生还。"该日，在敌军飞机、舰炮轰击下，他和全排壮士始终坚守阵地，与进犯之敌反复拼杀，至黄昏，全部壮烈牺牲。

雍济时（1901-1937年）

陕西华县人。陆军第33师195团上校团长。1937年10月，所部在上海大场一线与侵华日军交战，寸土不让，血战不懈。他不幸喉部中弹受伤，但仍坚持指挥作战，终因流血过多，壮烈殉国。

45 全国大迁移——学校内迁

关键词：名流 学者 专家 教授 院校

▲ 沿海工厂的物资用船迁运大后方途中。

大学的搬迁工作，几乎和工厂的迁移同时进行。当时任教育部长的陈立夫和教育界的许多名流、学者、专家、教授和学校的师生员工，为了尽量避免敌人毁灭高等教育，保存民族教育之国脉，组织濒临战争前线的京、津、宁、沪、杭以及冀、鲁、晋、湘、鄂、粤、桂等省、市的高等院校，相继移迁西南大后方。在108所高等院校中，有94所不是内迁，就是被迫关闭。据1939年的统计，日军彻底破坏了中国54所大学和专门学校，使中国在文化教育上的损失达21700万元（中国元，下同），当时流亡大学学生有四万多名。但是，1939年秋，中国的教育系统在内地又重新建立了起来。在昆明，内迁的北京大学、清华大学和南开大学成立了西南联合大学。在迁徙过程中，学校师生员工受尽颠沛流离之苦。在驻足之后，新建校舍困难重重，他们因陋就简，开学授课，尽最大努力使学校弦歌不辍。

这些内迁院校大多集中在重庆、成都和昆明附近。在国难当头的艰苦环境下，许多教授枵腹从公、呕心沥血、为国育人，各校莘莘学子含辛茹苦，为拯救国家、民族的垂危而奋力求学，终于造就了后来建设祖国的

▼ 成千上万担挑肩扛的人，拥挤在大迁移的道路上。构成了不堪目睹的《难民图》。

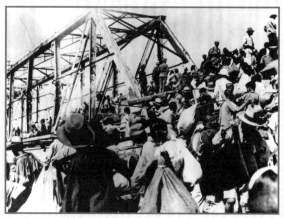

相关链接

● 《抗战时期西南的交通》（云南人民出版社）
○ 《抗日御侮》（黎明文化事业公司）
● 《日军侵华八年抗战史》（黎明文化事业公司）

杨 杰（1895-1937年）

河南窑城县人。陆军第1师第1旅少将副旅长。淞沪会战中所部在杨行、蕰藻浜和纪家桥一线狙击日军。10月10日，日军集中强大火力，把我军阵地炸成平地。将军亲临西塘桥前沿指挥，与敌血战。11日晚，我阵地被敌突破。将军亲率预备队前去逆袭，身中数弹阵亡。

张空逸（1891-1937年）

湖南醴陵人。陆军第62师367团上校团长。1937年8月中，率团卫成杭州湾，严防敌人登陆。淞沪告急，移防奉贤一带，防区正面宽达80余华里。敌陷金山卫，又奉命截击，转战不懈。11月9日，在敌机不断轰炸中壮烈牺牲。

▲ 内迁重庆的中央大学，在重庆沙坪坝的嘉陵江畔建立了新的校舍，可容纳2700多人。

▲ 重庆沙坪坝成为大后方教育的中心，图为大学生在操场听讲。

▲ 教育家张伯苓于"七·七"事变后在重庆郊外建立南渝中学。这是1939年，蒋中正赴该校视察时，由校长张伯苓陪同检阅全体学生的情景。

▲ 在昆明的同济大学学生为抗战献金时的情景。同济大学是战时迁移地点最多的大学。

▶ 迁移至四川三台的"国立东北大学"校门及全体教职员工。该校原在沈阳，"九·一八"事变后辗转入关内，先在北京复课，"七·七"事变后又迁移至四川。

▶ 自1933年2月起，北平故宫博物院所珍藏的历代国宝就起运南移。后来随着战局恶化再西迁大后方，流徙几万里，辗转数十地，无论从数量之巨，时间之长与经历之艰险上讲，都堪称史无前例。一批文物卫士为了捍卫祖国文物历尽千难万险，建立了不朽功勋。

重要力量。

当时工厂和大学的迁移是比较有组织的，而成千上万农民和城市居民却被日军直接逼得四散流亡。他们有的步行，有的坐舢板或轮船，也有的乘火车或人力车，背井离乡。数千人挤在正通过三峡的轮船上；几十万人就像密密麻麻的蚂蚁排列成蜿蜒曲折的队形在山道上行进，构成了不堪展读的《难民图》。没有人估计过因疾病、曝晒或饥饿而倒在路旁的人有多少，他们的白骨可能至今仍遗留在被迫涉足的小路上。

李延平（1903-1938年）

吉林延吉县人。东北抗日联军第四军军长。1938年日军集中兵力对三江地区进行大"扫荡"，李率部队边战斗边转移。敌从四面围追、堵截。10月，李率第四军在五常县南箐石顶子活动时，陷入敌人重围，激战中李负伤，壮烈牺牲。

唐聚五（1899-1939年）

吉林双城人。东北游击队司令。1939年5月，唐率部在迁安县平台山抗击日军，血战两昼夜，陷入敌军重围。在转战中，唐身负重伤仍坚持战斗，在生命垂危之际仍嘱咐："队伍不要分散，团结所有抗日力量，挺进东北。"因伤势过重，不幸牺牲。

资料：西南联合大学

西南联合大学(简称西南联大)，1938年4月在昆明成立，由清华、北大、南开三大学组成。

1937年，平津陷落，清华、北大、南开三校被迫南迁，于10月组成"国立长沙临时大学"，11月1日正式上课。后因南京失守，战火逼近长沙，学校为坚持抗战和坚持教育计，决定1938年2月西迁昆明，改称为西南联合大学并于是年5月4日开始上课。

学校初建时，理、工学院设于昆明；文、法商学院设于蒙自。一学期后，法商学院亦迁来昆明，同年8月增设师范学院。1940年秋，又设分校于四川叙永，一年后亦并入昆明校本部。西南联大设有五院二十六系、两个专修科、一个选修班及在职中学教师进修班等，为抗战时期规模最宏大的大学。

西南联大人才济济，人文荟萃。三校虽历史不同，学风各异，但八年之间，同心协力，异不害同，交相辉映。筚路蓝缕，弦歌不辍。"内树学术自由之规模，外来民主堡垒之称号"。弘扬"刚毅坚卓"的校训，为国家培养出大量人才。人称文化南移，为促进西南边疆特别是云南科学、文化、教育发展做出了贡献，是中国教育史上光辉的一页。

抗战胜利后，西南联大于1946年5月4日结束，原三校复员北迁，留师范学院(现云南师范大学之前身)于昆明独立设置。

▲北京大学校长蒋梦麟　▲清华大学校长梅贻琦　▲南开大学校长张伯苓

▲设在昆明的西南联大校门。

▼当时西南联大新校舍南区全景。

▲1938年2月，长沙临时大学的学生分三路入滇，这是其中一路。

▲步行入滇的师生攀登山路，不畏艰险。

◀脚打绑腿，步行3500里。

相关链接
● 《西南联合大学纪念册》(云南联大昆明校友会　云南师范大学)
○ 《中国抗日战争图志》之"全国大迁移"
● 《抗战时期内迁西南的高等院校》(贵州民族出版社)

方叔洪（1911-1942年）

山东历城人。日本陆军士官学校毕业。曾任粤军蔡廷锴部营长。1932年起任19路军团长、参谋长、旅长。1933年随19路军入福建，参加福建人民政府。后任鄂豫皖剿匪总司令部上校参谋。1935年任西北剿匪总司令部参谋。抗战爆发后任51军114师中将师长。1938年4月于山东蒙阳冯家场阵亡。

周 复（1901-1943年）

江西临川人。苏鲁战区政治部中将主任。1943年2月，日军2万之众企图打击我主力部队，我分头迎击。不意敌军迫近我安丘附近，两面夹击，周率部几度反攻无效，陷入重围。激战中，被流弹击中，为国捐躯。

▲ 西南联大的部分教师。

▲ 西南联大化学系1942届毕业生。

◄ 西南联大多次被日军侵略军的飞机轰炸，这是新校舍被飞机轰炸后的情景。

◄ 西南联大的校刊。

▼ 西南联大图书馆内学生们正在看书学习。

▲ 西南联大教授闻一多正在给学生们演讲。

▼ "国立西南联合大学纪念碑"，这上面刻着抗战以来从军学生名录，其中不少学生为国捐躯。

● 《中国抗日战争时期》(三联书店)
○ 《中华民族抗日战争史》(中共党史出版社)
● 《抗日战争研究》(近代史研究杂志社)

相关链接

一寸山河一寸血

梁镜斋（1897-1937年）

河北蠡县人。陆军第69师203旅少将旅长。1937年"七·七"事变后，梁率部开赴雁门关茹越口一线，狙击日军南下。9月28日，日军再次发起进攻，梁部在激战三昼夜的情况下，弹粮告缺，伤亡惨重，阵地被突破。梁亲自率部反击，先后与敌肉搏10多次。激战中，梁颈部中弹负伤，仍坚持冲杀不退，后头部又中一弹，当即牺牲。

李秀亭（1892-1937年）

河北镇定人。陆军第70师408团上校团长。1937年10月，在忻口战役中，坚守南怀化高地，曾于一夜之间冲锋10余次，官兵伤亡十之六七，仍率残部奋勇反攻。战斗中，李的右手、左臂先后被炸伤，仍不下火线，终因伤重殉职。

㊻ 国民参政会与《抗战建国纲领》

关键词：非常时期　参政员　各党各派

"九·一八"事变后，民众参政呼声高涨，国民党中央于1933年2月作出"设国民参政会"的决定。全面抗战爆发后，人民对于政治民主的要求更为强烈，国民党在1938年3月31日临时全国代表大会上通过了《组织非常时期国民参政会以统一国民意志增加抗战力量案》。4月7日，国民党五届四中全会上通过了《国民参政会组织条例》。7月6日，第一届国民参政会在武汉召开，参政员总额为200名，其中国民党员有88名，共产党有7名。国民参政会为各党派和各界人士公开发表政见提供了一个场所。

《抗战建国纲领》是1938年3月29日至4月1日在武昌召开的国民党临时全国代表大会制定的，7月2日由国民政府公布。这个纲领分为总则、外交、军事、政治、经济、民众运动、教育七大类。总则规定了抗战和建国的最高准绳是三民主义，规定蒋介石是全国抗战力量的领袖；外交上坚持"独立自主"、"正义与和平"的方针及联合一切反侵略势力制止侵略；军事上加强军队政治训练及民众武装训练，开展敌后游击战争；政治上组织国民参政机关，改善政治机构并严惩贪官污吏；经济上围绕军事来发展农业和工矿业，实行战时税制，改革财务行政，发展交通并

▼ 老百姓的家门前贴着"抗战到底"的对联，表达了全中国人民保家卫国的心声。

相关链接

● 《国民参政会》（重庆出版社）
○ 《抗日御侮》（黎明文化事业公司）
● 《日军侵华八年抗战史》（黎明文化事业公司）

赵宗德（1914-1937年）

河南商城县人。八路军129师385旅769团第3营少校营长。1937年10月19日夜，赵率部渡过滹沱河，担任夜袭阳明堡敌机场的主攻任务。战斗十分激烈，赵指挥部队一边迅速扩大战果，击毁敌机；一边与机场守敌展开肉搏。经过一小时激战，焚毁敌机二十多架，歼敌百余人。在战斗即将获得全胜的时刻，赵不幸中弹牺牲。

陈传滂（1914-1938年）

福州市人。海军南京无线电台电信员。曾任海军陆战队第2独立旅第3团第5电台少尉副电官等职。1938年5月31日，在福州亭头江面抗敌时牺牲。

一寸山河一寸血

▲ 抗战时期，国民政府成立了各党派、各阶层、各民族代表及无党派爱国人士参加的"国民参政会"。图为出席第一届国民参政会的全体参政员。

抗战时发行的救国公债。

改善、调整内外商业贸易，还要"注意改善人民生活"；在有限的范围内发动群众，组织抗日团体；实行战时教育，训练各种人才为抗战服务等。《抗战建国纲领》公布后得到了各党各派的基本赞同。

相关链接
● 《国难当头的抉择》钟 君 石 坚 主编（华夏出版社）
○ 《中华民族抗日战争史》（中共党史出版社）
◐ 《抗战时期重庆的对外交往》（重庆出版社）

曹国安（1900-1937年）

吉林永志县人。东北抗日联军第1军第2师师长。北平毓文学院毕业后，即投身抗日救国斗争，在东北策反伪军，组织游击队。1937年初，在长白山区临江县七道沟伏击日军，战斗中不幸牺牲。

卢作孚（1893-1952年）

四川合川人。民生实业股份有限公司总经理。战争爆发后，全力协助政府，以民生长江航运公司名义，组织战前运输和工厂内迁工作，支援军队作战，为抗日战争出力甚多。曾获国民政府一等一级奖章。

47 全国民间抗日救亡运动

关键词：工农兵学商　各族人民　各阶层　男女老幼

中国的抗日救亡运动，从1931年"九·一八"事变后就开始了。特别是"七·七"事变以来，中国大片国土沦丧，千百万同胞血流成河，"寇深祸极"，面临着近百年来最严重的民族危机。在这中华民族生死存亡的紧急关头，全国工农兵学商、各族人民、各党派和无党派人士、社会各阶层、各群众团体，不分宗教信仰，不分男女老幼，一切不愿做亡国奴的中国人都团结了起来，共赴国难，为抗日救亡而全力奋斗。

▲ 新疆各界募捐，购买飞机支援抗战。

中国人崇敬祖先，热爱乡土，绝不允许任何人侵犯他们的家园，践踏他们祖先的陵墓和祠堂。因此，当日寇野蛮侵入的时候，他们奋起抵抗，表现出崇高的民族气节和爱国精神。就是那些信奉不同宗教的中国人，在抗战中，也都把他们的宗教教义和抗日结合起来。佛教徒说抗日是救苦救难、普渡众生；伊斯兰教徒说抗日是反抗邪恶；天主教徒和基督教徒则认为日本的侵略违背上帝博爱的意旨，中国抗日完全符合耶稣的精神。因此各派宗教徒都参加了抗日斗争。无论五台山的和尚，还是南岳衡山的比丘、比丘尼和道士，都有抗日组织。西藏的喇嘛曾有一次聚集十余万人，同时为抗日做祈祷。至于伊斯兰教徒，由于他们的尚武精神，还有不

在日本发动的侵华战争的炮火中，在面临亡国灭种的紧要关头，许多不愿做奴隶的中国人，被迫背井离乡。有人估计过因疾病、曝晒或饥饿而倒在路旁的人有多少。没有人估计过他们的白骨可能至今仍遗留在被迫涉足的小路上。悲乎！壮乎！中国的抗战史。

相关链接
● 《抗日战争时期四川大事记》（华夏出版社）
○ 《中国抗日战争图志》之"全中国人民的抗日救亡运动"
● 《卫国血史》（复旦大学出版社）

朱爱周（1901-1940年）

　　江苏赣榆人。1938年1月临危受命，任赣榆县县长，即在该县建立武装，多次率队抗敌，给日军以重创。1940年3月22日深夜，日军偷袭朱部驻地，朱多处受伤后倒在血泊中，拒绝战士背他撤离。瞑目断喝："不要管我，赶快后撤！"敌人逼近后，举枪自戕，壮烈殉国。

胡祝南（1868-1940年）

　　中山县湖镇乡人。广东中山县自卫队员。日军入侵，胡翁时年72岁，率弟子数十人参加自卫队，与日寇血战数场，并手刃日军多人。

回民支队，在抗战中大显身手，作出了贡献。在这光明与黑暗搏斗的岁月里，从黑龙江到海南岛，自台湾至新疆、西藏，到处都响起了抗日的吼声，到处都升腾着御侮的热忱。在国家危亡的最后时刻，中华民族表现出高度的凝聚力和强大的生命力。

▲ 举行献金运动，募集抗日经费。
▼ 全国各阶层人民献金劳军的奖券。

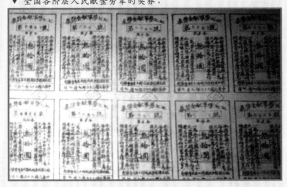

▲ 西藏三大寺等藏传佛教寺院自抗战以来，多次举行万人祈祷抗战胜利大法会。这是青海塔尔寺举行的大法会，藏族同胞不断以财力、物力贡献祖国。

少人直接参加了武装抗战。全国的回民武装有数十支之多，其中马本斋领导的回民抗日义勇队1938年1月与回民教导队合并为著名的

▲ 在抗战中，基督教徒和天主教徒不断为祖国的正义之军而歌颂。

相关链接
● 《中国抗日战争时期》（三联书店）
○ 《中华民族抗日战争史》（中共党史出版社）
● 《抗日战争研究》（近代史研究杂志社）

董依祺

在抗战初期牺牲的海军"应瑞"舰轮机兵。

张问德（1880-1957年）

云南腾冲人。清末秀才。1942年5月10日腾冲沦陷。张以花甲之年就任腾冲县抗日政府县长，在腾冲北部游击区配合军队抗击日寇，曾八次翻越高黎贡山，数日断饮，途中坠马，口鼻流血，右手脱臼，但抗日意志仍不稍减。尤以严词驳斥日本侵略者的《大田岛书》轰动全国，被誉称为"全国沦陷区五百多个县长中人杰楷模"。

㊽ 抗战中的各党各派

关键词："七君子" 全国各界救国会 中国民主同盟 乡村建设学会 中国青年党

▲ 日本飞机在上海的上空进行轰炸。

在全国人民同仇敌忾声中，不但拥有军队的国共两党合作抗战，而且其它各党各派也积极投入了各种形式的抗日救亡运动。

1936年5月31日，孙中山夫人宋庆龄等在上海召开全国各界救国联合会成立大会，通过纲领和宣言，提出团结全国救国力量，促进全国各派合作抗敌。其中，沈钧儒、邹韬奋、李公朴、王造时、史良、章乃器、沙千里"七君子"的事迹最为有名。"七·七"事变后，中国青年党、国家社会党、第三党、全国各界救国会、中华职业教育社、乡村建设学会以及无党派的张澜等纷纷致电政府，表示支持一致抗日。1939年10月，这些党派又在重庆成立统一建国同志会，为团结抗战增强了力量。

1941年3月，各党派中的章伯钧、丘哲、黄炎培、梁漱溟、张君劢、左舜生等成立了中国民主政团同盟（1944年9月改为中国民主同盟），对推动爱国民主运动的发展，坚持团结抗战和坚持抗日民族统一战线，起了重要的作用。

◀ 1937年7月31日，"七君子"出狱后，与杜重远一起会见爱国老人马相伯时的合影。

◀ 中国民主同盟的部分成员，前排左起：李相符、费孝通、刘王立明、张澜、沈钧儒、丘哲、史良；中排：胡愈之、罗子为、章伯钧、张东荪、李文宜；后排：辛志超、叶笃义、周新民、楚图南、周鲸文、罗隆基。

相关链接
● 《中国现代史资料选辑》（中国人民大学出版社）
● 《中国抗日战争图志》之"全国人民的抗日救亡运动"
● 《卫国血史》（复旦大学出版社）

韩享端

在抗战初期牺牲的"宁海"舰一等看护。

李根源（1879-1965年）

云南腾冲人。曾为辛亥云南起义领导人之一，滇军名将。1942年，日寇入侵滇西，李根源力主建立和坚守怒江防线，并致电蒋介石，慷慨陈词，请缨抗敌。同时团结边地土司一致抗日，训练青年充实军队。滇西收复后，主持修建腾冲抗日烈士陵园"国殇墓园"，流传后世。

全国抗敌救亡总会主席沈钧儒先生不顾年老体衰，到各抗日战区视察。

▶ 广西人民举行抗日救国游行。

▲ 黄炎培

▲ 章伯钧

▲ 梁漱溟

▼ 老百姓一家父子四人，同时参加游击队保家卫国。

一寸山河一寸血

● 《大殉国》 建 军 方 杰 著 (沈阳出版社)

相关链接　○ 《中华民族抗日战争史》 (中共党史出版社)

● 《抗日战争研究》 (近代史研究杂志社)

137

潘泳流（1911-1939年）

　　江西波阳县人。《妇女》杂志主编。曾在北京等地从事抗日救亡运动。"七·七"事变后，回故乡江西，以发动妇女参加抗战为宗旨，创立了妇女团体——"妇声社"，并主办《妇声》杂志，积极向妇女宣传战时知识，发动妇女投身抗战。1938年，兼任江西省各界民众抗日后援会宣传股长。1939年6月14日，日机轰炸吉安，潘一家4人同时遇难。

刘柏生（　　-1940年）

　　中央社报务员。1940年4月，日飞机大举轰炸上饶第3战区长官部。刘柏生随军工作，为了抢救收发报机，不幸被敌弹击中后牺牲。

㊾ 鼓舞抗战的文化运动

关键词："中华全国文艺界抗敌协会"《抗战文艺》"作家下乡""文章入伍"

　　从"九·一八"事变开始，中国的文化界就用自己特有的武器，发出了抗日救亡的吼声。随着抗日战争的全面展开，抗日的文化事业不断发展。无论在战火纷飞的前线，还是在敌伪包围的"孤岛"，或者在日机频繁轰炸的大后方，抗战文化都在召唤炎黄子孙：把我们的血肉，筑成我们新的长城！

　　1938年初，军委政治部在武汉成立第三厅，郭沫若任厅长，领导抗战的文化活动。同年3月27日在汉口成立了"中华全国文艺界抗敌协会"（简称"文协"）。选出老舍、

▲ 抗日歌曲响彻祖国大地。

郭沫若、茅盾、邵力子、冯玉祥、夏衍、田汉、巴金、郁达夫、胡风、阳翰笙、张道藩、胡秋原、沈从文、陈西滢、施蛰存、张恨水和郑振铎等45人为理事，并聘请蔡元培、叶楚伧、于右任、居正、陈立夫、何香凝、周恩来等15人为名誉理事。"文协"成立后，先后在成都、昆明、延安、上海、桂林、广州、贵阳和香港建立分会，并发行会刊《抗战文艺》。"文协"还号召"作家下乡"、"文章入伍"，文化与大众结合。1939年派遣了作家战地访问团和抗战文艺工作团，到战地和农村去宣传抗日。

▼ 1932年，武汉学生在街头演讲，劝国人不要买日货。

相关链接

● 《中国现代史资料选辑》（中国人民大学出版社）
○ 《中国抗日战争图志》之"抗战文化"
● 《卫国血史》（复旦大学出版社）

雷 烨（1917-1943年）

浙江人。八路军总政前线记者，冀东军分区组织科长。1943年4月20日，日军奔袭冀东军区南线，雷仍在前方坚持工作，在河北平山县曹家庄与敌人遭遇，当即拔枪抗击。战斗中，雷身中数弹，自知不免一死，乃将身边的摄影机、望远镜等全部用石头砸碎，然后用最后一颗子弹结束了自己的生命。

冼星海（1905-1945年）

广东省番禺县人。音乐家。1935年从法国巴黎音乐学院毕业回国后，在上海等地从事抗日救亡运动。1938年底到延安，1939年5月任鲁迅艺术学院音乐系主任。谱有《救国军歌》、《热血歌》、《在太行山上》、《黄河大合唱》等著名歌曲，对全国军民的抗日救国起了很大鼓舞作用。1945年10月30日，病逝于莫斯科。

暨南影片公司摄影师丁文治深入东北前线，拍摄东北义勇军抗战的影片，在工作中不幸中弹牺牲。

▲ 中国电影制片厂利用战地背景所摄《热血忠魂》中我军冲锋前进的场面。

在"文协"的推动下，中国文艺界在抗战的旗帜下出现了近代史上空前的大团结。在"文协"之后，戏剧、音乐、电影和美术各界，也都纷纷成立抗敌协会。抗日文化运动，在组织、动员和引导群众方面，起了重大的作用。

▼ 入侵的日本兵看到了中国人的心声。

▲ 反映古代女英雄花木兰的戏剧，也激励人们从事抗日，保家卫国。

一寸河山一寸血

相关链接

● 《抗战时期西南的文化事业》（成都出版社）

● 《抗战烽火录》（新华出版社）

● 《记者笔下的抗日战争》（《人民日报》出版社）

139

抗战中的漫画

日寇侵华，文化界人士怒而奋起，抗战漫画是中国抗日斗争的一个重要方面军。当时，这些画家，都还只是二三十岁的青年，他们组织漫画队，以漫画的形式，用笔作武器，参加抗战。他们的足迹遍及前方各战区(包括正面战场和敌后战场)和大后方，给广大军民以鼓舞。

60多年过去了，但艺术能够战胜时间的锈蚀，我们依然可以触摸到当年画家们创作这些作品时滚烫的心和种种动人情景。抗战漫画的规模、影响及丰功伟绩永载史册!

历史将永远铭记着人民的艺术家。

▲《国家总动员画报》(1938年) ▲《抗战漫画》创刊号(1938年)

▼著名漫画家叶浅予、张光宇、丁聪等在香港。

▼《三毛从军记》中的部分作品。张乐平 作

▼《为仇恨而生》。叶浅予 作

▼《击破敌人侵略的迷梦》。张谔 作

▼《武装起来》。陈烟桥 作

相关链接

● 《中国漫画史》 毕克官 黄远林 著 (文化艺术出版社)
○ 《中国抗日漫画史》 [日] 森哲郎 编著 (山东画报出版社)
● 《烽火》 巴金 茅盾 主编 (上海书店影印)

▲《起来不愿做奴隶的人们》。
汪子美 作

▲《大家起来保卫中华民族和国土》。
廖冰兄 作

▲ 组画《仇》。张明曹 作

▼《看你横行到几时》。
张仃 作

▼《游击战不仅牵制敌人，而且袭击敌人》。胡考 作

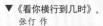

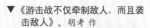

◀《汉奸曰："索富贵！行乎富贵"》。
张仃 作

▲《抗战到底》。蔡若虹 作

▲《三个法西斯强盗》。宣文杰 作

相关链接

● 《抗战》（上海书店影印）

○ 《抗战文艺报刊篇目汇编》（四川省社会科学院出版社）

● 《抗日战争文化史》（中共党史出版社）

抗战中的女战士

抗战中的女战士

50 抗战中的妇女

关键词："动员妇女参加抗战建国工作大纲"
宣传 救护 征募 慰劳 救济
儿童保育 战地服务 侦查汉奸

中国妇女占全国人口的一半。日本侵略者的奸淫烧杀，使中国妇女和儿童受到空前的摧残。在国破家亡、灾难深重的严酷现实面前，各阶层妇女都勇敢地投入抗日战争的洪流。"九·一八"事变后的第一个月，北平妇女界就成立了第一个救国会。1938年5月20日，蒋介石夫人宋美龄邀请汉口、南京、昆明、重庆、福建、广东、香港等地各党各派、无党派和社会知名的妇女领袖48人在庐山召开妇女界谈话会，制定了"动员妇女参加抗战建国工作大纲"。提出妇女的任务是：宣

▲ 现代花木兰——陆军第52师机枪手唐桂林，女扮男妆，作战多年。后负伤就医时，被发现是女性。

▲ 战斗在东北林海雪原中的抗日联军女战士。

传、救护、征募、慰劳、救济、儿童保育、战地服务、侦查汉奸，以及参加生产事业和合作事业。她曾说："当此国家存亡之际，何为男子应尽之职务？何为女子应尽之职务？原无分别，只与抗战有关，乃均能参加。尚在此时期，大家联合起来，使国人看我们中国有新的气象。"

在抗战中，妇女们上前线慰劳军队、在战火下看护伤兵、缝制棉衣、捐献财物，特别是"母亲叫儿打东洋，妻子送郎上战场"，成为全国普遍的行动，还涌现出赵一曼、杨惠敏等抗日女英雄。

▼ 广西省抗日军队中的女兵。

一寸山河一寸血

相关链接

《日寇暴行实录》（国民政府军事委员会）
《中国抗日战争时期》（三联书店）
《母亲行动》周献明 著（解放军文艺出版社）

抗战中的女战士

抗战中的女战士

TIME
THE WEEKLY NEWSMAGAZINE

MADAME CHIANG
She and China know what endurance means.
(Foreign News)

▲ 1943年2月18日，宋美龄在美国国会发表抗日演说，受到全美舆论界和政界的一致赞扬。这是该年3月1日出版的《时代》周刊，以她的照片为封面。

▼ 抗日根据地中的妇女在进行军事训练，随时准备与日寇作战。

▲ 许多沦陷区的中国妇女，在遭受日寇凌辱、强奸后，再被杀害。

▶ 我女同胞被日寇轮奸后的惨痛情景。

▼ 被贴上"大日本国防妇女"标签的日本妇女正在为侵略战争服务。

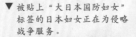

相关链接

- 《中国抗日战争史》（解放军出版社）
- 《抗战烽火录》（新华出版社）
- 《记者笔下的抗日战争》（《人民日报》出版社）

143

抗战中的女战士

抗战中的女战士

淞沪会战中，上海女童子军杨惠敏冒着生命危险游过苏州河，把一面国旗交给坚守四行仓库的壮士。这面国旗在敌人的炮火中飘扬，鼓舞了上海军民的抗日斗志。

▲ 1938年，邓颖超（左起后排第二人）和孩子剧团团员在一起。

▼ 救国会领导人之一史良在重庆的妇女集会上，高呼团结抗日的口号。

资料：战时儿童保育会

邓颖超（当时任战时儿童保育会常务理事）：1938年1、2月间，前线战争激烈，战区的儿童很多无家可归，这时完全由共产党和进步人士以及有宗教信仰有慈善心的人，共同分别紧急抢救战区儿童1万多人（据历史资料记载应为3万多人）。战时儿童保育会，由共产党提倡发起的。保育会理事多半是中共、民主党派、无党派人士，也包括个别的国民党员组成。

（摘自1985年邓颖超给郭超的信）

宋美龄（当时任战时儿童保育会理事长）：回溯当年我国遭日本帝国主义侵略，抗战军民历经猛烈炮火攻击与敌机轰炸，使我同胞蒙受家破人亡之浩劫与颠沛流离失散惨逃亡之命运。尔等却属大多不幸人中之一群幸运者，盖抗战之初，战地儿童保育会业经汇集各地妇女领导人士组织成立。并向各界募款，同时于各战区及沦陷区冒枪林弹雨奋力抢救出孤苦难童将近3万人，送往大后方，向当地政府申请补助部分经费且向海外募捐，先后设48所保育院抚养教育。惟另有300余难童于乘船护送途中惨遭日机炸沉，连同护送人员无一幸免，迄今虽逾50余年，每思及之心中恒感悲愤不已！

（摘自1991年4月28日，宋美龄在台湾保育生聚会上的训辞）

▶ 右页上：1938年3月10日，中国战时儿童保育会常务理事、理事会主要负责人在汉口合影。前排左起：佚名、吕晓道、陈纪彝、沈兹九、徐镜平、钱用和、陈逸云；中排左起：张蔼真、安娥、庄静、宋美龄、李德全、谢郁兰、佚名、吴贻芳；后排左起：孟庆树、刘清扬、唐国桢、沈慧莲、曹孟君、郭秀仪、史良、邓颖超。

▼ 抗日战争中，宋氏三姐妹在重庆视察孤儿院时和儿童们在一起看演出。左起：宋庆龄、宋霭龄、宋美龄。

相关链接

● 《八路军抗日根据地见闻录》（国际文化出版公司）
○ 《第二次国共合作》 童小鹏 主编（文物出版社）
● 《中华民族抗日战争史》（中共党史出版社）

抗战中的女战士

　　在日机疯狂轰炸时，广州的女童子军不怕牺牲，参加救护伤员和维持秩序。

抗战中的女战士

▼ 抗日战争时，大西北的少数民族妇女在集会上发表演说，支援祖国抗战到底。

▼ 云南的傣族妇女，慰劳抗日战士。

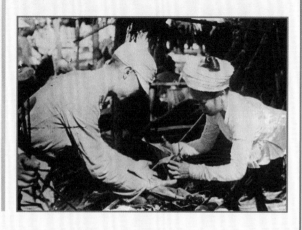

相关链接

● 《抗日战争研究》（近代史研究杂志社）

○ 中国人民抗日战争纪念馆（北京）

● 《中国现代史资料选辑》 彭 明 主编（中国人民大学出版社）

一寸山河一寸血

抗战中的小战士

上海市商会童子军团员应文达，在"一·二八"抗战中为救护难民和伤兵，被日寇击中不幸遇难。

抗战中的小战士

关键词：儿童团　童子军　战时儿童保育会

抗战中，广大的中国儿童，在敌人的炮火中成长，他们从小目睹敌人的残暴和前辈的奋斗，他们中的许多人还为抗日军队放哨、带路、送信，参加各种抗日活动。在当时，"儿童团"和"童子军"等少年儿童组织更是直接为抗战作出了贡献。

▲ 中国的少年纷纷投入抗日救亡运动。这张小战士照片曾被美国《生活》杂志用作封面，在全世界引起反响。

◀ 抗日军队中的小战士

由于日寇的野蛮入侵，激起了全中华民族的义愤，不管男女老少，都以抗战杀敌为荣。

上海市民浦绪庭的两个女儿爱英和美英将平日所储糖果钱四百元，购军用望远镜两架，'分赠朱德和彭德怀两将军。这是浦与两女儿购得望远镜后的合影。

相关链接

● 《母亲行动》周献明 著 (解放军文艺出版社)

○ 《日寇暴行实录》(国民政府军事委员会)

● 《卫国血史》(复旦大学出版社)

抗战中的小战士

抗战中的小战士

1943年1月，日军"扫荡"冀中抗日根据地时，河北武强县12岁儿童温三郎因拒绝说出游击队去向，遭日寇毒打，并被砍去右手两个手指。这是他在抗日群英会上的照片。

在扬州被日军侵占后，有一个日寇的军官看见一个长得很可爱的小朋友，很是喜欢，想拉拢他。便摸着他的头说："好好写'大日本'三个字给我看看！"小朋友不慌不忙地举起笔，在纸上写了"打倒日本"几个字，那鬼子一见，气得大叫，把孩子拉出去枪杀了。

据1938年9月14日《大公报》刊载的一份《告同胞书》中说："中国7千万儿童，在十几个月内，估计遭敌人杀害死亡的，至少在10万以上，被掳掠的儿童，至少在15万以上。因敌人的侵略战争而流离失所的，至少40万以上。因遭意外刺激，而精神失常的和残废的还不在内。"这是一个极其残酷的、灭绝人性的数字！而这仅是当时的一个数字，抗战14年间，我们被日寇杀害的儿童该是多少啊！

值得一提的是，在许多不幸的儿童中有一群幸运者，他们就是：在主要由国共两党的妇女领袖合作成立的战时儿童保育会的抢救和培养下的保育生。这是一段中华民族生命传承和播种爱的史诗。

▲ 沦陷区的儿童，生活在苦难中。

▼ 这是辽宁铁岭龙尾山日寇刺杀我幼童之后，准备焚烧的情景。

▼ 在祖国大陆参加抗日战争的台湾少年团战士。

◀ 抗日根据地的少年儿童，参加站岗放哨。

▼ 上海的一个儿童把平时储蓄的零花钱拿出来捐赠抗日。

一寸山河一寸血

相关链接

● 《抗战烽火录》 (新华出版社)
○ 《记者笔下的抗日战争》 (《人民日报》出版社)
● 《抗日战争时期》 (三联书店)

周晖甫

华侨救国义勇军总指挥。1932年，"一·二八"事变发生，周适在沪，闻变奋起，组织华侨义勇军开往前线杀敌。

李霞卿（1912-1998年）

广州人。中国早期的女飞行家、影坛明星。全面抗战爆发后，曾在上海救护学校和难民营中工作。1939年初，应美国援华药物局邀请，驾驶"新中国精神"号单翼轻型飞机，环飞美洲30余城市，为抗日救亡运动作宣传和募捐。美国记者问她驾机单独远飞是否冒险？她回答："所有的中国人，不论在国内或在世界各地，为了祖国，是很少想到危险的。"

52 港澳同胞与海外侨胞的支援

关键词：华侨抗日救国后援总会　特别捐
常月捐　娱乐捐　纪念日劝捐

港澳同胞和侨居东南亚、欧洲、美洲及其他国家的1000多万华侨，无时无刻不与祖国同胞同呼吸、共命运。"九·一八"事变刚爆发，美国三藩市中华会馆就组织了旧金山华侨抗日救国后援总会。至"七·七"卢沟桥事变之前，海外华侨已组织了三万二千多个抗日救亡团体。在全国抗战展开后，更多的同类团体迅速地掀起援助祖国抗战的群众运动，成了祖国人民重要的后盾。

港澳同胞和海外侨胞支持祖国，捐款献金是主要方式。如当时的南洋华侨，以特别捐、常月捐、娱乐捐、纪念日劝捐、货物助账捐、卖花卖物捐、舟车小贩助账捐等各种

▲ 回到祖国参战的华侨飞行员。

◀ 回到祖国参战的缅甸华侨义勇工程队。

▼ 南洋吉隆坡华侨数千人组织"东江华侨回乡服务团"，乘船回国投军。

▼ 1939年8月20日，万名华侨在美国华盛顿举行集会，声援祖国抗战。

相关链接
● 《华侨革命史》（正中书局出版社）
○ 《中国抗日战争图志》之"港澳同胞和海外华侨支持抗战"
● 《现代华侨人物志》（大中华出版社）

沈尔七（1914—1941年）

　　菲律宾华侨。1938年初，沈率领由华侨青年组成的"菲律宾华侨抗日义勇队"，冲破重重险阻，回国参加抗战。全队28人被编为新四军第2支队。入伍后，部队曾三次派他出国组织华侨回国参战和筹集物资支援前线。

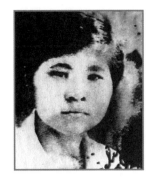

李　林（1916—1940年）

　　印度尼西亚华侨。1930年回国。1936年加入中国共产党。1937年赴山西抗日前线，开始战斗生活。1938年任八路军120师六支队骑兵营教导员，率铁骑在雁北、绥南打击日寇，屡建战功。1940年4月26日，被敌包围，身中数弹，仍毙敌数名。最后用仅剩的一颗子弹，对准自己的喉部自尽。

▲陈嘉庚(1874—1961年)

　　福建同安人。著名爱国华侨。抗战爆发后，积极从事抗日救国活动。1938年6月，发动华侨成立马来西亚、新加坡筹赈祖国伤兵难民大会委员会，被选为主席。曾连任第一、二届国民参政会参政员。

▲香港商铺高悬爱国标语，举行义卖，将所得款项捐助抗日。

▲1939年，新加坡"南洋华侨筹赈祖国难民总会"号召华侨机工回国参战，数月之间报名人数达三千二百多人。图示各埠应征人员抵新加坡集中的情景。

▶越南华侨举行战时艺术展览会，声援祖国的抗战。

　　形式，筹捐赈款，奉献祖国，普遍成为一种完全自动自觉的行动。不仅富商巨贾不吝巨资，小贩劳工也慨呈血汗。据不完全统计，从1937到1942年，海外华侨捐款达七亿多元，还有承购救国公债共一亿一千多万元，侨汇约五十多亿元左右。在国家遭战祸而财政经济遭严重破坏的情况下，这一大笔捐款对支持抗战起了十分重要的作用。

　　他们还组织青年战时服务团和各种回国工作团。其中，单南洋华侨回国服务的司机和汽车修理工就有三千多名，他们在滇缅公路运输线上参加工作。仅菲律宾回国的华侨，就有六十多人驾驶战机，在祖国的领空英勇杀敌。据广东省统计，归国参战的粤籍华侨约四万余人，其中美洲和澳洲的华侨约一千人。不少华侨青年献出了宝贵的生命。

　　在太平洋战争爆发后，港澳同胞和海外侨胞还联合侨居地的民众组织武装，协同盟军，在当地，乃至世界各反法西斯战场上，英勇奋战，为打败破坏人类和平的敌人，立下了不朽的功勋。

相关链接

● 《峥嵘岁月》（中国文史出版社）
◐ 《华侨与抗日战争》（四川大学出版社）
● 《魂系中华》（南京大学出版社）

阳光是你们播下的爱……

四 中日战争长期相持

陈安宝（1891-1939年）

浙江黄岩县人。陆军第29军上将军长兼师长。1939年5月，陈奉命率部攻击南昌之敌。5月6日，日军增援部队到达，战况愈演愈烈。下午5时，在龙里张方面，敌我双方展开白刃格斗。陈带领随从官兵数人，冒着猛烈的炮火赶往督战。不幸身中数弹，壮烈牺牲。

钟 毅（1901-1940年）

广西扶南人。陆军第173师中将师长。1940年5月，日军侵犯枣阳、宜昌，钟部与日军血战七天，掩护了主力军的撤退。9日，钟率部突围，沿途遭敌多次截击，仅剩四五十人，面对敌数百骑兵围击，奋力抵抗，弹药耗尽，嘱众："吾等身为军人，当此危急存亡不容发之际，正宜奋勇抵抗，万不得已，当留一弹自戕，勿以敌得，遗羞华胄。"于是举枪自戕。身边随员也全部壮烈牺牲。

1939.3.17〈
1939.4.30〈
1940.5.1〈

〉1939.5.9
〉1939.5.23
〉1940.6.18

㊾ 南昌、"随枣"、"枣宜"会战

关键词：南昌 随县 枣阳 宜昌 南瓜店
襄阳 宜城 江陵 钟祥 信阳

从1939年春开始，侵华日军为巩固其对武汉地区的占领和控制，向武汉地区外围的中国军队先后在江西、湖北等省发动了南昌、"随枣"、"枣宜"等会战，企图以攻为守，消除皖、赣、豫南和鄂北方面对它的威胁。

1939年3月17日，日军向南昌方面进犯。27日晚，南昌陷落。

为反攻南昌，中国第9战区于4月21日前后开始攻击前进，大小战百余次，历战二十余天。中国军队曾一度突入南昌城内，与敌白刃格斗。在紧要时刻，中国第29军军长陈安宝壮烈牺牲。日军在空、炮火力支持下猖狂反扑，

▲ 驻守南昌的我军一部。

▲ 日军炸毁南昌大桥，准备渡河。

▼ 南昌城经反复争夺后沦陷，这是日军镜头下的南昌城，火光冲天。

我军队伤亡甚重，攻势受挫，与日军终成对峙，南昌会战遂告结束。

在南昌会战的同时，于1939年4月30日又开始了随枣会战。日军向桐柏、随县、枣阳实施包围进攻。该地区中国第1、第5战区驻军共约16个军，采取确保要点，集中主力一部，伺机给日军反击的方针，与敌展开激战。5月15日，我军奋起总反攻，经三日激战，毙伤日军二千五百余人。日军退却，我军乘胜追击，于19日收复枣阳，23日收复随县。

▼ 日军以机械化部队与我军作战。

相关链接　● 《抗日御侮》（黎明文化事业公司）
○ 《抗战军人之魂》林治波 著（广西师范大学出版社）
● 《抗日战争正面战场》（江苏古籍出版社）

张 敬（1908-1940年）

福州人。陆军第33集团军总司令部少将高级参谋。1940年5月，在枣宜会战中，司令部被敌包围，仍跟随总司令张自忠坚持不撤，与敌拼死血战，并用手枪毙敌多名。最后在南瓜店壮烈殉国。

1939年

当时世界	1月14日	英法两国政府分别向日本发出坚持《九国公约》立场的照会。
	3月15日	德军占领捷克斯洛伐克。
	4月7日	意大利出兵侵占阿尔巴尼亚。
	4月15日	苏联、英国和法国在莫斯科开始政治谈判。
	4月27日	德国宣布废除1935年的英德海军协议和1934年的德波《互不侵犯条约》。
	5月11日-8月31日	日苏爆发"诺门罕事件"。

▲ 固守宜昌西郊险要山隘的我军哨兵。

◀ 在湖北作战的我军士兵。

▼ 我军围攻日军占领的枣阳城，与敌在激战中。

▲ 张自忠(1891-1940) 山东临清县人。陆军第33集团军上将总司令。1940年5月，张率部从右翼打击进犯枣阳的日军主力。出击前对众将领说："我们要同敌人在这一条战线上拼到底。拼完算完，不奉命令，决不后退。"5月18日，张部被敌围困在杏儿山。张率部冲杀十余次，不幸身中七弹，仍呼喊"杀敌报仇"，胸部洞穿，壮烈牺牲。

▲ 正在与我军交战的日本侵略军。▲ 日军手捧战死者的骨灰盒回家。

1940年4月中旬，日军又纠集位于鄂中、湘北和赣北的兵力，向枣阳、宜昌地区进犯。5月1日，枣宜会战开始，我军正面迅速北撤。担任掩护的第173师遭敌坦克部队包围，经数日血战，师长钟毅以下，大部于新野县境殉国。我主力部队撤出敌包围后，自外线向敌实行反包围，战斗至为激烈。第33集团军总司令张自忠于枣阳南瓜店附近壮烈殉国。各路敌军与我军陷入胶着状态。6月12日，日军攻陷宜昌。当日军南下时，鄂北我军乘机尾追，收复襄阳、宜城等地，并向日军展开反攻，曾一度将宜昌收复。至6月18日，双方遂在宜昌、江陵、钟祥、随县和信阳一线对峙，枣宜会战结束。是役，毙伤日军2.5万人。

一寸山河一寸血

相关链接

● 《中国抗日战争图志》之"南昌、随枣、枣宜会战"

○ 《武汉会战》 (中国文史出版社)

○ 《中国抗日战争史》 (解放军出版社)

曹克人（1911-1941年）

陆军第99师297团1营营长。1941年9月，日军进犯湘北，曹营在湘阴城防守。10月3日，日寇以飞机、毒气逼临，而曹营抵抗愈坚，日军终不得逞。日军继续攻击，曹营伤亡大半，曹营长也身负重伤，与两个随从一起落入敌手。两个随从先被杀害。曹大义凛然痛斥敌寇，被敌寇用四只铁钉钉在熊家祠堂的墙上，剖开胸膛灌上煤油，活活地烧死。

赖传湘（1903-1941年）

江西南康人。陆军第190师中将副师长。1941年9月，日军发动第2次进攻长沙的战役。赖奉命率部坚守长沙城。20日，日军集中四个师团，共计10万兵力，向长沙猛烈进攻。赖指挥所部英勇抵抗，双方拼死厮杀，损失惨重。战斗中，赖将军不幸身负重伤，壮烈殉国。

---

54 三次长沙大捷

1939.9.14 <
1941.9.7 <
1941.12.18 <

> 1939.10.7
> 1941.10.8
> 1942.1.16

关键词：赣北 鄂南 湘北 堵击 侧击 尾追

在战争的长期相持阶段，日军为了解除中国第9战区军队对武汉的威胁和策应其"南进"，先后三次进攻长沙。

长沙是抗战相持阶段的前哨阵地。湖南省政府曾因片面执行蒋介石的"焦土抗战"政策，自焚长沙，给人民的生命财产造成了巨大的灾难。但湖南人民很快走出了因大火造成的混乱状态的阴影。

1939年9月中旬，日军以十多万兵力，在舰艇、飞机的支持下，从赣北、鄂南、湘北三个方面向湖南省长沙发动进攻。第9战区薛岳指挥18个军约二十万兵力参战，利用赣北、鄂南、湘北的有利地形节节狙击，并以有力部队侧击、逐个击破的战术，挫败了日军的

▼ 向长沙进犯的日军。

▲ 第2次长沙会战，我军在长沙天心阁向敌发起攻击，并展开巷战。

进攻。至10月上旬，日军损失惨重，不得不向北败退。此役，敌伤亡达二万余人。

1941年9月，日军第2次进攻长沙。这次战役中，日军集结约12万人，兵分两路。第9战区在正面逐次抵抗，将日军主力诱往长沙东北和东面山地的既设阵地前进行打击，同时以七个军的重兵集团威胁左翼日军的侧翼和后方。在战役进行中，日军一度占领长沙，

相关链接

● 《抗日御侮》(黎明文化事业公司)
○ 《中华民族抗日战争史》(中共党史出版社)
● 《抗日战争时期的湖南战场》(学林出版社)

黄 红（？-1941年）

湖南邵阳人。陆军第95师284团上校团长。1941年9月，黄率部参加第2次长沙会战。当日军从九溪源方向进犯长沙时，黄率部侧击日军，歼敌甚多，使日军全线动摇，对战局起到极大的作用。后奉命扼守湘北新市，打退日军多次进犯，坚守住了阵地。不幸在激战中阵亡。

刘世焱（1900-1941年）

陆军暂编第8师少将团长。1941年9月，刘率部参加第二次长沙会战。在长沙双溪桥龙头铺一线，与日军第3师团主力遭遇。刘指挥所部迅速投入战斗，将敌击溃，后被增援日军包围。在激战中，刘左臂负伤，仍继续指挥所部抗击日军。血战至深夜，不幸再次中弹，以身殉职。

▲ 1941年12月，第3次长沙会战时，鄂西前线的部队赶赴战场的情景。上图为左图的局部，记录了战士们奔赴国难，誓死如归的身影。

▲ 我炮兵在洞庭湖沿岸狙击日军。

长沙外围的部队，向长沙实施合围。日军不得不下令分路突围。我军乘胜堵击、侧击和尾追，扩大胜利战果，取得了长沙会战大捷。此役日军自称伤亡6000人，但我军伤亡二万八千余人，以沉重的代价取得了胜利。

这次胜利，一扫当时同盟国内因太平洋战场失利的愁云，战胜日本侵略者的信心大增，极大地提高了中国在世界反法西斯战争中的地位。

但随即被中国军反攻夺回。中国军即转入追击和截击，日军狼狈逃窜。同时，乘日军在汉口附近兵力空虚之时，第5、第6两战区的部队向汉口以西一线的宜昌、荆门也发动了反攻。会战结果，日军伤亡二万余人，其中仅在长沙附近就遗尸一万多具，不得不于10月中旬撤回原阵地。会战中我军伤亡五万八千余人。

1941年12月，日军第3次进攻长沙，调集兵力十二万多人。第9战区投入战役的兵力有13个军，约十七万人。12月24日，日军强渡新墙河向南进犯；渡捞刀河后，于1942年1月1日向长沙猛攻。我长沙守军利用既设工事，连续打退日军三天的猛攻。日军攻击屡遭挫折，死伤惨重，且粮弹将尽。这时，我置于

长沙会战中，被我活捉的日军。

相关链接
● 《中国抗日战争图志》之"长沙会战"
◎ 《湖南四大会战》（中国文史出版社）
● 《中国抗日战争史》（解放军出版社）

邵一之（1904-1939年）

湖南湘阴人。陆军第200师600团上校团长。1939年11月下旬，日军围攻广西二塘、三塘守军，局势危急。邵部奉命增援。日军猛攻二塘。邵临危不惧，顽强抵抗，击退敌人一次次进攻。激战中，邵身中两弹，仍不肯退下火线，继续指挥部队与敌人肉搏，不幸又中一弹，当即壮烈殉国。

郑作民（1902-1940年）

湖南新田县人。陆军第2军中将副军长。1940年1月，在桂南会战中，郑率部从贵州都匀驰援南宁。临行前，他立下遗嘱，安排好家事，决心与日军血战到底。2月3日，在广西昆仑关阵地，为阻击日军追击，郑亲率一个团的兵力作掩护，在重围中指挥部队反击。突围时，不幸中弹牺牲。

关键词：南宁 宾阳 五塘 六塘 昆仑关大捷 冬季反攻

▲ 桂南会战期间，我军指挥员在岩洞中召开军事会议。

1939年，日军为切断中国由广西省南宁至越南海防的国际交通线，并在南宁地区开辟其海军向内陆作战的航空基地，11月15日在钦州湾企沙、龙门等处登陆，直扑南宁。中国当地守军苦战后失去阵地，24日南宁失守，转移至宾阳、黄圩地区。

鉴于南宁战略上的重要性，桂林行营主任白崇禧调集重兵，决心以反攻作战收复南宁。12月18日拂晓，中国军队发起总攻，从北、东、西三方面向南宁实施向中心攻击，先后夺取五塘、六塘等地，日军纷纷向核心阵地撤退。19日，郑洞国所部荣誉第1师继续对昆仑关攻击，夺取其东面高地，将该地日军守备队歼灭。24日，日军旅团长中村正雄被击毙。29日，我军再次发动猛攻。日军虽不断反扑，并施放毒气，但已陷于孤军困守之中。至31日，经激烈肉搏战，昆仑关终为攻克。此次激战，日军第5师团第21旅团四千余人被全歼，中国军队取得昆仑关大捷。会战中，我空军奋勇参战，击落日军飞机11架，炸毁敌机15架，使日军阵地、机场及仓库等受到严重损失。

日军在昆仑关遭到失败后，于1940年1月上旬，再由粤北抽调兵力到桂南进行反扑。中国守军又与日军展开激战。但日军兵力分

▼ 我军在昆仑关战役中缴获的日军大炮和弹药等武器。

一寸山河一寸血

相关链接

● 《抗日御侮》 (黎明文化事业公司)
○ 《中华民族抗日战争史》 (中共党史出版社)
● 《抗日战争正面战场》 (江苏古籍出版社)

吕晓韬（1893-1938年）

河北河涧人。陆军第84师上校团长。1938年4月8日，日军进犯山西沁源县，吕奉命率两个营袭击敌后。当行抵宝盆村时，与敌增援部队千余人遭遇。吕率部与敌展开激战，以寡敌众，伤亡很大。在奋战两昼夜后，吕不幸被敌机炸伤。4月11日殉国。

▲ 我军将士向昆仑关发起冲锋。

▲ 白崇禧(左)、蔡廷锴(中)、张发奎(右)在举行军事会议的岩洞前留影。

▲ 当年昆仑关战役的旧战场。

◀ 我军占领昆仑关时，在关前的留影。

▼ 广西桂南会战和昆仑关战役旧址处的纪念牌坊。

散，后方空虚，补给困难，时时遭受攻击，遂于2月9日起开始南撤。中国军乘势不断给日军以打击，至11月30日，先后收复龙州、南宁、钦县、镇南关。桂南会战结束。

中国军队在广西进行桂南会战的时候（自1939年12月开始），全国各战区向当面之敌一齐出击，史称"冬季反攻"。对中国军队的士气和攻势的规模，日本战史称："大大超出日军的意料，尤其是第3、第5和第9战区的反攻异常激烈。"

157

谢家庆（1912-1940年）

河南罗山县人。八路军第386旅16团团长。1940年8月率部参加"百团大战"。10月14日，在武乡县关家垴激战中光荣牺牲。

刘荣生（1914-1940年）

河北曲周县人。八路军永年抗日游击大队副大队长。1940年，在永年临洺关执行侦察任务时不幸被捕，惨遭日伪军杀害。

56 "百团大战"震撼华北

关键词："囚笼政策" 正太铁路
同蒲、津浦、平汉、平绥等铁路

▲ "百团大战"前，八路军领导人在晋东南检阅部队。右起：聂荣臻、刘伯承、左权、杨尚昆、彭德怀、陆定一等。

1940年8月，华北敌后战场的八路军为了打破日军的"囚笼政策"，遏止其对抗日根据地的蚕食，从战略上配合正面战场的作战，先后集中了105个团（故名"百团大战"），动员了华北几乎全部主力，在彭德怀副总司令的指挥下，对敌进行了一次大规模的进攻战役。

8月20日至9月10日，为战役的第1阶段。这一阶段的中心任务是对华北日军的主要交通线进行总破袭，重点是正太铁路全线，同蒲、津浦、平汉、平绥等铁路的一部分，以及深入我根据地的主要公路。从9月20日至10

月10日，为战役的第2阶段。这一阶段的作战任务主要是乘胜扩大战果，除继续破袭交通线外，重点是拔除交通线两侧及深入抗日根据地内的敌伪据点。

日军华北方面军遭到连续两个阶段的沉重打击后，深感威胁严重，遂调集数万兵力，对我军实施报复性"扫荡"。从10月6日至12月5日，八路军转入第3阶段，主要是反"扫荡"，予敌以痛击。

"百团大战"历时三个半月，总计进行大小战斗1824次，毙伤日军二万余人、伪军五千余人，俘虏日军281人、伪军18407人，破坏

▼ "百团大战"开始，我军在夜色中出发。

相关链接

● 《百团大战始末》 王政柱 著（广东人民出版社）
○ 《百团大战历史文献资料选编》（解放军出版社）
● 《中国人民解放军战史简编》（解放军出版社）

闻允志（1904-1940年）

湖北浠水县人。冀鲁豫军区1分区政委。历任河北民军支队长、华北民军政治部主任、教育科长、冀鲁豫军区1分区政委等职。1940年8月21日，在南乐县渡卫河时，遭敌伏击而牺牲。

1939年—1940年

当时世界

1939年
9月3日　英、法对德宣战。
9月5日　美国政府就欧战发表《中立宣言》。
11月30日　苏联和芬兰的战争爆发。

1940年
3月30日　美国宣布不承认汪精卫伪政权。
4月9日　德军入侵丹麦和挪威。
5月10日　德军入侵荷兰、比利时、卢森堡、法国北部。

▲ "百团大战"中，八路军收复交通枢纽娘子关。

▶ 八路军攻克河北涞源东团堡后，指战员们在长城烽火台上欢呼胜利。

▲ 八路军129师正在强攻榆辽公路上的日军碉堡据点。

◀ 八路军发动民众，破击正太路芦家庄至段廷段的铁路。

▼ 狮垴山战斗中的我军阵地。

▲ "百团大战"中，我军的部分战利品。

敌占区铁路474公里、公路1500余公里，拔除敌据点2993个，缴获了大量武器装备。战斗中八路军伤亡一万七千余人。"百团大战"使华北主要交通线一度陷于瘫痪。这是日、伪军在后方战场上遭到的最出乎意料的沉重打击。从此，日军的"治安战"便以消灭中共领导的抗日武装力量并摧毁其抗日根据地为主要目标。

竖排文字：一寸山河一寸血

相关链接

● 《中国抗日战争图志》之"百团大战"
○ 《中华民族抗日战争史》（中共党史出版社）
● 《中国抗日战争史》（解放军出版社）

八路军副总司令
—彭德怀

在抗日战争时期，彭德怀同志任八路军副总指挥，和总指挥朱德同志一起，率领八路军挺进华北敌后，开展广泛的抗日游击战争，建立敌后抗日根据地。

1940年，为了打破敌人对根据地的"囚笼政策"，八路军总部发动了一次大破袭战，在彭德怀的直接指挥下，首先对正太铁路进行了剧烈的破坏，随后华北各个根据地的部队也投入战斗，参战部队先后增加到一百多个团，是为"百团大战"。经过三个半月的激战，破坏敌人控制的铁路474公里、公路一千五百多公里，拔掉敌伪据点近三千个，毙伤日军20645人、伪军5155人，俘日军281人、伪军一万八千四百余人，大大鼓舞了全国抗日军民的斗志。

1940年到1942年，日寇对抗日根据地进行空前残酷和频繁的"蚕食"、"扫荡"。八路军和地方武装、民兵结合，采取各种形式和敌人进行顽强的斗争。1942年8月，彭德怀受命代理中国共产党北方局书记，在指挥八路军作战的同时，坚决贯彻执行党中央的各项政策，领导华北根据地党的整风运动和群众性的大生产运动，深入开展减租减息，建立和巩固"三三制"政权，实行精兵简政。到1943年，各根据地相继粉碎了敌人的"扫荡"。1945年4月，在党的"七大"和七届一中全会上，彭德怀当选为中央委员和中央政治局委员，并担任中央军委副主席兼中央军委总参谋长，协助毛泽东、朱德同志指挥我军对日本侵略者开展大反攻，直至抗战胜利。

▲ 彭德怀(1898-1974年)在抗日战争时期。

▲ 1945年，彭德怀和他的夫人浦安修在延安。

▼ 彭德怀在延安杨家岭住过的窑洞。

▲ 我军向敌据点进军。

▶ 彭德怀在《群众周刊》上发表的文章《国际新形势与中国抗战》。

▼ 八路军总部旧址山西省武乡县王家峪。

相关链接

● 《百团大战始末》王政柱 著 (广东人民出版社)
○ 《百团大战历史文献资料选编》 (解放军出版社)
● 《中国人民解放军战史简编》 (解放军出版社)

▲ 百团大战时，彭德怀在距敌只有500米处的武乡县关家垴前线指挥作战。据拍摄这组照片的战地记者徐肖冰介绍，当时周围子弹如雨点般飞来飞去，但彭德怀巍然屹立，不为所动。

▲ 左列照片局部。说明同左。

▲ 百团大战中，我129师某部正在强攻榆(社)辽(县)公路上的敌据点。右：我军围攻盘踞在井陉煤矿之敌。

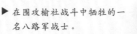

▶ 在围攻榆社战斗中牺牲的一名八路军战士。

▲ 1939年10月，彭德怀在山西武乡县八路军干部会议上作报告。
▼ 反映百团大战中八路军攻克娘子关的油画(中国人民抗日战争纪念馆收藏)。

一寸山河一寸血

● 《纪念彭德怀同志》(文物出版社)
○ 《中国人民解放军历史资料图集》(长城出版社)
● 《中国抗日战争史》(解放军出版社)

相关链接

卢广伟（1900-1941年）

辽宁凤城人。骑兵第8师中将副师长。1941年，日军大规模进犯中原。卢奉命赴安徽颍上狙击，击退了日军多次进攻。激战数日，失败的日军集中大批飞机，轰炸我军阵地。卢将军指挥部队躲避，不幸被炸弹击中，当场牺牲。

陈文杞（1904-1941年）

福建莆田人。陆军第24师少将参谋长。1941年5月7日，日军向中条山大举进犯，以飞机、大炮狂轰滥炸，并向守军阵地施放毒气。9日下午，该师余部转移至台寨村附近，继续与日军展开激战。在最危急的时刻，陈振臂大呼："有我无敌，有敌无我！"率余部与敌厮杀，不幸壮烈殉国。

1941.1.20 ＜
1941.3.15 ＜
1941.5.7 ＜

⑤⑦ 豫南、上高、中条山会战

＞1941.2.10
＞1941.4.2
＞1941.6

关键词："治安战" 信阳 上高 豫北 晋南

1940年底前，日本参谋本部起草完成了关于"南进"、中国战场和北方问题的综合性国策方案，并从此衍生了封锁国际援华路线与路口、积极实施速决的截击作战及加强占领区的"治安战"。就在此背景下，1941年1月开始，日军在鄂、豫、湘、赣地区，进行了一些速决性截击作战和进攻作战，其中规模较大的有豫南会战及上高会战。此外，这年日军"治安战"的第一个重要战役有中条山会战。

豫南会战：1941年1月上旬，日军获悉第五战区主力汤恩伯部第31集团军驻于河南省信阳以北一带，便企图利用平原的有利地形，围歼该集团主力。第5战区判明日军企图后，以一部正面节节抵抗，牵制日军主力；另一部向敌后截断其交通，击破日军的进攻。2月6日，日军不得不败退，撤回原驻地。此役日军伤亡九千余人。

上高会战：1941年3月15日黎明，日军分别

▼ 豫南我军的骑兵向敌发起冲击。

相关链接

● 《中原抗战》（中国文史出版社）
○ 《晋绥抗战》（中国文史出版社）
● 《闽浙赣抗战》（中国文史出版社）

唐淮源（1884-1941年）

云南江川人。陆军第3军上将军长。1941年5月，日军大举进犯中条山。唐率部背水苦战多日。在唐田陷敌重围，唐率部突围，又遭追踪之敌围攻阻截。这时，唐淮源激励部下：要与中条山共存亡。战至13日，所部弹尽援绝，唐遂拔枪自戕，壮烈殉国。

1940年

当时世界	5月20日	德军包围索姆河以北的英法盟军。
	5月26日	英法军队从敦克尔克撤退。
	6月5日	德军向法国发动全面进攻。
	6月10日	意大利向法英宣战。
	6月17日	日本威逼法国封锁滇越铁路。
	7月16日	美国反对英国封锁滇缅公路。
	8月1日	日本鼓吹建立所谓"大东亚共荣圈"。
	9月13日	意大利入侵埃及。

▲ 我军与敌在兰封激战时的场面。
▼ 我军在平汉路西侧与敌对峙中。

由安义、南昌、夏口向我江西上高地区进犯，中国军队节节抗击日军的进攻，伺机给敌以反攻。22至24日，日军在飞机的支持下，向上高以东第74军阵地猛攻，双方反复争夺，伤亡惨重。由于中国守军的顽强抵抗，为友军合围赢得了时间。随后，中国军队南北两面形成对日军侧后的包围。26日夜，日军主力突围。中国各集团军乘势追击，截歼日军一部。至4月2日，日军败逃至原驻地，会战结束。此次作战，日军伤亡达一万五千余人。

中条山会战：1941年5月，日军为巩固其占领区，消灭长期牵制日军3个师团兵力的国民党第1战区部队26个师约18万人，遂向位于豫北、晋南的中条山进攻。当时豫北、晋南之

在中条山会战等战役中牺牲的部分将领

武士敏 陆军第九十八军军长

梁希贤 陆军第二十二师副师长

寸性奇 陆军第十二师师长

石作衡 陆军第七十师师长

彭镇璞 陆军新编第八师师团长

刘崇一 陆军第七十二师团长

徐积璋 陆军第二○五旅旅长

王凤山 陆军暂编第四十五师师长

王立业 陆军第七十师副师长

豫南中国军队把国旗插上城墙。

敌约二十万人左右，附300架飞机和化学部队。中国方面第1、第2战区在该地区的兵力主要有7个军。这次会战，从5月7日开始，至6月15日结束。日军经过长期准备，分东西两翼围攻中条山的中国军队。是役，中国守军枵腹血战，英勇杀敌，但损失惨重，最后被迫突围，放弃中条山战略要地。

● 《中国抗日战争图志》之"豫南、上高、中条山会战"
○ 《日军侵华八年抗战史》（黎明文化事业公司）
○ 《中国抗日战争史》（解放军出版社）

相关链接

163

苏精诚（1915-1941年）

福建海澄县人。八路军386旅政治部主任。他致力于宣传教育和政治工作，是优秀的政治工作干部。1941年1月，在山西武乡韩壁反"扫荡"战斗中牺牲。

杨　展（1920-1941年）

湖南长沙人。华北联合大学干部。1941年，日军对晋察冀边区进行"铁壁合围"大"扫荡"，在一次紧急转移中，失足坠崖。临终时，断断续续地对给她饮水的队长说："队长，你不要管我，去照顾大队的同志们吧！……抗战胜利了，请转告我的父母。"时年仅21岁。

58 "扫荡" 与 "反扫荡"

关键词："治安强化运动" "三光政策"
"铁壁合围" "纵横合击"

▲ 1942年5月，八路军冀东部队在喜峰口抗击敌人。

▲ 在日军"扫荡"时期，百姓扶老携幼向安全地带转移。

由于在1940年"百团大战"中惨败，日军立即组织报复性的"扫荡"行动。从1941年3月起，日军开始对华北各地抗日根据地进行全面封锁和"蚕食"，推进所谓

"治安强化运动"。他们首先在根据地周围边沿区建据点、筑碉堡、挖壕沟、修公路，步步为营，然后逐步向内地推进。在这基础上，对各区进行了毁灭性的大"扫荡"，并实行烧光、杀光、抢光的"三光政策"。冀中区是敌人反复"扫荡"的重点之一。1942年5月1日，日伪军出动五万余人和800辆汽车，在大量飞机、坦克的配合下，进行空前规模的"剿灭"进攻（又称"五·一大扫荡"）。日军采取了所谓"铁壁合围"、"纵横合击"、"对角清剿"、"反转电击"和"捕捉奇袭"等狠毒的办法，历时两个多月。据不完全统计，1941

相关链接

- 《抗日根据地发展史略》（解放军出版社）
- 《中共抗日部队发展史略》（解放军出版社）
- 《中国人民解放军战史简编》（解放军出版社）

陈若克（1919-1941年）

上海人。山东省妇女救国联合会常委，中共山东分局妇女委员。1941年深秋，日寇大举"扫荡"沂蒙山区，将要临产的陈若克，在撤退时被敌人逮捕。被捕后第3天孩子出生，敌人又对她进行酷刑审讯。陈大义凛然，以绝食进行斗争。最后，敌人用刺刀将她和孩子活活戳死。

辛　锐（1918-1941年）

山东人。山东省妇女救国联合会秘书，擅长书画、木刻，多才多艺。1941年，担任山东抗日根据地进行拉网式大"扫荡"时，她带领姐妹剧团成员与敌人周旋，战斗中不幸双腿被打断，腹部也中弹。为了掩护同伴突围，她抓起四颗手榴弹威严地坐在担架上，阻击来敌。当敌人再次向她扑来时，她拉响最后一颗手榴弹，与敌人同归于尽。

▲ 日寇大"扫荡"时，被敌烧成焦土的阜平县平和门村房舍。
▼ 日寇为封锁抗日根据地修筑的碉堡和封锁沟。

和1942年两年中，日军对我华北根据地出动千人以上兵力的"扫荡"174次，其中万人以上的达三十多次，使华北抗日根据地自1941年起进入极为艰难的时期。此外，日军在重点进攻华北地区的同时，对华中及华南地区的抗日根据地，也进行了长时间的"扫荡"、"清剿"和"清乡"（除"军事清乡"，尚有"政治清乡"、"经济清乡"及"思想清乡"），并建立保甲制，实行连坐法。当时，各抗日根据地的人力、物力和其它各方面都受到了严重摧残。根据地面积缩小六分之一，八路军、新四军由53万减少到41万，根据地人口由1亿降到5000万人。

为粉碎敌人的进攻，我军以一部兵力与民兵相结合袭击日伪军，主力转到边沿区，深入敌后之敌后，采取敌进则退、敌驻则扰、敌追则散、敌散则打的灵活战术，破坏交通，实行坚壁清野，发挥天时、地

▲ 1943年秋，日军荒井大队在大"扫荡"中，于今河北阜平县平阳村一带屠杀千余群众。这是部分遗体。

相关链接

● 《中国抗日战争图志》之"扫荡和反扫荡"
○ 八路军129师司令部赤岸旧址　（河北涉县）
● 八路军司令部王家峪旧址　（山西武乡县）

孙毅民（1914-1942年）

河北新河县人。八路军冀南军区4分区政治部主任。曾任东进纵队政治部干事、冀南军区4分区政治部主任等职。1942年，在敌人对冀南抗日根据地进行"四·二九铁壁合围"时牺牲。

何 云（1904-1942年）

浙江上虞县人。《新华日报》华北分社社长兼总编辑。1932年加入中国共产党，1938年秋深入华北敌后，开辟中国共产党新闻工作，创办《新华日报》华北版。1942年5月，在反"扫荡"中，带领报社同志突围时与敌激战，牺牲于山西辽县。

利、人和的优势，巧妙地避开了强敌的攻击，又灵活地反击了敌人，创造了许多以少胜多的战例。各地区还普遍组织了游击集团、武工队、小分队，深入敌占区，开辟了许多隐蔽的游击基点。

▲ 1943年反"扫荡"中，我北岳一分区某团在沙岭村围击日军，敌伤亡六十余人。

▲ 反"扫荡"中，广大民兵采用多种灵活战术，与敌斗争。图为一场村落战中，敌弃尸逃窜。

▼ 反"扫荡"中，我军设在房顶上的机枪阵地。

▲ 狼牙山五壮士中的葛振林（右）和宋学义 在反"扫荡"中，八路军晋察冀军区某部7连6班班长马宝玉，副班长葛振林、战士胡德林、宋学义和胡福才，为掩护群众和伤病员转移，主动把敌人引向狼牙山中的悬崖绝路。最后，宁死不屈，相继跳下悬崖。其中马宝玉、胡福才、胡德林牺牲，葛振林和宋学义被树枝挂住，遇救后生还。

一寸河一寸血

相关链接

● 《陕甘宁边区政府大事记》（档案出版社）

○ 《中华民族抗日战争史》（中共党史出版社）

● 八路军总司令部砖壁旧址（山西武乡县）

海风阁（1906-1942年）

　　河南睢县人。八路军前总通讯科长兼通讯营营长。1942年5月，在反"扫荡"战斗中，于偏城附近同敌遭遇，在战斗中壮烈牺牲。

陈默君（1912-1942年）

　　安徽含山县人。中共太行地区文联干部。1939年，由北方局调晋东南文联工作，后到晋东南鲁迅艺术学校工作。1941年，晋东南文联改为太行文联，陈担任领导工作。1942年5月，在反"扫荡"中牺牲于辽县。

▲ 日寇"扫荡"后的村庄。

▼ 巍巍太行山，这里当年是八路军和日军作战的地方。

▲ 左权(1905-1942) 湖南醴陵人，八路军副参谋长。1942年5月，日军向八路军野战总部所在地辽县麻田镇进行"铁壁合围"，左权亲自部署机关突围计划，并承担掩护任务。在十字岭率直属队突围时，不幸中敌炮弹，壮烈牺牲。

黄崖洞保卫战殉国烈士纪念塔　位于太行山区辽县、黎城两县交界处的黄崖洞，曾是华北抗日根据地创建最早、规模最大的兵工基地，年产的武器弹药可装备十六个团。一九四一年十月底，日寇采用所谓"捕捉奇袭"的战术向太行区黄崖洞兵工厂"扫荡"，企图破坏八路军首脑机关，摧毁黄崖洞兵工厂。八路军一二九师特务团约一千人奉命进行保卫战，消灭敌官兵一千八百五十余人，八路军伤亡三百五十八人，粉碎了敌人的"扫荡"。

● 八路军太行纪念馆 (山西武乡县)

相关链接 ◐ 八路军兵工厂黄崖洞旧址 (山西黎城县)

● 八路军前方总部麻田旧址 (山西左权县)

路易斯·霍夫曼（1898-1942年）

路易斯·霍夫曼（Louis Hoffman）是美国援华空军志愿队（飞虎队）指挥官，是该队中年龄最大、技术最精的飞行员。1942年1月26日，他在缅甸上空与5架敌机交火，不幸中弹牺牲。

约翰·纽克科（？-1942年）

约翰·纽克科（John Newkirk）是美国援华空军志愿队（飞虎队）队员，曾有多次作战胜利的记录，获得中国的青天白日旗帜勋章和美国的十字勋章。1942年3月24日，在炮击泰国清迈附近的日军车队时，不幸遇难牺牲。

关键词：联合舰队 珍珠港 香港 泰国 马来亚 新加坡 菲律宾

1941年12月8日（美国当地时间12月7日），日本海军联合舰队在裕仁天皇亲自批准后，经过精心策划，长期准备，首先在马来西亚的东北海岸登陆，95分钟后，日军偷袭美国在太平洋上最大的海军基地珍珠港，并对美、英宣战，太平洋战争于是爆发。次日，美、英、荷对日宣战。紧接着，9日中国政府正式对日、德、意宣战。独力坚持抗战4年半的中国军民有了盟军并肩作战，自然受到莫大鼓舞，对胜利的信心也大大增强。同时向日本正式宣战（并向德、意宣战）的还有澳大利亚、新西兰、加拿大等20多个国家。

► 中國共產黨為太平洋戰爭的宣言 一九四二年十二月九日，中国共产党为太平洋战争发表的宣言

▼ 罗斯福 1933年-1945年连续四次当选为美国总统。在日军袭击珍珠港后不久，他请求国会立即对日宣战。

▲ 日军袭击珍珠港美军基地。

1941年12月日军占领香港地区、泰国；1942年1月侵占马来亚，2月攻占了新加坡，控制了马六甲海峡的咽喉；3月攻占了荷属东印度群岛。另外，从1941年12月起，先后攻占了美国在西太平洋的海军航空基地关岛和威克岛，

相关链接
● 《中国抗日战争图志》之"太平洋战争爆发和中国战区成立"
○ 《第二次世界大战大事纪要》（解放军出版社）
● 《第二次世界大战战史》（上海人民出版社）

一寸山河一寸血

凌则民（1911-1942年）

湖南平江人。陆军第96师288团上校团长。1942年春，奉命入缅。4月，抵平满纳，与日军2个师团的主力激战。日军向该师猛攻。凌沉着指挥，所部英勇苦战8日之久，击毁敌人坦克8辆，但伤亡惨重。日军增加兵力，将该团阵地团团围住，凌率余部官兵坚持与敌决战至死。

当时世界	3月27日	日本首相访问德国。
	4月13日	苏日签订中立条约。
	6月22日	德军入侵苏联，苏德战争爆发。
	7月2日	中国宣布同各轴心国断绝外交关系。
	7月25日	日军侵占法属印度支那南部。
	8月9日	美英首脑举行大西洋会议。
	10月18日	日本东条英机组成新内阁。
	12月1日	日本御前会议决定12月8日发动太平洋战争。

▲ 1941年12月7日，日军偷袭珍珠港美军基地。图示被炸毁的美军机场。

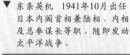

▼ 日本海军总司令山本五十六。他制定了奇袭美国太平洋舰队的计划。

▼ 东条英机 1941年10月出任日本内阁首相兼陆相、内相及总参谋长等职。随即发动太平洋战争。

▲ 在东南亚地区被日军俘房的英美等国战俘。

一九四一年十二月二十五日，为『这一天』，既是日军占领香港的日子，又是圣诞节，被称为占领香港的日军。正因为它，所以图式为占诞因为……『黑色的圣诞』，正是圣诞节。

迄至1942年春，日军占领了东南亚广大地区和南中国海、西太平洋全部英、美海空军基地，重创了美国太平洋舰队和英国远东舰队，夺取了制海权、制空权。

然而，正当日本侵略者的气焰十分嚣张时，亦同时埋下战线愈加拉长而引发的新问题，注定其最终失败的命运。

▼ 为了争取东南亚丰富的天然资源如石油等，日本最终选择了发动战争。太平洋战争开始之初，日军即攻占马来亚及香港地区等地。图示开战当日日本即接收美国一间位于西贡的石油公司。

并向美国在西南太平洋的战略要地菲律宾发起猛攻，经过长达5个月的激烈较量，于1942年5月上旬全部占领该群岛。同时，日本还占领了西南太平洋的俾斯麦群岛、新爱尔兰群岛、新不列颠岛、所罗门群岛、新几内亚的北部，威胁澳大利亚。

相关链接

● 《第二次世界大战内幕》（军事科学出版社）
◐ 《百年战争评说》（军事科学出版社）
◐ 《第二次世界大战画史》（中国书店）

蒋介石（1887-1975年）

中国战区最高统帅。1937年8月，国防最高会议决议，由国民政府授权蒋介石为三军大元帅，统率全国陆海空军。以军事委员会为最高统帅部。1937年8月开始先后兼第一战区、第三战区、第五战区、第八战区、第四战区司令长官。1942年1月4日，盟军正式推举蒋介石为中国战区统帅，建立统帅部。

何应钦（1890-1987年）

军事委员会总参谋长。1937年8月任参谋本部总参谋长。1938年1月为军事委员会总参谋长，兼任第四战区司令长官。1944年兼任中国陆军总司令。

❻ 中国战区统帅部的成立

关键词：中国战场 《联合国家宣言》 中国远征军

▲ 中国战区统帅蒋介石（左一）、蒋夫人宋美龄（左二）和战区参谋长史迪威将军。

▲ 蒋介石接见英国东南亚战区总司令蒙巴顿将军及魏亚特代表。

◄ 蒋介石接见美国参谋总长艾森豪威尔将军。

在第二次世界大战中，中国战场具有重要的战略地位。当时日本陆军总兵力为二百一十多万，在日本本土的约三十五万，用于中国战场（包括东北地区）的总兵力140万（含关东军），占日本陆军总兵力60%以上，相当于它"南进"兵力的三倍多。1941年底和1942年初，中、美两国政府协议，成立了包括中国大陆、法属印度支那、泰国和缅甸在内的中国战区，以中国政府军事委员会委员长蒋介石为战区最高统帅，美国派史迪威来华任参谋长。同时，中、美、英、苏等26个国家的代表，在华盛顿签署了对轴心国作战的共同行动宣言，即《联合国家宣言》，国际反法西斯统一战

▼ 1942年3月，中国派遣远征军十万余人，紧急赴缅甸支援英军对日作战。

线正式建立，为后来创建联合国奠定了初步基础。不久，为配合缅甸、印度地区的英、印军作战，中国政府派出由第5、第6、第66军组成的总兵力约十万人的中国远征军开赴缅甸，直接配合盟军对日作战。

相关链接
● 《中国抗日战争图志》之"太平洋战争爆发和中国战区成立"
○ 《第二次世界大战大事纪要》（解放军出版社）
● 《中外记者笔下的第二次世界大战》（东方出版社）

白崇禧（1893-1966年）

军事委员会副总参谋长。1938年被任命为军事委员会副总参谋长、军训部部长、桂林行营主任、代总参谋长等职。曾参与指挥淞沪、徐州、鄂东、昆仑关等重要战役。

当时世界

1941年
12月8日　日本偷袭珍珠港，太平洋战争爆发。
　　　　苏联政府发表声明，重申《苏日中立条约》。
12月11日　德、意、日签订《联合作战协定》。
12月17日　蒋介石召集英、美、苏、荷代表举行会议。
1942年
1月1日　中、美、英、苏等26国签署《联合国家宣言》。
1月4日　日本进攻缅甸。

一寸山河一寸血

▲ 中外军队合作，打击共同敌人，这是举行联合演习时的情形。

▼ 美国杂志上刊载谴责日本侵略的漫画。

中国作为在世界范围内最早进行反法西斯战争的国家，忍受了最大的困难和民族牺牲，始终抗击着日本陆军的主力，消耗着日军的大部分军事力量，既箝制了日军，使其不能北攻苏联，又大大减轻了日军对太平洋战场上各同盟国的压力，为赢得同盟国对日作战的共同胜利，中国人民付出了无限坚辛的努力，作出了重大的贡献。

相关链接
　● 《第二次世界大战内幕》（军事科学出版社）
　○ 《中国抗日战争史》（解放军出版社）
　● 《抗日御侮》（黎明文化事业公司）

戴安澜（1904-1942年）

安徽无为人。陆军第200师中将师长。1942年3月，戴率师入缅抗日。从18日起，与日军激战12昼夜，歼敌五千余人，掩护了英军撤退。4月23日，戴师驰援棠吉我军，经两昼夜，克复棠吉。29日，退路被敌切断。战斗中，戴胸、腹部中弹，于5月26日不幸殉国。

胡义宾（1907-1942年）

江西兴国人。陆军第96师少将副师长。1942年春奉命入缅作战。5月间，率部渡过伊洛瓦底江，向密支那进击。部队到达埋通时，遭到早已进驻密支那的日军伏击。胡为保存有生力量，指挥部队冲出维谷。激战中，不幸中弹牺牲。

61 中国派遣远征军入缅

关键词：缅北　仁安羌激战　戴安澜

　　1940年6月，英军从敦刻尔克大撤退，英伦三岛岌岌可危，英国希图借助中国抗日的力量，挽救其远东殖民地缅甸、印度、马来亚等地的危机。是年10月，英国首先开放封锁已达三个月的滇缅公路，并酝酿中英军事同盟的问题。1941年2月，中国应英国的邀请，派出"中国缅印马军事考察团"到缅甸、印度、马来亚作军事考察。

　　太平洋战争爆发后，面对日军进攻，英国向中国求援，中国遂派遣远征军十万余人，紧急赴缅支持英军对日作战。1942年3月中旬，中国远征军长途跋涉到达缅北前线，抗击日

▲仁安羌战场上的日军。

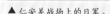

▲1942年4月，重庆《大公报》的报道。

▼中国远征军新38师第113团团长刘放吾。1942年3月，他受命率部援救被围英军，以一团兵力，击溃日军一个师团主力，解救10倍于己的盟友，包括英、印、缅军和美国传教士、新闻记者等七千余人，取得了著名的仁安羌大捷。

▲1942年3月，中国远征军长途跋涉到达缅北前线，支援英军对日作战。图为停在缅北边境的我军车队。

一寸山河一寸血

相关链接
- 《中国抗日战争图志》之"太平洋战争爆发和中国战区成立"
- 《缅甸之战》戴广德 著 (黄山书社)
- 《远征印缅抗战》(中国文史出版社)

齐学启（1900-1945年）

湖南宁县人。陆军新38师少将副师长兼政治部主任。1942年3月，齐奉命入缅协助盟军对日作战。5月23日，齐带着18个伤员与敌遭遇，奋勇迎战，伤员均壮烈牺牲。齐身负重伤，不幸被俘，日军多次劝降，齐严词拒绝。1945年3月，被敌雇用的汉奸用刀刺穿齐的腹部，并再施劝降术，仍遭齐拒绝。后因伤口溃烂和拒绝医治，于3月13日壮烈殉国。

当时世界	1月5日	中、美、英、荷成立"反侵略国联合宣传委员会"。
	1月8日	苏德莫斯科会战进入第三阶段。
	1月24日	美日军进行望加锡海战。
	2月4日	蒋介石访问印度。
	2月8日	日本攻占新加坡。
	2月23日	中英《共同防御滇缅路协议》签字。
	3月4日	美国史迪威将军来华就职。

▲ 被我远征军救出的英、印、缅军七千多人，渐次退入印度。据杜聿明在《中国远征军入缅对日作战述略》中说："英军要求中国军队在英军方面的沙斯瓦、唐德文伊、马格威接防，掩护英军撤退，这等于全部向我交防……英军在仁安羌一师及装甲旅约七千余人，被敌人一个大队包围，实为战史中的最大笑话。"

▲ 退入印度的中国远征军，组成了中国驻印军。

▲ 中国驻印军的战士。

◀ 中国驻印军在印度进行训练。

军进攻。4月中旬，中国远征军一部在仁安羌激战，歼敌一千二百余人，在危急中解救被围的英缅军七千余人，以及被俘的英军、美国传教士、新闻记者等五百余人，遏制了敌主力的进攻方向，使其不能快速进展。这一仗轰动了英国，提高了中国军队在盟国心目中的地位。但整个缅甸战役局势仍在恶化。5月初，缅甸为日军所占。此时，远征军冒着滂沱大雨，历经千辛万苦，突破日军堵截，主力退回云南省，部分远涉印度。第200师师长戴安澜在撤退中遭受日军伏击，以身殉国。

这次缅甸战役中远征军仓卒应战，盟国间指挥系统混乱，盟国英军一意向印度撤退，兼又缺少空中掩护，英军士气低落，配合不力。我官兵虽奋勇作战，但难以阻挡日军，加上气候炎热、疫症流行，10万入缅远征军损失6万人。

相关链接
● 《抗日战争正面战场》（江苏古籍出版社）
● 《中国抗日战争史》（解放军出版社）
● 《抗日御侮》（黎明文化事业公司）

许国璋（1896-1943年）

四川成都人。陆军第150师中将师长。1943年11月中旬，日军围攻常德，奉命扼守常德西北之太浮山地区。20日晨，日军千余人进攻师指挥所，激战竟日，官兵死伤惨重。日军进逼，许率余部与敌激战，不幸身负重伤，当即休克。部属误以为阵亡，遂移到沅江南岸。次晨苏醒，问及战况，心急如焚，急呼："我是军人，应战死沙场，运我过河是害了我！"遂举枪自戕，壮烈殉国。

彭士量（1905-1942年）

湖南浏阳人。陆军暂编第5师中将师长。1942年11月，日军大举进犯常德、桃源一线我军阵地，将军率部扼守湖北石门，浴血苦战，连挫敌锋。时官兵伤亡十之八九，阵地全毁，乃集合残余部队，亲自率领他们向石门西郊逆袭，不幸遭遇日机轰炸，弹中受害，弥留之际犹力呼："大丈夫为国尽忠，为民族尽孝，此何恨焉！"

⑥ 浙赣、鄂西、常德会战

1942.5.15 <
1943.5.5 <
1943.11.2 <

> 1942.8.30
> 1943.6.8
> 1943.12.26

关键词：浙赣铁路 丽水、衢州机场 鄂西 常德

▲ 1942年4月，美军飞机从太平洋上的航空母舰起飞，轰炸日本东京，然后在我浙江省内降落。这是浙江三门县群众欢送被我救护的美国飞行员。下图为该图局部。

从1942年到1943年，侵华日军为配合其太平洋的作战，又发动了浙赣、鄂西、常德会战。

浙赣会战：1942年4月，美军飞机16架从太平洋上的"黄蜂"号航空母舰起飞，轰炸了日本东京，然后飞到我浙江省境内的机场降落。这是日本自发动侵华战争以来，其本土首次遭到的轰炸，引起了日本国内上下恐慌。因此，日本大本营力图摧毁我浙赣路沿线的机场。5月，驻浙江和江西的日军集中了约10余万兵力，合击浙赣走廊地区的中国空军基地。到8月，日军一度打通了浙赣铁路，

▶ 美国飞行员起飞轰炸日本前，在航空母舰上合影留念。

▼ 左：日军研究打通浙赣铁路，破坏我浙江境内的机场。
右：浙赣会战中的日军。

一寸山河一寸血

相关链接

● 《中国抗日战争图志》之"浙赣、鄂西、常德会战"
○ 《湖南四大会战》（中国文史出版社）
● 《闽浙赣抗战》（中国文史出版社）

孙明瑾（1905-1943年）

江苏宿迁县人。陆军第10预备师中将师长。1943年11月，常德会战中，孙率部从衡阳增援常德。26日，在常德外围与敌两个师团激战四昼夜。12月1日，在常德东南赵家桥作战中，不幸身中数弹，为国捐躯。

张惠民（1905-1943年）

陆军第3师9团上校团长。1943年11月，日军六万余人分3路合围湖南常德。第10军奉命增援，张团担任前卫，在常德赵家桥击退了日军的进犯。12月1日，日军以飞机、大炮向中国守军阵地狂轰滥炸。张率部坚守德山阵地。4日，他亲临3营阵地，指挥3营及卫士排与日军激战，不幸身中数弹，壮烈殉国。

▲ 我军战士冒着敌人的炮火，越过障碍前进。

▲ 浙赣会战中向我进攻的日军。

◀ 1943年鄂西会战中，我沿江布防的部队正伺机杀敌。

▲ 1943年常德会战，日军用大炮猛轰常德十余日。我守军与敌展开拉锯战，反复冲杀有三十多次。图为我军在炮火中冲锋。

破坏了丽水、衢州等机场，并在金华、武义和东阳地区掠夺制铝和炼钢的重要原料萤矿石，事后大部日军撤回南昌、杭州等地。中国军队虽乘势追击，收回失地，但机场已遭破坏，物资大量损失，后果严重。但日军伤亡也很大，共约3万人，此役第15师团师团长酒井直次郎中将被我军地雷炸死。

鄂西会战：1943年5月5日，日军集中了约10万兵力和200余架飞机，由石首、华容分路向鄂西发动进攻，并企图打通长江上游的航线，直接威胁重庆。中国空军和美国第14航空队配合江防守军，攻击日军阵地及后方交通线，使日军补给困难，兵力不足，遂于5月31日开始后撤。中国军队收复所有失地，并毙伤日军1万余人。

常德会战：1943年11月，日军为牵制中国军队，以策应其南方军的作战，以约10万兵力分四路向我进攻，其中三路合击湖南常德。由于，常德是洞庭湖畔有名的鱼米之乡，日军占领常德等于夺得一个大粮仓。从11月24日开始，日军对常德实施四面围攻。中国守军顽强地与敌血战15个昼夜，伤亡惨重。至12月3日，日军施放毒气，一度攻陷该城。随后，中国外围部队向常德之敌发起反攻，8日，收复常德，并乘胜追击溃逃的日军。此役，共毙伤日军2万多人。

相关链接

● 《抗日战争正面战场》（江苏古籍出版社）
○ 《中国抗日战争史》（解放军出版社）
● 《抗日御侮》（黎明文化事业公司）

175

陈达明

香港抗日游击队"港九独立大队"政委。

方 兰

香港抗日游击队"港九独立大队"市区中队长。

63 香港的"三年零八个月"

关键词："黑色圣诞" 东洋化政策 奴化教育
港九独立大队 东江抗日游击队

一寸山河一寸血

太平洋战争爆发的同时，日本侵略军进攻香港。战事进行18天后，港督杨慕琦被迫自港岛渡海到九龙尖沙嘴半岛酒店向日军签字投降，因为这一天是圣诞节（1941年12月25日），所以被称为"黑色圣诞"。自此，香港人开始了"三年零八个月"苦难悲惨的日子。

日军占领香港后，为了减轻其占领地的负担，积极推行"归乡政策"，使香港人口从战前（1941）的163.9万人，到1945年8月日本投降时只剩下60万人。此外，日军还对香港居民实行严格控制，举凡居住、营商、出入境，甚至拥有收音机，均要填表登记或申请。由于工商业不振，日军为了粉饰太平，甚至利用汉奸和部分黑社会成员包娼庇赌，使香港居民整天都处在恐怖和半饥饿之中。

▲ 日本占领香港的情景。

▶ 1941年圣诞节，英军向日军投降时签字的情景。

▼ 左、右：日军攻陷香港后，列队进入香港市区的情形。

▲ 日本在香港的军政府经济部的部分行政人员。

▼ 香港"三年零八个月"初期，日人即实行鼓励归乡政策，以减少人口带来的粮食负担。这是正在等候回乡的香港市民。

相关链接

● 《活跃在香江》徐月清 编 (三联书店)

○ 《三年零八个月的苦难》谢永光 著 (明报出版社)

● 《香港今昔》高添强 著 (三联书店)

罗雨中

香港抗日游击队"南(涌)鹿(颈)联防自卫队"队长。

江 水

香港抗日游击队"港九独立大队"中队长。

◀ 香港日占时期,日人通过区役所设立的米站,供应配给食米。

◀ 日军占领香港后,强迫香港居民将所有港币及血汗金钱兑换成此种纸币,违者杀头,并将所搜刮的港币、钱币、金币等运回日本(至今香港居民手中仍存有大量此种纸币,向日本政府要求索赔)。

▲ 坚持在香港战斗的港九游击队。

▼ 香港西贡区人民曾救护过英军。这是英军烈治将军赠送他们"忠勇诚爱"的锦旗(见下图)。

▼ 港九游击队的海上中队长罗欧锋。　　▼ 英军赠送的锦旗。

与此同时,居民还要被迫接受日军的东洋化政策及奴化教育,生活苦不堪言。而在日本侵占香港期间,还强行发行军票达20亿元,进行直接的物资掠夺。

当时,在香港对日寇进行武装反击的主要有东江抗日游击队。他们曾协助八百多名滞留香港的抗日爱国人士脱离虎口,并经常给日寇造成破坏和伤亡,特别是著名的港九独立大队,使侵略者闻风丧胆。与此同时,中国在港的地下工作人员,以及"英军服务团"等,也在香港设站收集日军情报,特别是日军舰艇在香港的活动,与敌人展开了许多惊心动魄、可歌可泣的斗争。

相关链接

● 《中国抗日战争时期》(三联书店)

○ 《战时日军在香港暴行》谢永光 著 (明窗出版社)

● 《战斗在香江》(《新界乡情系列》编辑委员会)

高致嵩（1900-1937年）

广西人。陆军第88师264旅旅长。1937年12月12日拂晓，日军在百余架飞机、数十门大炮掩护下，分三路再次进攻雨花台阵地。高激励官兵"誓与阵地共存亡"，指挥部队拼死抵抗，直到雨花台阵地全部被毁。高同所部官兵，全部壮烈牺牲。

姚中英（1896-1937年）

广西平远人。陆军第156师少将参谋长。1937年8月，率部参加淞沪抗战。12月初，镇江被日军占领，姚部遂退守南京内卫线。12日，姚率部与日军激战于太平门，官兵宁死不退，与日军展开肉搏，战况惨烈。激战中，姚连毙数敌，不幸身中数弹，壮烈牺牲。

关键词：远东战区指挥中心 大轰炸
八路军驻重庆办事处

▲ 我江防军在长江三峡各要隘驻守，阻遏日军西进，拱卫陪都重庆。

▲ 20世纪30年代的重庆。

▲ 从1938年12月26日开始，日军开始大规模连续不断地轰炸重庆，这是飞临重庆上空的日机。

▲ 20世纪80年代的重庆。

▼ 在日机的轰炸下，山城重庆一片火海，到处血肉横飞，惨像环生。

178

相关链接   ● 《中国抗日战争图志》之"大后方与陪都重庆"
○ 《重庆国民政府》（重庆出版社）
● 《中共中央南方局和八路军驻重庆办事处》（重庆出版社）

程　智（？-1937年）

湖南醴陵人。陆军第51师302团上校团长。1937年，参加南京保卫战。12月11日，固守水西门一带阵地，数次肉搏，终将顽敌击退。12日，敌人在空军掩护下再次猛攻，程团损失惨重，仅剩数百人。雨花台失守后，正面压力增加，程遂率部袭敌，不幸于莫愁湖畔中弹身亡。

当时世界	3月10日	中国军事代表团赴美。美国驻华第14航空队成立。
	3月30日	美国划分太平洋战区。
	4月18日	美空军首次轰炸日本东京等地。
	5月4日	美日进行珊瑚海海战。
	5月30日	英国对德实施"千机大空袭"。
	6月3日	美日进行中途岛和阿留申群岛战役。
	7月17日	苏德开始斯大林格勒会战。

　　1937年11月，南京国民政府决定迁都四川重庆。26日，由国民政府主席林森所率的文武官员到达重庆。翌年12月，蒋介石所率的军事最高统帅部也辗转抵渝。

　　重庆是一座古老的山城，抗日战争时期，不但是中国的陪都，而且更成为世界反法西斯战争远东地区指挥中心。从1939年开始，每年的四、五月，到九、十月雾淡期间，它都成为日本空军的攻击目标。日侵略军对重庆先是空中扫射、投弹，后是投掷燃烧弹，轮番轰炸，炸得这座城市到处断壁残垣，成为一片废墟！直到11月雾季开始，弥漫空际的浓雾使法西斯侵略军的飞机难以空袭时，这座城市才又重新复苏起来。可是，第二年3月一过，它到处又被日军的空袭化为灰烬。但人们不曾因此而气馁，仍然顽强地坚持抵抗日本侵略者的侵略行径。

　　当时的山城重庆，是中国政治、军事、经济、文化和外交的中心，中国共产党也派代表常驻于此。中国政府许多有关抗战全局的重大决策，是在这里作出的。

▲ 1940年6月28日，日机轰炸重庆时造成"防空壕大窒息惨案"，这是殉难同胞的部分遗体。

▼ 空袭警报拉起，重庆市民躲进隧道。

▼ 日机空袭之后，救护人员正在抢救伤者。

相关链接
● 《抗日战争正面战场》（江苏古籍出版社）
○ 《中国抗日战争史》（解放军出版社）
● 《抗日御侮》（黎明文化事业公司）

李尧卿（　　-1939年）

中央社前武汉分社主任。1939年5月4日，日军对重庆实施连续大轰炸，一炸弹正中中央社院内，把大部分办公室炸毁，正在其中的李尧卿和同事甘文元被炸身亡。

谢兆亭（1903-1939年）

四川忠县人。陆军第26师153团上校团长。1939年4月参加南昌会战，在反击战中与优势之敌肉搏，于激战中不幸牺牲。

国民政府要人

蒋中正 军事委员会委员长 中国战区统帅
林森 主席 国民政府
孔祥熙 院长 行政院
宋子文 外交部部长（先）航空委员会代委员长（后）
孙科 院长 立法院
居正 院长 司法院
于右任 院长 监察院
戴传贤 院长 考试院
王宠惠 外交部部长（先）国防最高委员会秘书长
陈立夫 部长 教育部
张群 军事委员会秘书长 四川省政府主席
陈布雷 军事委员会副秘书长

宋霭龄（左三）、宋庆龄（左四）和宋美龄（左二）在重庆第五陆军医院慰问伤病员

▲ 蒋介石在重庆发表讲话。

▲ 何应钦将军在重庆主持中美军事会议。

▲ 魏德迈、钱大钧两将军在重庆主持军事会议，研讨对日反攻作战计划。

▲ 中国的军事机关在防空洞中指挥作战。

▲ 重庆各报纸的编辑部在防空洞中进行工作。

相关链接

● 《中华民族抗日战争史》（中共党史出版社）
○ 《抗战时期重庆的防空》（重庆出版社）
● 《陪都遗址寻踪》（重庆出版社）

一寸山河一寸血

雷鸣远（1877-1940年）

生于比利时，天主教神父。1901年来华传教。1927年加入中国籍。于中国文化沉浸甚深。全面抗战开始，亲自出没于华北各战场，所率由修士和教友组成的救护队，救护伤员达2万多人次，并在沦陷区掩护了大批中国难民。1940年，在艰苦的工作中，患黄疸症，医治无效，于6月24日逝于歌乐山。

黎宗彦（1916-1940年）

海南省三亚市崖城镇水南乡人。空军航校第8期驱逐科学生。1938年9月28日在训练飞行时，随教官合力击落日机一架，创下了中国飞行生的光荣纪录。1940年7月4日，在四川空战后迫降阵亡。

▲ 重庆各界人士慰问在抗战中受伤致残的荣誉军人。

▲ 重庆时事展览会上悬挂中、美、英、苏四大国的国旗。

▼ 大后方工人在简陋的条件下进行生产。

▲ 八路军办事处和《新华日报》部分工作人员的合影。

▲ 1939年初，中共中央南方局成立，秘密设于八路军驻渝（重庆）办事处内。周恩来任书记，负责领导中国南部广大地区及港、澳等地区党的工作。这是周恩来和夫人邓颖超在八路军办事处（红岩村）的合影。

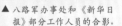

▲ 左：矗立在重庆市街头的日机空袭标示牌。右：矗立在重庆市中心的"抗战胜利纪功碑"。

一寸山河一寸血

相关链接

● 《抗战时期重庆的军事》（重庆出版社）

○ 《陪都人物纪事》（重庆出版社）

◐ 《重庆抗战大事记》（重庆出版社）

宋氏三姐妹

▲ 左起宋庆龄、宋霭龄、宋美龄。　▲ 宋美龄。

▲ 宋霭龄、宋庆龄、宋美龄。

◀ 宋霭龄个性不爱露面，可是在抗战中也走到了前台。

▼ 抗日战争时期，三姐妹会聚重庆，暂时摒除了政治上的分歧，在陪都的大庭广众中露面，她们一起出席许多讨论会，接受新闻界的采访，慰问伤兵，给艰苦抗战的全国人民以鼓舞。同时，他们姐妹之间也度过了一段难忘的岁月。这是她们和蒋介石在一起的合影。

抗战初期，蒋介石带领高级将领亲自到前线督战，第一夫人宋美龄也常随蒋到前线慰问将士。

宋美龄于1937年8月1日在南京主持创立了"中国妇女慰劳自卫抗战将士总会"。在成立大会上，宋美龄向七百余名妇女团体的代表慷慨陈辞："我们妇女也是国民一分子，虽然我们的地位能力和各人所能贡献的事项各有不同，但是各人要尽量的贡献她的力量来救国。什么地方有适合我们的工作，我们就得争先恐后地来担任。"宋美龄自任"慰劳总会"的主任委员。她号召各省省主席夫人分别在所在省会创立分会，并由该省省主席夫人任分会会长。各地已成立的妇女救亡团体，如上海妇女后援会等组织，也更名为各地慰劳分会，不久便发展了六十多个分会，在慰劳总会的统一领导下，开展工作。

淞沪抗战爆发后，宋美龄亲自率领慰劳总会人员到前线去慰劳将士，并撰写关于上海战场的新闻电讯。宋美龄写道："那里的天空，充溢着恶魔般的暴怒，地面上喷射着火焰，飞溅着人类的鲜血。"她写的电讯中，批评美国政府撤退上海侨民，禁止船舶运输军火来华的错误做法，指出美国"蓄意阻止中国获得自卫武器，则结果不独为中国之悲剧，抑将成世界之大患。"10月22日，宋美龄再次到上海前线看望伤员，遇到敌机轰炸，结果车子翻下了公路，宋美龄失去了知觉。醒来后，同来的顾问端纳指着地图对她说："我们现在这里，如果你想回南京，我很高兴。如果我们继续前进，仍可以在进城前视察一下伤兵，时间够用。你看怎么办？"

宋美龄略一沉思，决定继续前往上海。

当晚10时许，他们到医院慰问了伤兵，第二天一早安全返回南京。经检查，医生发现宋美龄的肋骨摔断了数根，于是强迫她卧床休养。她休息了两天后，又继续工作。

在南京遭到日机空袭的日日夜夜里，为了躲避敌机空袭，必须经常调换工作或休息地点。她当时任中国航空委员会秘书长，参与运筹和指挥中国空军与强大的日本空军作战，费尽心血，每日工作18个小时。尽管如此，她的仪容依然丝毫未变，更没有憔悴和疲倦之色。宋美龄在繁忙之中经常接见西方记者，并通过他们揭露日本侵华并进而争霸太平洋的侵略计划，呼吁西方国家放弃"中立"政策，支持中国抗日斗争。

在抗战期间，人们习惯于称宋氏三姐妹中的霭龄为孔夫人，庆龄为孙夫人，美龄为蒋夫人。三姐妹中霭龄和美龄始终站在同一立场，同一条战线上。庆龄自1927年美龄与蒋介石结婚以来便与两姐妹分道扬镳了。西安事变后，姐妹之间在抗战问题上找到了共同点，从此开始了"统一战线"。

宋庆龄先到香港与中外人士一起发动组织"保卫中国同盟"，设法把世界各国人民的斗争与中国人民的斗争互相联系起来，并在道义上和物质上支持中国共产党领导的各敌后抗日根据地。宋庆龄亲任"保盟"中央委员会主席。"保盟"在宋庆龄等人的努力下，致力于战时医药救济和儿童福利工

相关链接

● 《纪念宋庆龄同志》(文物出版社)
○ 《一代风流宋美龄》 刘臣才 著 (团结出版社)
● 《宋美龄与中国》 石之瑜 著 (商智文化)

一寸山河一寸血

▲ 宋美龄在重庆的医院慰问伤兵时，亲自为伤员换药。

▲ 宋美龄发动妇女并亲自带头为军队缝织军衣。

▲ 三姐妹在重庆视察防空洞。

◀ 开罗会议期间，宋美龄和美国总统罗斯福在一起交谈。

▲ 宋美龄在美国国会发表抗日演讲，美国媒体和朝野人士对她大为倾倒。

▼ 美国加州三万多民众，聚集好莱坞露天剧场，欢迎宋美龄。

▼ 美国报刊刊登宋美龄演讲的漫画（出自Times Herald 1943年2月）。

▼ 宋美龄与罗斯福总统夫人接受记者摄影。

◀ 在加拿大国会大厦前，向欢迎的群众挥手致意。

▼ 1995年，宋美龄再次在美国国会演说，纪念抗日战争胜利50周年。

作，还多次举办义演、义卖活动，募集抗日经费。1941年夏天，宋庆龄发起一次大规模的"一碗饭运动"，号召各界人士点滴捐助，救济伤兵和难民。

抗战初期，宋霭龄留在上海的寓所。据说，当时占领上海的日军某军将军企图诱使孔氏家族与日军讲和，提出要到孔夫人府上面见宋霭龄。平时连狗都害怕的霭龄却异乎寻常地对中间牵线的人说："我什么人都见，为什么不能见这位日本将军？你或许可以提醒他，我的性格非常直率。转告他可以来，如果他对侮辱不介意的话，他可以来。"这位日军头目自知是自讨没趣，放弃了探访的意图。

后来，三姐妹一起齐聚重庆，开展抗日救亡工作。1942年11月18日至1943年7月4日，宋美龄出访美国和加拿大，历时七个半月，往返行程五万余英里，足迹遍及华盛顿、纽约、芝加哥、三藩市、洛杉矶等地和加拿大的渥太华，一路受到热烈欢迎，在美国掀起了一阵"宋美龄旋风"，特别是在美国国会的演讲，为中国人民的抗日战争赢得了巨大的外交胜利。这是她一生的光辉顶点。

● 《孙中山》（上海人民出版社）

相关链接　○ 《跨世纪第一夫人宋美龄》 林傅文 著（时报出版）

● 《我的父亲蒋中正》（新大陆出版社）

▲ 年轻时代的宋庆龄(1893-1981)。　▲ 宋庆龄。

▼ 1917年，宋家的全家福照。前排：宋子安；二排左起：宋霭龄、宋子文、宋庆龄；后排左起：宋子良、宋嘉树、倪桂珍、宋美龄。

▼ 抗日战争时期，宋氏三姐妹在重庆团聚，一起接受记者采访时的一个场面。

▲ 宋庆龄在重庆慰劳抗日战士。
▼ 1932年，宋庆龄在上海视察战场后和19路军将领蔡廷锴的合影。

▲ 宋庆龄在香港组织的保卫中国同盟，经常以义演、义卖等方式，为抗日前线募集资金和物资。这是她在英国朋友约翰·桑勒克诺弗特捐助的救护车前留影。

▼ 宋庆龄在香港发起"一碗饭运动"，号召各界人士点滴捐助，救济抗日伤兵和难民。这是张贴于香港的宣传海报。

相关链接　　● 《纪念宋庆龄同志》 (文物出版社)
○ 《纪念宋庆龄诞辰一百周年书画作品选集》 宋庆龄陵园 编
● 《中华民族的抗日战争史》 (中共党史出版社)

▲ 1938年，宋庆龄在香港和保卫中国同盟中央委员会的委员合影。自右起：廖承志、法郎斯、克拉克、宋庆龄、廖梦醒、邓文钊、爱泼斯坦。

◀ 宋庆龄在重庆会见中印缅战区美军司令史迪威将军。经过宋庆龄的努力，史迪威同意帮助"保卫中国同盟"，将药品及救济物资运往延安和各抗日根据地，并从他管辖的军用仓库拨出一些药品和物资送给八路军和新四军。

▲ 广东省画家关曼青画的作品《举世同仰的宋庆龄》（现存于上海宋庆龄纪念馆）。

▼ 1939年4月，宋氏三姐妹一起视察重庆街市。这是她们从"中苏文化协会"走出来时的情景。

相关链接
● 《孙中山》（上海人民出版社）
○ 《跨世纪第一夫人宋美龄》 林傅文 著 （时报出版）
● 《我的父亲蒋中正》（新大陆出版社）

巴清正（1916-1938年）

　　吉林宾县人。空军第4大队第22队少尉队员。1938年2月18日，日机38架袭击武汉。巴清正等驾机与敌恶战12分钟，击落日机12架。但在战斗中，他和李桂、吕基淳、王怡、李鹏翔5人英勇献身。

罗芳珪（1907-1938年）

　　湖南衡东人。第89师529团上校团长。1937年8月，卢沟桥事变后，率部固守南口阵地，在血战中罗员重伤，该团大部分殉国。伤愈后，重上战场。1938年4月，所部在台儿庄与敌苦战，他再度负伤，仍裹创再战，直至饮弹成仁，该团也伤亡大半，但最后终于克复敌阵地。

65 开罗会议

关键词：《四国关于普遍安全的宣言》 开罗会议　《中美英三国开罗宣言》

　　由于中国人民进行的抗日战争在世界反法西斯战争中所起的重大作用和作出的贡献，中国的国际地位受到普遍重视。1943年10月30日，中国驻莫斯科大使傅秉常受权与苏、美、英三国外长莫洛托夫、赫尔和艾登签署了《四国关于普遍安全的宣言》。宣言指出，四国政府决心一致对它们现正与之分别作战的轴心国继续采取敌对军事行动，直至各轴心国在无条件投降的基础上放下武器为止。

　　莫斯科外长会议后，主要同盟国的政府首脑决定举行会晤。1943年11月22日至26日，美国总统罗斯福、英国首相丘吉尔和中国国民政府主席、国防最高委员会委员长蒋介石

▼ 开罗会议的会场——位于沙漠边缘的米纳饭店。

首先在埃及首都开罗举行会议，史称"开罗会议"。会议主要讨论了三国军队对日联合作战及战后对日处置的问题，并研究了作战计划，还讨论了滇缅公路对日作战问题。会议签订了《中美英三国开罗宣言》。会议之后，这份宣言被带到德黑兰，征求苏联政府首脑斯大林的意见。斯大林阅后也表示同意。于是，《开罗宣言》便于1943年12月1日公布于世。

　　宣言规定："我三大盟国此次进行战争之目的，在于制止及惩罚日本之侵略。三国决不为自身图利，亦无展拓领土之意。三国之宗旨，在剥夺日本自1914年第一次世界大战开始以后在太平洋所夺得或占领之一切岛屿，在使日本所窃取于中国之领土，例如东北、台湾、澎湖群岛等，归还中国。日本亦将被逐出于其以武力或贪欲所攫取之所有土地，我三大盟国轸念朝鲜人民所受之奴隶待遇，决定在相当时间，使朝鲜自由独立。"宣言还宣告，三大国"将坚持进行为获得日本无条件投降所必要之重大的长期作战"。《开罗宣言》此后成为战后处理日本问题的重要法律依据。

相关链接
● 《中国抗日战争图志》之"太平洋战争爆发和中国战区成立"
○ 《中华民族抗日战争史》（中共党史出版社）
● 《中国现代史资料选辑》（中国人民大学出版社）

韩云清（？-1943年）

湖北人。八路军冀中6分区区队长。率部坚持冀中6分区的游击战争。指挥平原小部队与敌进行短兵相接的白刃战，屡次以突然袭击给敌人以打击。1943年8月，在深县北冀龙战斗中壮烈牺牲。

1943年

当时世界	1月11日	美英宣布放弃在华特权。
	4月18日	日联合舰队总司令山本五十六丧命。
	6月30日	盟军发起新乔治亚群岛登陆战役。
	7月25日	墨索里尼倒台。
	9月8日	意大利投降。
	10月16日	英、美、中在重庆举行战略会议。
	10月19日	苏、美、英三国外长举行莫斯科会议。
	10月24日	中国驻印军开始缅北反攻作战。

▲ 参加会议的中、美、英三国元首和军事将领的合影。

◀ 英国《伦敦画报》1943年12月11日头版封面照片为开罗会议及相关报道。

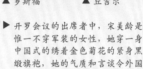

▲ 罗斯福　▲ 丘吉尔

▶ 开罗会议的出席者中，宋美龄是惟一不穿军装的女性，她穿一身中国式的绣着金色菊花的紧身黑缎旗袍，她的气质和言谈令外国人对中国刮目相看。

▼ 1943年11月22日，中、英、美三国首脑蒋介石、罗斯福、丘吉尔以及蒋夫人宋美龄在开罗会议期间会谈。

一寸河山一寸血

相关链接

● 《抗日战争正面战场》（江苏古籍出版社）
◐ 《重庆国民政府》（重庆出版社）
● 《抗日御侮》（黎明文化事业公司）

刘粹刚（1912-1937年）

　　辽宁昌图县人。空军第五大队，第24中队中队长。1937年8月16日，第5大队奉命轰炸上海虹口的日军兵营时，刘驾机掩护并首次击落日机1架。在多次激烈的空战中，创造了共击落敌机10架的纪录，成为空中英雄。同年12月16日，刘在执行任务时于黑夜迫降，不幸人机俱焚而殉国。

赵锡章（1907-1938年）

　　河北河间人。任陆军晋独立第3旅4团团长。参加过平型关战役和忻口会战。后因功升任第19军70师215旅少将旅长。1938年2月在晋西与日军作战时，旅指挥部被敌包围，与敌展开巷战。激战中身负重伤，仍指挥官兵作战。后因流血过多壮烈殉国。

66 战时经济

关键词：战时经济统制　战时财政金融
外汇管理　田赋征实　"减租减息"

　　抗战时期，国民政府为了适应战争环境需要，采取了一系列战时经济政策，包括战时经济统制，战时财政金融、外汇管理，田赋征实等政策，对发展大后方的生产和充实抗战实力，起到了重大的作用。

　　如对主要物资进行统制，是战时经济体制的一项重大措施，政府通过资源委员会统制钨、锑、锡等特殊矿砂和桐油、猪鬃、茶叶等的生产、收购和运销，在组织出口产品过程中，向苏、美、英等国换回20余亿美元的军火和物资；对国内主要商品：粮、油、棉

▲ 后方工厂，加紧生产前线所需物资。

▼ 战时我以桐油外销，争取外汇，充实生产设备和抗战物资。

▼ 云南省欢送青年出征的场面。注意背景布条上各同业公会的名字。

一寸山河一寸血

相关链接
● 《中国抗日战争图志》之"全国人民抗日救亡运动"
○ 《重庆国民政府》（重庆出版社）
● 《抗战时期重庆的经济》（重庆出版社）

范树民（1920-1938年）

河北省馆陶县人。抗日挺进大队大队长。1938年8月下旬，为配合武汉会战，抗日挺进大队等部向济南发起攻击，该部进驻齐河县坡赵庄时被敌包围。范树民率队员英勇反击时不幸中弹牺牲。

王鹏举（1897-1939年）

山东省蓬莱人。陆军第51军上校团长。1939年3月在山东奉命迎击由宿县南进之敌，不顾敌人炮火及飞机轰炸，率全团向敌冲杀，以掩护主力集中。激战中不幸阵亡。

▶ 广大农民节衣缩食，支援前线，这是他们在送军粮。

▶ 邮电工人抢修被日军炸毁的通讯线路，保证战时电报、电话的畅通。

▶ 大后方人民为前方部队制作的棉衣和草鞋。

纱布等采取统购统销，对盐、糖、火柴、烟类等实行专卖，从而保证军需民用、增加抗战财政收入和稳定市场。

抗战爆发后，因财政主要税源：关、盐、统税收入大大减少，而军事和经济支出骤增，收支极不平衡，财政问题非常严重，国民政府于是采取了增加税收、举借内外债、扩大发行通货等一系列措施。

在农业方面，《抗战建国纲领》中规定，要以"全力发展农村经济，奖励合作，调剂粮食，并开垦荒地，疏通水利"为中心工作。由于广大农民的努力，抗战时期大后方的粮棉产量有所增加，大体保障了战时的衣食之需，为支持抗战作出了贡献。与此同时，中共领导的各抗日根据地采取"减租减息"等政策和开发荒地的大生产运动，也同样有力地促进了生产，支持了前线。

▼ 敌机炸毁我交通线，此为员工正在抢修。

相关链接

● 《重庆人民对抗战的贡献》（重庆出版社）
○ 《中国抗日战争史》（解放军出版社）
◐ 《抗战时期重庆的兵器工业》（重庆出版社）

189

高志航（1908-1937年）

　　吉林通化县人。空军第4大队大队长。1937年8月14日，率队在杭州笕桥上空与日机作战，击落日机6架，并以0比3的战绩开中国空军击落敌机的先例。11月21日，在河南周家口机场遭日机扫射，中弹牺牲。

魏鸣宵（？-1938年）

　　山西人。陆军第69师416团上校团长。1938年11月，日军由临汾西窜，魏团长率部于襄陵堵击。12月23日，敌117联队分路西犯吕梁山，魏团阻击冲杀，伤亡惨重。27日，敌人不断增援，激战中中弹牺牲。

❻❼ 战时教育

关键词：内迁　战时教程　学术审议委员会

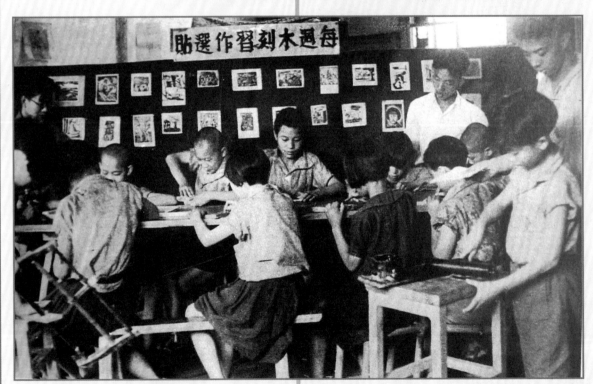

▲ 学生在制作版画，宣传抗日。

　　因近代以来，中国学生的爱国运动，大多与抗日有关。所以日本大规模侵华之后，曾用最大力量来破坏中国的教育基础，使很多学校遭到破坏。但是，中国的教育事业经过战火的锤炼，在危难中反而进一步成长起来。

　　大多数学校内迁西南之后，担任教育部长的陈立夫，采取了许多措施，改订教育制度及教材，进行战时教育，注重国民道德修养，训练各种专门人才以增强抗战力量，为战后

相关链接

● 《中国抗日战争图志》之"全国人民抗日救亡运动"
○ 《中华民族的抗日战争史》（中共党史出版社）
● 《中国现代史资料选辑》（中国人民大学出版社）

赵尚志（1908-1942年）

辽宁朝阳县人。北满抗日联军总司令，东北抗日联军第3军军长。1941年秋，赵尚志带领五个人的小分队重返东北，赵说："我死也要死在东北战场上。"1942年2月，在梧桐河分驻所2公里处，赵被混进队内的特务开枪致伤，赵回手打死特务后被俘。在分驻所，赵怒骂伪警汉奸后一言不发，直至牺牲。敌报告记载："其最后表现，真不愧为一个大匪首的尊严。"

郑茂咸

在战斗中牺牲的海军"民生"舰一等兵。

建设培养人才。同时，政府整顿高等教育，保存国家人才，为流亡学生设有贷金（以后又改为公费制度），对一般青年求学发挥了安定作用。教育界还克服经费和师资缺乏等各种困难，在大后方和中共领导的各抗日根据地，努力发展中等教育，使中等学校制度成为战时教育的特色之一，并尽可能地普及国民教育制度，如推行识字教育，利用电影、话剧、歌咏和巡回施教车教学等。

教育部还设立学术审议委员会，奖励学术研究和著作发明，注重研究时势实际问题。这些都对保存国脉，支持抗战，特别是战后经济建设，有着长期的深远的影响。

▲ 抗战时期，敌后的乡镇小学每日仍有升旗仪式。

▲ 西南联大学生，从长沙到昆明的内迁途中小憩。

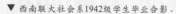

▼ 西南联大社会系1942级学生毕业合影。

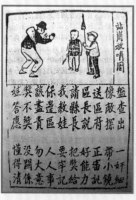

▲ 抗日根据地的课本内容。
右：抗日根据地开展识字教育。
右下为局部。
▼ 延安抗日军政大学学员的墙报。

相关链接

● 中国人民抗日战争纪念馆（北京）
○ 《抗战时期重庆的教育》（重庆出版社）
◐ 《卫国血史》（复旦大学出版社）

杨光泩（1900-1942年）

浙江湖州市人。中国驻菲律宾马尼拉总领事。1938年10月受命于危难之秋，在菲律宾等地募集捐款，宣传祖国抗敌形势。1941年12月，马尼拉危在旦夕，杨与馆员七人为掩护当地华侨及领事馆财产的转移，誓言"身为外交官，应负保侨重责，未奉命之前，绝不擅离职守"。马尼拉沦陷后，杨等八位中国外交官被日军拘捕，他们身遭严刑折磨，威武不屈，1942年4月17日，同被日军残杀。

莫介恩（1893-1942年）

广东宝安人。中国驻菲律宾马尼拉领事。1940年12月调任驻加拿大温哥华总领事馆领事，尚未赴任，太平洋战争爆发，为保护当地华侨，坚持不撤离，被日军拘捕。在狱中威武不屈，1942年4月17日，被日军残杀。

关键词：《中苏互不侵犯条约》《中美新约》
《中英新约》《联合国家宣言》

　　日本发动侵略战争后，中国政府对外政策的主要特点是，孤立日本，积极地寻求国际援助，建立世界反法西斯的统一战线。卢沟桥事变发生不久，1937年8月，和苏联签订了《中苏互不侵犯条约》，使日本在东北的关东军有所顾虑，不敢冒然倾巢南下。中国还派出外交使节，分赴英、美、苏等国及国联活动，例如宋美龄代表中国政府出访美国，在美国国会发表演讲，呼吁美国朝野支持中国抗战。

　　由于中国处在极端艰苦的环境中坚持抗战，也由于外交人员在国际舞台上含辛茹苦地不懈努力和申张正义，中国的国际地位日增。太平洋战争爆发后，西方对中国的作用有了进一步的认识，1942年1月1日中国和美国、英国、苏联、澳大利亚、比利时、加拿大等26个国家的代表在华盛顿举行会议，签署了反法西斯侵略的《联合国家宣言》。该宣言的签订，标志着国际反法西斯同盟的正式形成。此后不久，《中美新约》、《中英新约》等条约的签署。使中国摆脱了近代以来系列不平等条约的束缚，成为国际大家庭中平等的一员。《关于普遍安全的宣言》的签订标志着中国作为反法西斯四大国之一出现在世界舞台。开罗会议期间，中国与美、英就战后重建等重大国际问题交换意见。发表《开罗宣言》，中国大国地位进一步提高。

▲ 全面抗战开始后，中国将中日争端诉诸国联，要让世界各国认识日本侵华野心及对世界和平的直接威胁，争取大国的支援。这是1937年中国驻国联大会首席代表顾维钧（左一）等在国联办公室内的情景。

▼ 日本发动侵华战争后，国民政府下令召回驻日各领事馆，封闭中国驻日各领事馆。图示驻日大使许世英（中）转道香港回国时，与前往欢迎的香港同胞合影。

▶ 抗战初期，德国驻华大使陶德曼（左二），企图充当中日之间的调停者，后调停失败。1941年德国承认汪伪政权，中德断交。这是陶德曼在汉口的留影。

一寸山河一寸血

相关链接

● 《中国抗日战争图志》之"太平洋战争爆发和中国战区成立"
○ 《抗日战争时期中国对外关系》（中共党史出版社）
● 《谁为中国声辩》 尹家民 著 （解放军文艺出版社）

朱少屏（1882-1942年）

上海人。中国驻菲律宾领事。1940年临危受命，在当地与总领事馆同仁积极组织抗日救亡工作，并募集大批财物，支援国内抗战。1942年1月4日为日军所拘，威武不屈，同年4月17日惨遭杀害。

姚竹修（1906-1942年）

江苏苏州人。中国驻菲律宾总领事馆随习领事。曾在新加坡等地从事抗日募捐。1942年1月2日马尼拉沦陷后被日军所拘，威武不屈，同年4月17日遭日寇残杀。

▲1941年5月，国民政府林森接受大使高思递交国书后的合影，前排中为林森。

▲1942年10月，蒋介石在重庆会见美国总统罗斯福的特别代表威尔基。

▲1942年2月7日，蒋介石携夫人宋美龄和王宠惠等官员访问印度（中为印度总督林里资哥）。

▲1943年4月，蒋介石夫人宋美龄在美国洛杉矶召开记者座谈会，揭露日本的侵略罪行。

美在中华国的在的治一美
大中盛外九使订顿法四魏新签权三道约订，年明，新取一，取约消月左消，美十为中取国一中国消的日国驻中

▲《中美新约》的一部分内容。

◀外交部长宋子文在《中英新约》上签字。

▲萧东明　　▲杨庆寿　　▲王恭玮　　▲卢秉枢
（1910-1942）（1917-1942）（1920-1942）（1902-1942）

以上四位皆为中国驻菲律宾马尼拉总领事馆外交官员，1942年1月2日，马尼拉沦陷后，与总领事杨光洼等8人同时被日本拘捕，备受酷刑，始终不屈。同年4月17都被日寇秘密杀害。

▲1942年1月1日，中国和美国、英国、苏联、澳大利亚、比利时、加拿大等26个国家的代表，在华盛顿举行会议，签署了反法西斯侵略的《联合国家宣言》。这是与会代表的签名。

八路军总司令朱德发表《庆祝中美▶中英新平等条约》的文章。

慶祝中美中英新平等條約

▼1945年8月，毛泽东（中）、朱德（右一）、周恩来（左一）和张治中（右二）、美国大使赫尔利（左二）一起在延安合影。

相关链接

●《中国现代史资料选辑》（中国人民大学出版社）
○《中国抗日战争史》（解放军出版社）
●《中华民族抗日战争史》（中共党史出版社）

魏拯民（1909-1941年）

山西屯留人。东北抗日联军第2路军政委、中共东满省、南满省委书记兼抗联1路军总指挥。他长期抱病领导抗日游击战争。1941年3月8日，在吉林省桦甸县牡丹岭抗联密营中病逝。

武守中（ -1940年）

山西人。山西第4区保安上校副司令。1940年1月奉令移防，在临县卧虎沟附近与敌遭遇。武沉着指挥，奋勇冲杀，予敌重创。所部安然通过，但本人中弹牺牲。

1937.7.7 〈 **69 中国大后方** 〉 1945.8.15

关键词：云南 贵州 四川 西康 西藏 陕西
甘肃 宁夏 青海 新疆

在整个抗日战争时期，云南、贵州、四川、西康（旧省名，包括今四川省西部及西藏自治区东部地区）、西藏、陕西、甘肃、宁夏、青海、新疆都处于战争的大后方，大批军政机关、文化团体、工厂企业、大中学校、新闻出版、科研单位相继内迁到这里，一时人才荟萃，使原来较闭塞的大西南、大西北地方，特别是重庆、昆明等地顿时成为世界注目的地方。

大后方的各族人民对取得抗日战争的完全胜利作出了重大的贡献，也付出了巨大的牺牲。广大人民群众，特别是农民，节衣缩食，把儿女送上前线，鼓励他们英勇杀敌。

▲ 中国的驮马部队在崎岖的山路上运送各种抗战物资。

▲ 大西北人民组织各种运输队向前线运送抗战物资。

▲ 抗战时期，中国共产党在大后方广泛开展统一战线工作。这是邓颖超往返延安途中。

▲ 抗战时期，中国在大西北创办了著名的玉门油矿。

▼ 在大后方修筑机场时，士兵合力平整机场跑道的情景。

▼ 大西南的妇女为建造机场出力。

相关链接
● 《中国抗日战争图志》之"大后方与陪都重庆"
○ 《抗战时期西南的交通》（云南人民出版社）
● 《西南民众对抗战的贡献》（贵州人民出版社）

鲁雨亭（1899-1940年）

河南永城人。新四军第6支队第一总队队长。1940年3月13日，率部伏击敌"皇军慰问团"，大获全胜。4月1日，在位于永城、夏邑要道上的李黑楼被敌包围。所部在打退日军第5次进攻后，鲁率先向敌发起冲锋，在前进中头部中弹，捐躯沙场。

姚诚德（1903-1939年）

陕西蒲城人。陆军第33集团军骑9师3团上校团长。1939年随枣会战中，姚率部插入敌后，分段袭击日军运输部队，给敌以重创。敌急调空军和炮兵配合，疯狂反扑，在激战中姚中弹牺牲。

仅四川一省，在抗战中就应征302万人，其中为国捐躯者达26万多人。在西南、西北地区开展的抗日救亡运动，更是全民响应，声势浩大。无数个团队，如"抗日宣传队"、"战地服务团"、"抗敌后援会"、"怒吼剧社"，甚至"孩子剧团"，纷纷成立起来，走向各地，奔赴前方。大后方新辟的著名的滇缅公路、雷多公路、驼峰航线以及兰新公路，把中国人民的抗日战争和世界反法西斯的斗争直接联系在一起。

▼ 抗战期间，大后方的各族父老乡亲付出了巨大的牺牲，特别是将自己的儿女送往前线，鼓励他们英勇杀敌。仅四川一省应征者302万人，其中很多人献出了自己宝贵的生命，这是军人家属。

▲ 彝族同胞为军运劈山开路，支援前线。这是他们在接受战时军事知识。

▼ 同左图。这是大后方的军人家属。

相关链接

● 《抗日战争时期四川大事记》（华夏出版社）
○ 《大西南的抗日救亡运动》（重庆文史书店发行）
◉ 《抗战时期内迁西南的工商企业》（云南人民出版社）

195

库里申科（1903-1939年）

　　格里戈里·阿基莫维奇·库里申科，苏联空军志愿队少校。1937年来华援助中国抗战，任重型轰炸机大队长。1939年10月14日，在轰炸日本军事据点的战斗中，座机受损，返航时迫降在四川省万县附近的长江中，不幸牺牲。

马隆·鲍特（？-1942年）

　　马隆·鲍特(Marion Baugh)是美国援华空军志愿队（飞虎队）队员。1942年1月4日，在昆明附近执行任务时不幸遇难。他的母亲在给中国外长宋子文的信中写道："我给了中国一个无所畏惧的年轻人，他忠于职守，继承了前辈的传统和观念。"

1937 　〈　**⑦ 苏美援华志愿空军**　〉　1945

关键词：苏联援华空军志愿队　"飞虎队"
美国援华空军志愿队　14航空队

　　在中国上空与日寇进行的大空战中，除我年轻的空军健儿外，还有苏联和美国援华空军志愿队参加。这个共同斗敌的空中战场更加震撼人心。

　　当中国空军的抗战处于最艰苦的时刻，苏联给予了援助。据不完全统计，从1937年底到1942年的4年中，苏联共派遣了二千多名志愿航空人员，支持了5批共785架飞机，轰炸机大队长库里申科、战斗机大队长拉赫曼诺夫等二百多名苏联志愿空军人员为中国抗日先后献出了宝贵的生命，把他们的热血洒在灾难深重的中国土地之上空。

　　美国援华空军志愿队的名字，始终是和

▲ 战斗执勤中的中苏飞行员。

▲ 中、苏飞行员在汉口机场。

▲ 陈列于美国航空博物馆的美国援华空军志愿队"飞虎队"的战机。

▼ 在香港九龙上空飞行的"飞虎队"飞机。

◄ "飞虎队"迎战日机的漫画。

相关链接　　● 《中国抗日战争图志》之"空军御敌"
　　　　　　○ 《中国抗日战争时期》（三联书店）
　　　　　　● 《陈纳德将军传》（沈阳出版社）

约翰·派趣(? -1942年)

约翰·派趣(John Petach)是美国援华空军志愿队(飞虎队)队员。1942年7月0日,在南昌附近与日军作战,不幸被敌弹击中牺牲。他的女儿于1943年2月17日出生。

阿列克·谢尔盖耶维奇·布拉戈维申斯基

苏联援华志愿空军武汉区歼灭机组指挥员。在中国的空战中,曾先后击落7架日本飞机。

▶ 陈纳德(1890-1958年)
1937年来华任中国航空委员会顾问,他不怕挫折,主持正义,于1941年终于组成美国援华空军志愿队(飞虎队)助华抗日,战功卓著,后为美国驻中国空军司令。
▼ 美国空军志愿队的部分飞行员。

▲ 我地勤人员和美国飞虎队员在一起,其背上有国民政府发给的识别标志,以便一旦战斗中落入沦陷区时,我同胞能予以救护。标志见右图。

▲ 美国第14航空队轰炸敌战区的目标。

◀ 1944年8月,新四军第4师师长张爱萍(左三)与被我营救的5名美国飞行员合影。

陈纳德将军联系在一起的。早在1937年4月,陈纳德就来到中国,担任中国空军的顾问,帮助训练中国飞行员、建筑机场及组织无线电防空警报网。1941年6月,他建立了一支在机头上画着大嘴巴鲨鱼的"飞虎队"。

同年12月20日,美国志愿航空队在昆明指挥首战告捷,一举击落敌机9架,英名大震,从此使日寇丧胆。1942年以后,美国增强了在中国战区的空军力量。1943年,原来的美国志愿航空队正式编成美空军第14航空队,并组建了中美混合团。中、美空军共同

使用南雄、柳州、桂林、遂川、赣州、衡阳、邵阳、芷江、老河口、恩施、新郑、西安和汉中等第一线野战机场,并在成都部署了当时被称为空中堡垒的B-29型战略轰炸机。从这些基地上起飞的中、美机群,不断袭击日军战役纵深与战略纵深的重要军事目标,包括远至日本本土、中国台湾和在海上航行的日本舰船,胜利地夺去日本在中国战区的空中优势。

● 中国第二历史档案馆(南京)

相关链接 ○《飞将军陈纳德回忆录》(浙江文艺出版社)

○《陈纳德将军与我》陈香梅 著 (传记文学出版社)

陈纳德和陈香梅

▲ 陈纳德在美国阿拉巴马州马克斯威尔机场的留影。　▲ 陈香梅，美籍华人，是著名的作家和社会活动家。

▲ 抗战时，陈香梅作为"中央社"的记者第一次采访陈纳德时的情景。

▼ 陈纳德组织的美国援华空军志愿队，被中国人誉为"飞虎队"。

陈纳德和陈香梅

陈纳德在中国抗战时期几乎无人不晓，他是帮助中国的飞将军。陈香梅是当时的著名女记者。她生于北京，儿时曾在东华门大街孔德小学读书。1935年父亲出任驻美国新墨西哥州领事，姊妹六人随母亲廖香词移居香港，就读于圣保罗书院和岭南大学。香港沦陷时，她作为一个流亡学生迁徙内地入大学，1944年参加中央通讯社昆明分社。那时，美国援华第14航空队指挥官陈纳德将军也驻昆明，因工作关系彼此相识，渐渐友情加深，抗战胜利后，在上海结成伴侣。

陈香梅和陈纳德，人间小聚前后不过十年，十年岁月不算长，但她与一个充满正义感的军人和英雄作伴，是中国抗日战争悲壮史诗中的一段美丽传奇。

1945年，在抗战胜利前夕，陈纳德奉命回国时，重庆、昆明等城市的民众倾城欢送，万人空巷，表达了中国人民对他的无限敬意。

陈纳德出生于美国得克萨斯州的考麦斯。他原本对参与建设一支世界上独一无二的美国空军充满希望。可是，他在1937年应邀到中国训练空军时，在南京目睹日军疯狂的轰炸，被中国政府和民众抗战到底的精神所感动，于是决心留在苦难的中国，帮助中国抗战。本来他的护照只三个月期限，可是因为抗日的需要，一直延长到八年。由于日本政府因其空军最初在中国遭受严重打击，于是它向美国要求，把美国在华空军人员调离中国。美国国务院接受了日本的要求，通知陈纳德及其助手回国。但是，陈纳德对上海的美国领事克雷伦士·高思的警告毫不理会。高思无可奈何，便派上海的美国侨民会长带领武装人员拘捕陈纳德，甚至要求军事法庭审判和剥夺他的公民权利。陈纳德请他的朋友向美国领事转达说："只要中国境内的日本人有一天都被驱出，那我就会很乐意地离开中国。"后来，由于他的朋友端纳知道高思的威胁，设法保护陈纳德，才使美国侨民会长无法拘捕他。在中国抗战最艰苦的年代，陈纳德还从中国返回美国组织空军志愿队，尽管在美国受到许多压力和阻挠，但他绝不妥协，经过几番波折，志愿航空队终于成立了。1941年12月20日，首战告捷。十架来袭击昆明的日机，被他指挥的志愿队打下九架。从此人们尊称美国志愿队为"飞虎队"。这是中美空军紧密合作的结果，也是中美合作光荣的一页。据陈香梅说："陈纳德将军从来不喜欢夸耀自己在战时的功绩，但常常给我们讲述在战时中美合作的感人故事。那些生动的事实充分代表中美两国的互助精神，这种精神是纯正的友谊的真谛。"

陈纳德将军于1958年7月27日在新奥尔良病逝，终年68岁。他安葬在著名的阿林顿公墓内，上面有中文写的"陈纳德将军之墓"，这是阿林顿公墓中惟一的中文文字。陈香梅现为国际合作委员会主席。

一寸山河一寸血

相关链接
- 《陈纳德将军与我》陈香梅 著 (传记文学出版社)
- 《陈纳德与陈香梅》(云南人民出版社)
- 《陈纳德将军传》(沈阳出版社)

▲ 陈纳德的油画像。陈纳德是中国人和美国人心目中共同的英雄。

▲ 抗战时，陈纳德和蒋介石、宋美龄经常在一起研究对日空战。
▶ 陈纳德的肖像照充满英雄气慨。

▼ 陈纳德和他的"飞虎队"队员们在一起。

▲ 抗战时，陈纳德在中国仰望蓝天，观察飞行，立志把日本侵略者赶出中国。

▲ 陈纳德和陈香梅婚礼时的情景。
◀ 陈纳德和陈香梅结婚时的合影。

▼ 陈纳德和陈香梅在一起的幸福时光。

▼ 陈纳德和陈香梅以及他们的两个女儿在一起的合影。

▼ "飞虎队"的标志。

▼ "飞虎队"的旗帜。

● 《追逸曲》 陈香梅 著 (武汉出版社)
○ 《飞将军陈纳德回忆录》 (浙江文艺出版社)
● 《往事知多少》 陈香梅 著 (武汉出版社)

相关链接

199

董瀚（1908-1943年）

河北大名人。陆军第200师少将团长。该师历次攻坚克险，战果辉煌。董团长于空运还师之际，不幸因飞机失事，在滇西芒市牺牲。

小弗兰克·谢尔（ -1943年）

小弗兰克·谢尔（Frank Shchiel Jr.）是美国援华空军志愿队（飞虎队）队员，曾击落7架日机。1943年，继续与中国空军并肩战斗。12月22日，在一次空战中不幸壮烈牺牲。

71 冲破封锁线的"驼峰航线"

关键词：喜玛拉雅山 高黎贡山 横断山 萨尔温江 怒江 澜沧江 金沙江

▲ 运输机飞越喜玛拉雅山脉时的情景。

▼ 保护机场的高射炮部队。

　　1942年6月，中国大后方通向外部世界惟一的国际信道滇缅公路，被日军完全截断。惟一的选择，就只有飞越喜玛拉雅山的空中信道。驼峰航线就这样诞生了。因这条航线飞行艰难，且牺牲的人员很多，当时人们称这条航线为"空中地狱"。

　　航线西起印度阿萨姆邦，向东飞越喜马拉雅山、高黎贡山、横断山、萨尔温江、怒

相关链接
● 《中国抗日战争图志》之"空军御敌"
○ 《中华民族抗日战争史》（中共党史出版社）
● 《中国现代史资料选辑》（中国人民大学出版社）

小罗伯特（ -1942年）

小罗伯特(Robert Little)是美国援华空军志愿队（飞虎队）队员。曾多次完成飞越敌占区的任务，并击落过10架日军的战斗机和轰炸机。1942年5月22日，在怒江上空与敌作战时不幸阵亡。

▲ 我运输机飞越"驼峰航线"，运送抗日物资。

▲ 北京航空博物馆内陈列的当年飞越"驼峰"的运输机。

▲ 飞越"驼峰"的运输机。

▲ 位于昆明附近的羊街机场。

▼ 飞临中国乡村上空的飞机。

▲ 援华盟军的军事、外交人员和各种物资飞越喜玛拉雅山。这是机舱内的情景。

江、澜沧江、金沙江，直至中国的云南和四川。航线全长约500英里，山高均在4500至5500米上下，最高处达海拔7000米，峡谷深涧，山峰起伏连绵，有如骆驼的峰背，故而得名"驼峰航线"。

"驼峰航线"除了山峻江险外，还有气候恶劣和日机拦截的危险。在第二次世界大战中，美国在亚洲战场共损失3603架飞机，而在"驼峰航线"上，损失的飞机就达四百多架。从1942年5月到1945年9月，中国航空公司的飞机共飞越驼峰8万架次，运送乘客三万三千多人；由中国空运到印度的物资有二十四万七千多吨，由印度空运到中国的物资有五十万八千余吨；美国空运总队中印联队共运送了65万吨物资。驼峰空运冲破了日军大规模的侵略和封锁，担起了盟国人员的交流和武器的补给重任，在稳定亚洲战场和反法西斯的战争中，起了重要的支持作用。

相关链接

● 《抗日战争时期中国对外关系》 (中共党史出版社)
○ 《重庆国民政府》 (重庆出版社)
● 《中国大空战》 王苏红 王玉彬 著 (昆仑出版社)

201

李　白（1910-1949年）

湖南省浏阳县人。中共地下党员。1937年抗战爆发后被派往上海。他长期坚持地下电台工作，保持中共上海地下组织与中央的电讯联系，及时地向中共中央传达重要的军政情报。1942年和1945年曾被日本侵略者逮捕，在狱中备受酷刑，始终坚贞不屈。

关　露（1907-1982年）

河北宣化人。中共党员。1939年秋开始参加隐蔽斗争，打入日伪特工总部76号魔窟，1942年，进入由日本海军出资兴办的《女声》杂志工作，并以此为掩护，收集侵华日军的情报，直到胜利。

⑦² 谍报战线上的斗争

关键词：情报　制造事端　争霸太平洋

　　从中日甲午战争前后到第二次世界大战结束，这半个多世纪里，是日本觊觎海外领土，加紧侵略扩张的时期。它的谍报活动也达到了"鼎盛"阶段。这一时期，他们有计划、有部署，不遗余力地搜集各种情报、阴谋策划、制造事端，所有这些重大行动都直接服务于侵略中国和争霸太平洋的目标。

　　面对日本帝国主义的狂妄野心和侵略行径，不屈不挠的中华儿女除了在战场上与敌人血肉相搏外，还在无形的、隐蔽的战线上与敌人展开了机智、勇敢、针锋相对的斗争。这中间，有共产党人、国民党人，也有其它党派的人士和无党无派的普通爱国者。还有许多自发自觉地投身这条战线的人。他们有的在敌人心脏活动；有的往来于险象丛生的营垒；有的昼夜侦听、破译敌人的密电；有的归纳敌情，提供重要建议。在漫长而艰苦的抗日岁月里，中国许多政策、战略的制定，许多重大战役的展开，以及对侵略者无数阴谋的揭露，往往联系着在无形战线上比拼的英勇儿女的情报，及其对祖国的赤胆忠心。

　　在这条战线上，中华民族的英雄儿女，创造了无数可歌可泣的业绩，许多人甚至慷慨地献出了自己的生命；而且，他们中许多人更是无名英雄。

▼ 战时负责向各国通电的电台之一真如国际无线电台。

▼ 1944年美空军第14航空队派情报组到大悟山和新四军情报处建立了情报协作关系。这是第5师师长李先念(前排左三)和美军情报组成员的合影。

相关链接　　● 《中国抗日战争图志》之"无形战线"
　　　　　　　○ 《良友》1937年
　　　　　　　● 文献：《不寻常的封面女郎》 (马国亮)

李洛夫

1941年香港沦陷后，他（时16岁）即以抗日为己任。先参加游击队，在第七战区工作。后参加反间谍工作，破获了混入我空军机场工作的美籍日本女间谍以及一个在中国寺庙内做了二十多年和尚的日本间谍。

郑文道

中共地下党员，负责联系日本情报机关"满铁"上海事务所，1942年被捕受审时跳楼牺牲。

阎宝航　1941年6月16日，中国共产党将情报人员阎宝航获取的德国进攻苏联的情报电告共产国际，并通过季米特洛夫转交斯大林。

池步洲　1942年12月初，中国国民党将情报人员池步洲（"军委技术委员会"主任专员）破译的日本偷袭珍珠港密电，告知美方。

◀ 戴笠，国民政府军事委员会调查统计局局长。是中国政府负责情报工作的主要官员之一。

▼ 李香兰，日本人，原名山口淑子，著名女演员、女歌手。在日本侵华期间，日本国利用她的身份并以中国人的面目来推行其"大陆文化政策"。战后，她说：我当时还是一个不懂事的少女，可是我也和"满洲国"同样，是日本人一手炮制的中国人。每当我想起这件事，就感到痛心。

▲ 梁肃戎（1920-2004年）辽宁省昌图县人。1939年在长春参加国民党，通过司法考试，进入司法界，以司法官身份为掩护，进行抗日地下情报工作。他的太太也协助他做地下工作，这是他们当时的结婚照。

▲ 女英雄郑苹如　她原是一位法官的女儿，为了执行上级计划，铲除卖国求荣的汉奸，打入上海敌伪魔窟76号。不料事机不密，被日军拘捕，壮烈牺牲。

◀ 曾"受日本政府之命藏身匿迹，以制造攻击中国政府籍口"的日本驻南京领事馆主事藏本英明。这是他被中国宪警寻获时的情景。

相关链接

● 《中日间谍大搏杀》（九洲图书出版社）
○ 《日本特务在中国》（团结出版社）
● 《隐蔽战线大写真》（中国文史出版社）

一寸山河一寸血

日本女间谍
一川岛芳子

▲ 川岛芳子（1906-1948年）。

▲ 川岛芳子1945年10月被逮捕在押时的照片。

▲ 川岛芳子与日本军、政界重要人物头山满夫妇及小方八郎的合影。

▼ 心怀鬼胎的川岛芳子的养父川岛浪速及夫人福子。

川岛芳子1906年出生，是清朝末年肃亲王善耆的第14个女儿，原名爱新觉罗·显纾，汉名金璧辉，是二十世纪三四十年代有名的国际女间谍。

1912年，肃亲王与日本著名间谍川岛浪速相互勾结，把6岁的显纾托付给川岛浪速后，不久病死。

1913年春天，川岛浪速携显纾回到日本长野县，收作养女，取日本名川岛芳子。川岛浪速是个地道的衣冠禽兽，在川岛芳子十五六岁时，他想纳川岛芳子为妾，使川岛芳子精神受到刺激，曾开枪自杀未遂，使她形成怪异的性格和变态心理。川岛浪速不仅要把显纾当作摇钱树，还企图利用她的满族血统，将其作为政治投资的工具。显纾在日本的14年里，事事须按养父的旨意去做。川岛浪速要显纾着男装，取名金太郎，不许她与任何外人接触，要她长大后要尽忠于养父的国家，显纾完全成了一具玩偶。

1927年11月，川岛芳子突然同蒙古王巴布扎布的次子甘珠尔扎布结婚。这桩婚姻属日本军方设下的美人计，意在和蒙古王勾结搞满蒙独立，随着满蒙独立运动的失败，她于三年后离家出走。

1931年，经日本特务从中牵线，川岛芳子与潜伏在上海的日本间谍田中隆吉挂上钩，在其指挥下从事了一系列的间谍活动。

1932年1月，川岛芳子奉日本间谍头目之命，在上海挑起"事端"，派人袭击路过上海三友公司的日本和尚。接着，日本侨民组织把拥有一千多工人的三友公司的厂房全部烧毁，十几名工人被打死，几百名工人被打伤。日本政府便利用这一事件，以"保护"日本侨民为名，派兵进驻上海。1月28日，日本军队以猛烈的炮火，进攻上海，日本蓄谋已久，由川岛芳子一手制造的"上海事件"终于发生了。

1937年，这时的川岛芳子，30出头，风华正茂，长得如花似玉，待人接物风情流露。从这时起，她直接为日本军事当局所利用，成了一个为虎作伥的间谍。

以后，川岛芳子又遵照伪满洲国军政部第一任最高顾问多田骏少将的旨意，组织了一支3000人参加的"安国军"，自称司令，帮助关东军"平定土匪"、"巩固满洲"。但是，这支"安国军"本身就是土匪，所到之处，烧杀奸淫，无恶不作，后来，关东军认为有损于自己的名誉，将该组织解散。

1945年，日本宣布投降后，这个中国头号女汉奸、日本女间谍川岛芳子终于被国民政府逮捕。

1947年10月22日，军事法庭宣布判处川岛芳子死刑，其罪行为：

一、被告身为中国人，但勾结、投靠日本，是为汉奸罪。

二、被告同日本特务田中隆吉关系密切，并接受其任务，在上海、天津、北平等地进行间谍活动，是为间谍罪。

三、协助婉容出逃"满洲"，参与建立"满洲国"的阴谋。

四、在上海策划"事端"，直接引发了"上海事件"。

五、组织"安国军"，听命日寇，为虎作伥。

1948年3月，川岛芳子被执行死刑。

死前，她有反悔之意，写了很多材料，但为时已晚，且其罪行历历在案，属罪有应得。她留下了两纸遗书，其中一纸上写着"父亲大人：终于3月25日的早晨执行了，请告诉青年们永远不止地祈祷着中国之将来，并请到亡父的墓前，告诉中国的事情及我亦将于来世为中国而效力"。

3月25日，于北京陶然亭姚家井监狱南墙下执行枪决。

相关链接

● 《中国抗日战争图志》之"无形战线"
○ 《川岛芳子的惊人秘闻》牛山憎 编（经建信息[集团]有限公司出版）
● 《世界间谍绝密档案》（吉林摄影出版社）

▲ 川岛芳子和日本军人在一起的合影。日本驻华北派遣军司令多田骏，驻华中最高指挥官烟俊六，驻上海海军特务机关长玉誉志天、关东军参谋长笠原竹雄等都与她勾搭成奸。连素以严肃军人著称的冈村宁次到华北时，也马上给她打电话调情。当时华北最大的汉奸王克敏对她半恭半敬到可笑程度，她去王那儿可以长驱直入，而王要见她时得先通知，得以允许方能前往，由于她的特殊地位，许多汉奸都投到她门下要官做。

▲ 川岛芳子六岁时的照片及长大后各个时期的打扮。她一生极好虚荣，爱出风头，生活糜烂，是报纸杂志上的新闻人物。不论政界、军界、文艺界、工商界，只要是名人，她都设法结交。

▼ 1927年11月，川岛芳子按照日本军方的意图，与蒙古王巴布扎布的次子甘珠尔扎布结婚，她看上的不是这位王子，其用意在和蒙古王勾结搞满蒙独立，另外她还幻想着将来的皇位，以便复辟清朝。这是他们在旅顺摄的结婚照。

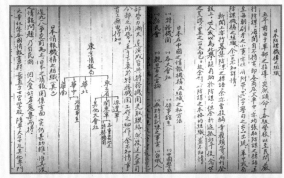

▲ 川岛芳子《自白书》中的一部分内容。

▼ 1948年3月25日，川岛芳子被执行死刑后，检验员进行鉴定时的情景。

《中日间谍大搏杀》（九洲图书出版社）

相关链接　《日本特务在中国》（团结出版社）

《隐蔽战线大写真》（中国文史出版社）

205

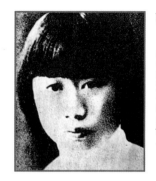

郭 亮（1921-1938年）

　　湖北大冶县人。中共湖北大冶县委宣传部长。1938年，根据党组织的指示到大冶县等地组织民众进行抗日宣传。一天，敌人包围了县委，郭亮等人遭逮捕。敌人对他们进行严刑拷打，软硬兼施，但他们坚贞不屈。最后，敌人将郭亮拖到一块大石头上，用刀割下了她的头。

吴 明（1917-1943年）

　　河北霸县人。中共临清县委书记。抗日战争爆发后，到冀南抗日根据地工作。1942年10月10日，在河北钜鹿县赵庄被捕，受尽严刑拷打，宁死不屈。1943年10月31日，在巨鹿县城内英勇就义。

73 中国的沦陷区

关键词：半壁江山 "大东亚共荣" 奴化教育
　　　　军 宪 警 特

▲ 沦陷区遍地哀鸿，我同胞处于水深火热之中。

　　日本军国主义自1931年制造"九·一八"事变、侵占东北三省后，疯狂地扩大侵华战争，直至占据中国半壁江山。在被日军占领的中国沦陷区中，人民在政治上绝无自由。日伪军、宪、警、特，在任何地方都可以搜查、逮捕、侮辱和杀害中国人民。在沦陷区的人民生命财产毫无保障外，人的尊严与隐私权更是遭到无情践踏。其中，难以数计的

▼ 日军所到之处，一片废墟，多少人背井离乡！多少人家破人亡！

相关链接　　● 《中国抗日战争图志》之"沦陷区人民的血泪"
　　　　　　○ 《中国抗日战争时期》（三联书店）
　　　　　　● 《中华民族抗日战争史》（中共党史出版社）

马本斋（1902-1944年）

河北献县人。八路军回民支队司令员。抗战爆发后，在家乡组织回民支队，抗击日寇。1938年初，率部参加八路军，转战冀中和冀鲁豫地区。1942年任八路军冀鲁豫军区3分区司令员兼回民支队司令员。1944年2月7日，在山东莘县病逝。

刘芹生（1913-1944年）

河北馆陶县人。八路军第129师8旅组织科长。1942年在肥乡开展群众工作时，不幸遭敌袭击被俘。他在狱中坚贞不屈。1944年9月被敌人活埋，在刑场上，大义凛然，高呼抗日口号。

中国女性，包括老妇和幼女，还惨遭凌辱、强奸或集体轮奸，其惨状决非笔墨所能表达。邮电机关不断随意检查信件；对所谓"思想不良"的中国人也可以不经正式程序严刑审讯，迫害致死。在经济上，由于日军的掠夺和焚烧，沦陷区粮食匮乏，粮价飞涨，大中城市都实行粮食配给制。群众普遍挨饿，冻馁而死的人屈指难数。在文化上日伪强硬推行奴化教育，将中国原有的宣传出版机关、学校和图书馆等，或破坏，或改组，还残杀坚持抗日的学生、教员和其它知识分子。他们列日语为各级学校的必修课，强迫使用他们所编的宣传"大东亚共荣"思想的教材，删去历史和地理中激发爱国思想的内容，妄图使中国青少年都成为侵略者的"顺民"。日伪还暗中大量劫掠中国文化资料和历代珍贵文物运往日本，使中国文化事业蒙受了巨大的损失。

此外，日本侵略军为了支撑太平洋战争的消耗，对中国的人力和物产资源也竭尽了掳掠之能事。他们到处驱逼沦陷区人民，修造各种军事工程和铁路，或将之赶到工厂和矿山，进行生产与开挖矿产。一旦事成之日，就加以秘密杀害，留下白骨枕藉的"万人坑"。据不完全统计，全国九百三十余座城市曾被侵占，其中大城市占全国的80%以上。全国直接蒙受战争祸害的灾区人口达二亿六千万以上，流离失所、饥寒交迫的难民难以计算。中国人民在这场战争中伤亡达三千五百万以上，直接、间接财产损失六千多亿美元。

▲ 日军在沦陷区张贴的布告。

▼ 日军把所杀的我同胞的首级挂起来示众。

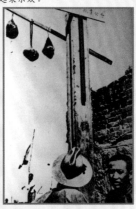

▼ 日军在沦陷区的学校推行奴化教育。

相关链接

● 《侵华日军暴行总录》（河北人民出版社）
○ 《战时日本贩毒与"三光作战"研究》（江苏人民出版社）
● 《罪行 罪行 罪责》（辽宁民族出版社）

张 雁

1937年11月8日，在上海佘山天主堂边的小河旁，被日寇砍下一小半的头颅(自右耳根后到左鼻根下)，后被救活，参加新四军抗日。

无名氏

一个被日寇逮捕的同胞，临刑前，怒斥日军的愤怒表情。

74 日军的大屠杀

关键词：刺杀 活埋 砍头 火烧 喂狗 冻死
饿死 溺死 电死 开膛挖心……

日本侵略中国，是历史上屠杀中国人民规模最大，手段最狠毒、制造暴行最多，给中国人民造成灾难最深重的一次战争。

在这场战争中，日本侵略军对中国人民实行了灭绝人性的屠杀。除了震惊中外的南京大屠杀外，他们还在东北、华北、华东、华中、华南等地区，制造了大大小小无数惨案。成千上万的无辜人民惨死在侵略者的屠刀之下。日本侵略军违背国际公法，屠杀手无寸铁的居民，屠杀被俘的官兵，屠杀老人、妇女和儿童。日本侵略军屠杀中国人民的手段极其残忍，除枪杀外，还有刺杀、活埋、砍头、火烧、喂狗、冻死、饿死、溺死、电死、开膛挖心等等，其惨无人道、灭绝人性达到了登峰造极的地步！日本侵略军在中国的土地上组建规模庞大的细菌部队，生产细菌武器，用活人进行细菌试验，以细菌战及化学战屠杀中国人民。日本侵略军对中国人民的残酷屠杀暴行，在人类文明史上留下了最黑暗、最丑恶的一页。

在那个血洗中华大地的黑暗年代，侵华日军一次屠杀我同胞几人、几十人、几百人、几千人甚至数万人的惨案，何止千万件！以中国敌后战场为例，在八年抗战中，日军屠

▲ 侵占台湾的日军所砍杀的雾社高山族同胞的头颅，堆积如山。

▼ 侵华日军在南京进行大屠杀的情景。

相关链接

● 《中国抗日战争图志》之"沦陷区人民的血泪"
○ 《日本侵略军在中国的暴行》 (解放军出版社)
● 《侵华日军大屠杀实录》 (解放军出版社)

李凤芹

1932年9月，"平顶山惨案"幸存者。

李连贵

1932年9月，"平顶山惨案"幸存者。

▲ 在辽宁凌源被日军杀害的我同胞的头颅。
▼ 侵华日军的头目及其一伙。

▲ 湖北黄陂县、刘店县遗留的被日军杀害的中国人的骸骨。

▼ 抚顺"平顶山惨案"日军肆暴现场。 ▼ 被日军杀害的同胞头颅。

▼ 日寇用尽了各种灭绝人性的残酷手段，残杀我同胞，制造了无数的惨案，中华大地到处都有日本法西斯暴行下的冤魂。

杀敌后解放区人民达数百万人，据不完全统计：晋绥边区有15万人被杀，晋察冀边区有48万人被杀，冀热辽边区有35万人被杀，晋冀鲁豫边区有98万人被杀，山东区有90万人被杀，苏皖边区有24万人被杀，中原边区有7万人被杀……如果加上敌占区被屠杀的人数就更多了。据统计，在抗日战争中，中国人民伤亡三千五百多万人，其中大多数是中国城乡手无寸铁的平民百姓，包括老弱妇孺在内。日本军国主义在中华大地上犯下了不可饶恕的滔天罪行，对中国人欠下了永世难忘的血债。

相关链接

● 《侵华日军暴行总录》（河北人民出版社）
○ 《战时日本贩毒与"三光作战"研究》（江苏人民出版社）
● 《罪行 罪行 罪责》（辽宁民族出版社）

一寸山河一寸血

抗战中的老百姓

抗战中的老百姓

75 日军的无差别轰炸

关键词：国际公法　狂轰滥炸　精神威胁
"战略要地实施轰炸"

▲ 1940年1月，正飞向兰州，准备轰炸的日机。

1923年的国际空战规则规定：禁止以对平民造成恐怖、破坏或损害非军事性质的私人财产、或伤害非战斗人员为目的的空中轰炸；禁止对不紧接地面部队作战地区的城市、市镇、乡村、居民点或建筑物进行轰炸。

但是，日本侵略军在侵略中国期间，公然蔑视国际法规，频频出动飞机对中国城乡实施狂轰滥炸，给中国人民的生命财产造成巨大损失。

据当时的统计，日机对粤、豫、赣、桂、浙、闽、皖、湘、陕、鄂、川、甘、滇、青、黔、康16省的轰炸次数，1937年为1269次，投弹10740枚；1938年为2335次，投弹49752枚；1939年为2613次，投弹58922枚；1940年为2069次，出动轰炸机12767架次，投弹51118枚；1941年为1858次，出动轰炸机12181架次，投弹43033枚。对冀、晋、鲁、苏、察、绥六省的轰炸次数，因极其频繁，难以准确统计。

武汉、广州失陷后，日军大本营决定对中国的"战略要地实施轰炸"。所谓战略要地，是指大后方的城市。根据这个决定，侵华日军开始大力扩编轰炸机部队，着手修整汉口和运城的航空基地，组织远程轰炸和战略要地轰炸的训练，很快就开始了对大后方城市连续不断的狂轰滥炸。

日军狂暴地轰炸城乡平民和非军事目标，其目的在于毁灭城乡，给中国人民制造恐怖感，妄图使中国人民屈服，接受日本的殖民统治。侵华日军华中方面军参谋长吉本贞一在1939年7月24日的形势判断中曾写道："陆军航空部队对（中国）内地重要地点进行攻击，为的是威胁敌军及人民，使其酝酿厌战与和平的倾向，对于内地进攻作战所期望的效果，与其说是直接给予敌军及军事设施的物资损失，毋宁是予敌军及一般民众以精神

相关链接　● 《中国抗日战争图志》之"沦陷区人民的血泪"
○ 《日本侵华图片史料集》（新华出版社）
● 《重庆大轰炸》（重庆出版社）

抗战中的老百姓

抗战中的老百姓

上海

湖南大学

重庆

贵阳

上海商务印书馆

天津南开大学

上海龙华寺

郑州天主教堂

南昌

福建马尾造船厂

失去亲人的妇女

河北沧县

▲ 民房、工厂、学校、医院、寺庙、教堂都遭日寇轰炸，到处血迹斑斑，到处断梁折栋，一片瓦砾。▶

威胁。我们所期待的是他们因恐怖过甚，终于激发为反战运动。"

日军的狂轰滥炸，给中国人民的生命造成极为严重的损失。"七·七"事变后，日军在平、津、保地区疯狂轰炸，平民死伤极多。接着，日军又在宁、沪、杭三角地区大肆轰炸，数以万计的平民被炸死。其后随着战局的扩展，轰炸范围也日益扩大，从战区到大后方，各地城乡人民均处于日机经常性的轰炸威胁之下。据当时不完全的统计，从1937年7月起至1943年7月止，全国因日军空袭而死亡的人数为335934人，受伤者为426249人，合计伤亡总数为762183人。

由于日军疯狂的轰炸，中国人民的财产损失也十分严重。城市、乡村、工厂、学校、医院、铁路、矿山、水利设施、电讯、邮政、商店、民房、民航、金融、公产私产等均遭受到严重损失。

日本侵略军无视国际公法，对我城乡进行毁灭性狂轰滥炸的野蛮暴行，给饱受侵略战火摧残的中国又增加一层灾难，但并没有使中华民族屈服。

相关链接

● 《侵华日军暴行总录》（河北人民出版社）
○ 《日寇暴行实录》（国民政府军事委员会1938.7）
● 《罪行 罪行 罪责》（辽宁民族出版社）

211

抗战中的无名战士

抗战中的无名战士

76 日本侵略者的疯狂掠夺

关键词：殖民地经济 "南满铁道株式会社"
工业 农业 财政 贩卖鸦片 制造假币

▲ 日军占领东三省官银总号(中央银行)的大金库。大批现金和黄金白银都被日军侵占。这是金库门前的日军。金库门上贴有"日本军占领，犯者死刑"的字条。

▼ 日军占领南京后进行抢掠的镜头。

日本军国主义者在侵略中国期间，对中国各族人民进行了敲骨吸髓的压榨，对中国沦陷区的经济资源进行疯狂的掠夺。自1894年甲午战争后，日本便开始了对台湾长达50年之久的殖民统治，写下了一页典型的帝国主义剥削殖民地的历史。

"九·一八"事变后，日本关东军通过"南满铁道株式会社"等殖民机构，垄断了中国东北的经济命脉和矿产资源。"七·七"事变后，日本占领军当局于1938年11月制定了以搜寻"日满"缺乏的资源(特别是地下资源)为重点的掠夺政策，通过设立"华北开发会社"和"华中振兴会社"等公司，控制了中国华北、华中和华南沦陷区的煤、铁、盐、水电、航运、交通、蚕丝和水产等事业。日本侵略者挑起太平洋战争后，对中国资源的掠夺，更达到了无以复加的程度。以日本对中国铁砂、生铁和煤炭的年掠夺量为例，铁砂由1939年的4502222吨，增加到1943年的10654325吨，增长了1.36倍；生铁由1939年的868458吨，增加到1943年的1818517吨，增长了1.09倍；煤炭由1938年的27451968吨，增加到1943年的50075141吨，增长了0.82倍。

一寸山河一寸血

相关链接

● 《中国抗日战争图志》之"沦陷区人民的血泪"
○ 《日伪时期煤矿坑的故事》(商务印书馆)
● 《日本侵华图片史料集》(新华出版社)

抗战中的无名战士

抗战中的无名战士

▲ 日军在东北掠夺的大批食物，正准备启运。

▲ 东北的豆饼，在日本兵的监视下运往日本。

▲ 日军在中国掠夺的大批物资，正源源不断地运往日本。

▶ 大同煤矿内被迫做工的孩子。

▼ 日军荷枪实弹监视中国工人为其修筑铁路。

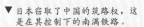
▼ 日本窃取了中国的筑路权，这是在其控制下的南满铁路。

在整个日本侵华期间，日本对中国的掠夺，包括工业、农业、财政、金融和贸易等各个方面，是全面的，无所不用其极的，其中如大量贩卖鸦片、走私、制造假币等等，手段之狠毒，规模之大，都是空前的。这场浩劫给中国人民造成的损失之大，可谓旷古未有！

▲ 日本侵略者运用强暴的政治力量和军事力量，在中国开办掠夺性的工厂企业，使中国民族工商业受到严重损害。左：大连的日本制油工场；右：青岛的日本纱厂。

▲ 在侵华期间，日本秘密制造并发行了大批假币，扰乱了中国的经济。这是其中的部分样张。

▲ 1967年，中国科学院和大同煤矿挖掘了山西忻州矿场杨树湾山谷的"万人坑"，其中在深度不到一米处，尸骸叠压即有5、6层，据考证在1938至1945年间，被日寇残酷虐死的中国矿工达三万人左右。上为"万人坑"的入口，下为挖掘现场。

● 《抗战时期的经济》 (北京出版社)
相关链接 ○ 《日本的侵略》 (大月书店)
● 《日本的侵略：中国朝鲜》 (中森莳人 发行)

岳一峰（1907-1942年）

湖北定县人。中共北方局研究室干部。"七·七"事变后，到冀西组织人民开展抗日活动，建立抗日根据地，曾任县长、边区党校校长、专员等职。1942年初，调中共北方局研究室工作。同年5月，在反"扫荡"战斗中牺牲。

钱立华（1921-1942年）

江苏武进人。中共宜兴县委干部。1940年从上海南洋中学毕业后，就到苏南抗日游击区搞民运工作。1942年6月4日，日伪军数千人包围了宜兴的和桥、漕桥、五洞桥这块三角地区，妄图消灭我新四军独立2团及地方组织。钱参加县委会议刚毕，也陷入了包围圈。战斗中，她被日军枪弹击中，血流如注。为了避免暴露目标，她对搀扶她的同志说："你们转移去罢，不要管我了。"从容地流尽了最后一滴血。

日军制造的"无人区"

关键词："三光" "集团部落" "人圈"
保甲制度 "通匪犯"

▲ 日寇修建的所谓"人圈"，企图封锁抗日军民的活动。

▲ 日寇在"无人区"周围设置的铁丝网壕沟。

日本侵略军在疯狂地进攻中共领导的抗日根据地、实行野蛮的"三光"政策的同时，在抗日根据地和敌占区之间，大规模制造"无人区"，把千千万万中国人从世代生活的家园，驱赶到他们划定的变相集中营"集团部落"，以隔断老百姓和八路军的联系。长城脚下的一块"无人区"西起古北口，东到山海关，东西长约三百五十公里，南北宽约三十公里，面积约一万余平方公里，广及滦、承德、兴隆、平泉、凌源、青龙、密云、遵化、迁安九县。

1942年8月上旬，华北方面军司令官冈村宁次在北京召集会议，决定沿长城线制造"无人区"，并在"治安区"（指日军占领区）和"准治安区（指拉锯地）"及交通要道两侧，修筑遮断壕和碉堡。

根据这次会议的决定，日军从1942年秋起（有的地区从1941年起），开始在冀东长城线两侧大规模制造"无人区"，1943年达到高潮，以后随着八路军向东北地区挺进，日军不断扩大"无人区"的范围，直到1945年无条件投降，才告终止。

在制造"无人区"的过程中，日军疯狂推行灭绝人性的"三光"政策，除进行大规模军事"扫荡"、围剿合击以外，还专门组成快速部队，追杀百姓。不论沟谷川道，还是崇山峻岭，反复搜剿，所到之处，草木过刀，宅舍过火，奸淫抢掠，无所不用其极。

在"集团部落"里，日军采用法西斯恐

一寸山河一寸血

刘 正（1915-1942年）

江西泰和县人。八路军冀鲁豫军区教3旅7团团长。1934年加入中国共产党。历任连、营长、团参谋长等职。1942年秋，在山东郓城县与敌作战中壮烈牺牲。

赵 青（？-1942年）

河北永年县人。中共太行5分区地委妇委会书记。1938年12月，任磁县县委书记兼妇工队队长。1939年，任武安县委妇委会书记。1942年，任太行5分区妇教会主席兼地委妇委会书记。同年5月30日，在磁县反"扫荡"中牺牲。

▲ 日军在冀东丰润县潘家峪烧毁的村子和烧焦的尸体。

▼ 日寇"集家并村"的所谓"部落"。　▲ "人圈"中缺衣短食的儿童。

▲ 日寇在承德市郊制造"无人区"时，惨死后的部分同胞遗骨。

▼ 在"无人区"战斗的八路军部队。

怖手段，把老百姓像牛羊一样圈起来，横加奴役、侮辱和迫害。群众愤怒地称"集团部落"为"人圈"。"人圈"四周是高墙，墙上敷设有铁丝网，围墙四角和大门顶上有碉堡，由日本军警把守，控制出入。群众被赶进来时，所有的财物都被搜掠一空，只好搭个马架子窝铺，冬天风雪袭来，不少人被冻死，春夏又有很多人因传染病而死亡。

被赶进"人圈"的群众，生活没有着落。人们长期吃糠、橡子面，吃得浑身浮肿，饿死人的事经常发生。日军对"人圈"控制极严。"人圈"内实行保甲制度，10户为一甲，30户为一保，一圈为一乡。成年男子发给"良民证"。凡成年男子都要被迫服劳役，修公路、筑碉堡、开矿、挖封锁沟，白天被迫干活，晚上还要轮流上圈墙守夜，许多人被活活累死。

在"人圈"中，日军奸淫妇女竟成了公开合法的事。日军勒令"人圈"内的人家必须"门户开放，夜间也不得关闭"，以便他们横行无阻地去奸淫。妇女如抗拒不从，就会被扣上"通匪犯"的罪名，遭到杀害。妇女因不堪侮辱而自杀或抗拒侮辱被杀的事，屡屡发生。据一个"人圈"的统计，十之八九的妇女被侮辱，其中因而患性病者达30%。

▼ 在残酷的形势下，仍坚持在冀热辽地区战斗的八路军部队。

● 《侵华日军暴行总录》（河北人民出版社）

相关链接　◐ 《日本的侵略》（大月书店）

● 潘家峪惨案纪念馆（河北丰润）

无名战士

被日军俘虏，即将被处决的中国战士。

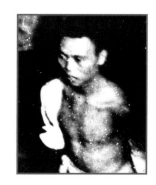

无名战士

被日军俘虏，并遭受酷刑的中国战士。

78 日军对战俘的虐待和残杀

关键词："国际法不适用""支那猪"人道

日本侵略军，这支自称为"天皇的军队"，在侵华过程中表现得无比的凶恶、残暴和野蛮，特别是对待被他们捕获的战俘进行虐杀、折磨、迫害，手段更是灭绝人性，令人发指。

1899年海牙公约附件和1929年日内瓦外交会议制定了战俘待遇公约，日本是签字国。但在侵华战争中，日本蔑视国际公法，违反不得屠杀、虐待俘虏的规定，肆无忌惮地虐待屠杀中国战俘。

战争中，日本高级指挥官曾明确下令，对俘虏的中国士兵全部杀害。日军攻占南京时，其第16师团师团长中岛今朝吾在日记中记载：其上级司令官就下达过"俘虏一个不留"的命令。正是在这一命令下，日军残忍地集体屠杀已放下武器的"败残兵"。日军第13师团第103旅团旅团长山田旃二的日记也记载："根据军司令部参谋长的命令，杀掉俘虏。"日军第59师团师团长藤田茂战后揭露，他多次奉命下令："俘虏要在战场杀掉，算入战果。"

日军称中国兵为"支那猪"。并将战俘当作细菌、毒气试验的活体，或当作新兵练胆刺杀的活靶。据日军士兵冈本、月田1944

▲ 日寇屠杀战俘，特别是用刺刀刺杀，杀人不眨眼。这里都是日军自己拍摄的照片。

◀ 一个被日军举起摔打的战俘。由于日军对战俘为所欲为，战俘的悲惨命运是难以用文字表达的。

相关链接

● 《不许可写真史》（日本每日新闻社）
○ 《日本的侵略》（大月书店）
● 《二·二六事件与日中战争》（日本《每日新闻》社）

无名战士

在淞沪会战中，被日军俘虏，即将被杀害的中国战士。

无名战士

1939年9月，在湖南被日军俘虏的中国小战士。

▲ 1937年在上海，被日军俘虏的中国军人在被屠杀前的情景。

▲ 在湖北被日军俘虏的中国军队的女战士，她们的命运更加凄惨。

▼ 以下是日军拍摄的三个被捕的中国小战士的两幅照片及其局部，从中可以看到当时的细节，并让人能想起当时的情景。

◀ 在广西的战斗中，被日军俘虏的中国士兵。

年2月揭露：日军华北方面军司令官冈村宁次曾在太原下令，把俘虏拉出去让新兵练刺杀。第59师团师团长藤田茂承认，他多次奉命下令："以实敌刺杀作为对新兵试胆之教育。"日军士兵揭露：1942年7月在太原每隔十天就进行这样一次训练，拉出60个俘虏，排成一列，扒去衣服，捆绑起来，让新兵练刺杀。如7月26日，日军大队长安尾正纲传令，用中国俘虏作刺杀操练课目。太原小东门外赛马场上，日军士兵像野兽一样嚎叫着，向中国人轮番刺杀，一次就有220人丧了性命。日军还将有些女战俘强迫当"慰安妇"，不分昼夜地供日本士兵进行性蹂躏。

由于战争中双方力量的悬殊，不少中国士兵被迫当了俘虏，命运非常悲惨。他们中的许多人在敌人面前，英勇不屈，表现了浩然的民族气节。更多的人则是受尽折磨而死。中国人的传统观念讲究气节，"宁死不当俘虏"，各种场合和资料中都耻于谈"战俘"。"战俘"们所受的苦难和他们的英勇事迹，很少为人所知。我们不能忘记他们！愿他们的灵魂得到安息！

相关链接

● 《侵华日军暴行总录》 (河北人民出版社)
○ 《日本的侵略: 中国朝鲜》 (中森蒔人 发行)
● 《抗日御侮》 (黎明文化事业公司)

217

日本的"不许可"照片

在1945年8月15日，当日本天皇裕仁向全国广播，接受《波茨坦公告》，向盟国无条件投降的同时，日本军部向一切相关部门发出"将可能成为战争审判的资料烧毁"的命令。当时，日本《每日新闻》社大阪本社摄影部长高田正雄说："同事们豁出性命拍来的宝贵史料照片能烧毁吗？"他在摄影部部分人员帮助下，将这些底片剪贴并装箱，藏匿在该社地下贵重品仓库的底层，终于使这批资料得以保存。这些资料主要就是今天已经出版的日本发动侵略战争时期"不许可"发表的照片。

这是一批拍摄于上世纪30年代的老照片。都出自日本《每日新闻》社当年的随军记者之手。每一张照片都盖上了"不许可"或者"检阅济"的红色大印，"不许可"，即"不准"；"检阅济"，即"审阅通过"。凡盖有"不许可"者，一律不准发表。当年盖这些印章的人，都是日军的陆军、海军、内务省和情报局的审查官。

日本执行严格的新闻检查制度，使许多日军战地随军记者拍摄的照片经审查后被销毁或秘藏，可以想象，他们掩盖了多少见不得人的勾当和多少令人发指的暴行！从而，也可以看出掩盖历史的真相是从日军全面侵华之初开始的，篡改历史事实是日本军国主义分子的一贯伎俩。但是，我们要感谢当年保护这些资料的《每日新闻》社大阪本社摄影部的人员，以及今天敢于出版这些资料的日本朋友，他们是日本民族的良心所在。

▲ 1977年，日本每日新闻社出版的"不许可"照片专辑。

▲ 1998年，《每日新闻》社出版的《不许可写真》。

▲ 藏于日本每日新闻社的"不许可"照片的档案簿。

▼ 反映南京大屠杀的"不许可"照片。

▼ 日本防止泄露军事秘密的"不许可"照片。

218

相关链接

● 《侵华日军暴行总录》 (河北人民出版社)

○ 《射天狼》冯英子 著 (新大陆出版社)

● 《不许可写真[1]》 (《每日新闻》社)

1932年上海

1937年沧州

1937年北京宛平

1937年天津

1937年南京

▲ 日本侵略军逮捕我同胞的"不许可"照片。

▶ 经检查许可发表的照片，都要盖上"检阅济"或"许可济"的印章。

▼ 战时，日本检查发表照片的原始记录。

▲ "不许可"发表的部分照片。

◀ 1940年4月，汪精卫的母亲乘船到南京，日军到码头上迎接，并导演拍摄了这幅照片。发表时，日本当局划去了具有"戏剧性"的部分。

▼ "不许可"照片中的日本侵略者。

相关链接
● 《不许可写真[2]》（《每日新闻》社）
○ 《不许可写真史》（《每日新闻》社）
● 《中国抗日战争大典》 刘志强 主编 （湖南出版社）

耿 谆（1915-2012年）

河南省襄城县人。1932年入伍。1944年为第15军64师191团2营5连连长，在洛阳保卫战中受伤，被日军俘虏，不久被送往日本花冈中山寮集中营做苦工，当时共有1000名中国战俘和被抓的劳工。1945年6月30日，他领导劳工打死监工，发动了震惊日本朝野的花冈大暴动，后惨遭镇压，被判死刑。不久因日本投降幸免于难。

马肉墩

花冈劳工幸存者。

关键词："华北劳工协会""花冈爆动"
《关于劫掳中国人事件报告书》

  1931年"九·一八"事变，日本侵略军占领中国东北地区后，即设立了专门骗招和管理劳工的部门，并在天津设置了骗招关内劳工的大东公司。1937年"七·七"事变后，日军相继占领了中国华北和华中的广大地区，在北平等地成立了"华北劳工协会"等专门骗招和分配劳工的组织。这些机构，以欺骗宣传和招摇撞骗的手法，每年从华北、华中等地骗招几十万乃至百万以上破产农民、失业工人和城市贫民，到各地为日本人当劳工。据不完全统计，1931年到1943年间，仅从关内骗招到东北的劳工即达8571329人。这些劳工被骗到工厂企业和施工现场以后，受到难以想象的奴役和折磨，许多人含恨死去。特别有成千上万的工人在完成其军事工程后，被成批地秘密杀害。

▼ 日军抢掳中国人去做劳工。

▲ 日本为掠取中国矿产，在我国采用"人肉开采"政策，不惜大量以牺牲中国人的生命为代价，为其侵略战争服务。据学者考证，仅在山西大同煤矿就残害劳工十五万多人。这是大同煤矿井下作业的工人。

◄ 这是日本在上海江湾五角场地区修建的军事基地内一处地道壁上，中国劳工用带血的指甲刻下的反抗字样。日本侵华期间，各地凡是被日军用于修建军事工程的劳工都被秘密处死，难以生还。

相关链接

● 《中国抗日战争图志》之"沦陷区人民的血泪"
○ 《花冈事件》 (河南人民出版社)
● 《证言中国人强制行进》 (日本中国友好协会)

芦老永

花冈劳工幸存者。

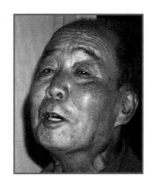

孟宪顺

花冈劳工幸存者。

　　日本挑起太平洋战争后，对中国经济掠夺的规模不断扩大，因而对劳工的数量要求也越来越多。据1942年1月26日日伪天津《庸报》称，当年华北计划掳掠劳工200万人，其中分给东北150万，华北25万，绥蒙15万，日本10万。这些劳工被劫往各地后，主要从事工矿、建筑和交通业劳动以及修建军事设施等。据伪满资料，1941年以后，东北每年人以上。在这二百多万人中，至少有四分之一从关内和本地骗招与强抓劳工总数在二百万的人是在关东军的刺刀下担负沉重的劳役。其中最多的是为战争服务的所谓重要产业，几乎占半数以上，其中矿山最多，最高的年份达534000人。

　　在被抓到日本的中国劳工中，据中国人殉难者名簿共同编制实行委员会《关于劫掳中国人事件报告书》记载:有七千多人因受折磨、摧残和虐杀而葬身异国。在这些被迫掳往日本的劳工中，由耿谆领导的"花冈暴动"，曾经震动了日本朝野，后遭到残酷镇压。在那里的劳工，直到日本投降，他们才重见天日。

▲ 埋葬劳工的"万人坑"白骨累累。

▲ 被送往日本的劳工正在登船。

▲ 1945年10月，日本投降后，美军在日本拍摄的惨遭蹂躏、奄奄一息的劳工(美国国立公文书馆藏)。

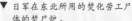

▼ 日军在东北所用的焚化劳工尸体的焚尸炉。

▼ 1940-1944年，战俘劳工在东北虎林、虎头居住的茅屋。

▼ 日本花冈中山寮骨瘦如柴的中国劳工。

▼ 当年在日本花冈中山寮，领导劳工暴动的耿谆。

现的一位死者的证件。山西大同煤矿"万人坑"内被发

相关链接

● 《日军枪刺下的中国劳工》 (新华出版社)
○ 《二战期间在日中国劳工问题研究》 (吉林人民出版社)
● 《日伪时期煤矿坑的故事》 (商务印书馆)

被中国军队解救的
"慰安妇"

1944年，中国军队攻克腾冲后，解救了一批"慰安妇"，这是其中之一。

被中国军队解救的
"慰安妇"

1944年，中国军队攻克腾冲后，解救了一批"慰安妇"，这是其中之一。

⑧⓪ 备受摧残的 "慰安妇"

关键词：妓院 随军"慰安妇" "征召令"

▲ 日军设在上海的所谓"慰安所"。

▲ 日军在中国所到之处，皆设有"慰安所"。上为即将进村之日兵。下为日军"慰安所"内之墙面。

▲ 北京城内的"慰安所"开业。

▼ 日军制定的"慰安所"的规定。

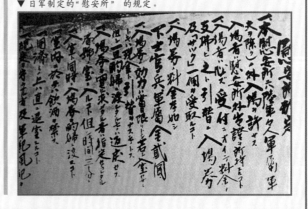

从20世纪30年代初期日本侵华开始，日军就将妓院开设在军队里，并且建立了随军"慰安妇"制度，用诱骗和强制手段迫使各国妇女充当日军性奴隶。中国是日军实行"慰安妇"制度最大受害国，日军在中国设立的"慰安所"达1万多个，约有20余万中国妇女先后被迫沦为"慰安妇"。太平洋战争爆发后，随着战线拉长，受害妇女遍及亚太地区，人数估计达到40多万。他们来自朝鲜、中国台湾、中国内地、菲律宾、马来西亚、印尼、缅甸等占领地居民。

相关链接

● 《中国慰安妇》江浩 著 (天地图书)
○ 《慰安妇研究》苏智良 著 (上海书店出版社)
● 《日本侵略备忘录》蔡省三 曹云霞 著 (开益出版社)

朱巧妹（1910—2005年）

上海崇明县庙镇人。1938年初日军入侵上海崇明岛庙镇，为满足其兽欲，强令朱巧妹等七名妇女做"慰安妇"。朱巧妹的丈夫为反抗日军兽行，惨遭杀害。据朱生前回忆：在日军据点有一间小房间是日军性侵犯的专门场所，里面安置一个浴缸和一张小床。从1938年初到1939年底日军撤离庙镇，整整两年时间，日军不断地对她实行性暴力，连孕期也不放过她。她说："鬼子和野兽没有区别。"

被中国军队解救的"慰安妇"

1944年，中国军队攻克腾冲后，解救了一批"慰安妇"，这是其中之一。

▲ 江南的农村妇女，被一批批押送到日军营中遭受凌辱、轮奸和枪杀。

"慰安妇"与日军的关系，是数千年人类文明史上找不到的对战败国女性的集体蹂躏和摧残，这一现象充分暴露了日本军国主义的野蛮、残忍和暴虐。

所谓"慰安妇"制度，是将强奸合法化、制度化和正当化。征募"慰安妇"的法令是得到日本天皇批准的。在这种"征召令"下，日军把"慰安妇"完全当作泄欲工具，而设立"慰安所"，便是他们采取的"措施"。根据资料显示，"慰安妇"遭兽兵蹂躏后，还不时被拳打脚踢，甚至被拔腋毛、阴毛取乐。对一些生病或怀孕的"慰安妇"，日本兵还将她们杀害。对不愿接客或者企图逃跑的"慰安妇"，日军轻则割其乳房、剁其手足，重则让狼狗将她们一片片撕烂示众。有些人由于受不了那样的污辱或不堪折磨而自杀身亡。

"慰安妇"的血泪史，罄竹难书。其实无论活着还是死去，"慰安妇"的处境都很悲惨。在战争末期，当日军战败溃逃之时，

"慰安妇"有的在防空洞或战壕内被日军用手榴弹炸死，有的被毒死，有的饿死，有的被抛弃在无人烟的森林里，任其自生自灭。

"慰安妇"制度是日本军国主义者违反人道主义、违反两性伦理、违反战争常规的制度化了的政府犯罪行为，也是世界妇女史上最为惨痛的一页。

▲ 被盟军解救的"慰安妇"。据史学家调查，日军失败时，大多将"慰安妇"杀害。如在香港圣斯蒂芬学院，日军淫虐女医生和护士，当挑死34名，被轮奸幸存的51名被押送新加坡为随军妓女，日军投降后全部被毒气弹害死。又如绥远五原54名"慰安妇"在日军败退前，全被推入水井，用炸药活埋。

相关链接

● 《侵华日军暴行总录》（河北人民出版社）
○ 《日本侵略军在中国的暴行》（解放军出版社）
● 《1亿人的昭和史—不许可写真史》（《每日新闻》社）

一寸河山一寸血

陈知法

浙江义乌人。1932年出生。侵华日军细菌战的受害者和见证人（家中父亲、哥哥被细菌感染死亡）。

吴世根

浙江衢州人。1930年出生。侵华日军细菌战的受害者和见证人（家中弟弟、妹妹等三人被细菌感染死亡）。

⑧1 日本的细菌战与毒气战

关键词：宁波 金华 衢州 常德 "731" 部队

"九·一八"事变后，日本陆军省和参谋本部在法西斯分子石井四郎的提议下，在中国的东北建立细菌研究所。1932年8月下旬，石井四郎等人来到中国东北，在拉滨线（拉法至哈尔滨）上的背荫河车站附近建立了由日本关东军领导的细菌实验所，美其名曰"关东军防疫给水部"，因其中人员均是日本千叶县贺茂镇人，故又称"贺茂部队"，后又改称为"731"部队。实质上它是一个用活人充当实验材料的大型的秘密细菌研究基地。

"七·七"事变后，日本军部还在中国各地分设了第100部队、荣字第1644部队、甲字1855部队（华北）、波字8604部队（广州）等许多细菌战支队扩大了实验地域。并多次组织所谓"远征队"，到宁波、金华、衢县和常德

▲ 左：日军驻哈尔滨的"731部队"全景。
右：日军驻南京的"荣1644"部队旧址。

◀ 日军"100部队"在长春市郊孟家屯所设的细菌工厂旧址。

▼ 哈尔滨平房地区和日本"731部队"细菌工厂残迹。

等地区使用细菌武器，为全面进行细菌战提供经验。1940年7月，日本关东军发布659号细菌战作战命令。1945年7月下旬，日本侵略者末日来临，临逃前，他们一方面千方百计地销毁有关细菌战密件，焚尸灭迹；另一方面仍不甘心停止对中国人民的残害，投放大量饱菌鼠和带菌跳蚤，使中国人民惨遭毒害。据不完全统计，日军在华细菌战部队编制人数为八千七百余人，用人体实验杀害中国军民人数达20899人。

日本军国主义者在使用细菌武器的同时，

相关链接
● 《惨绝人寰的细菌战》黄可泰 吴元章 主编 (东南大学出版社)
○ 《中国抗日战争与第二次世界大战统计》刘庭华 著 (解放军出版社)
● 《细菌战与毒气战》 (中华书局)

孟贤富

浙江义乌人。1917年出生。侵华日军细菌战的受害者和见证人(家中父、母、弟、妹等八人被细菌感染死亡)。

金祖惠

浙江义乌人。1919年出生。侵华日军细菌战的受害者和见证人(家中祖母、母亲、妹妹被细菌感染死亡)。

▲ 戴着防毒面具准备进攻的日军。

▲ 日军为进行细菌试验而做的人脑切片。

▲ 日军的细菌炸弹。

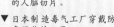

▼ 日本制造毒气工厂穿戴防毒服装的人员。

▼ 日本在大久野岛上设有生产毒气的工厂。这是其设备及其工作人员。

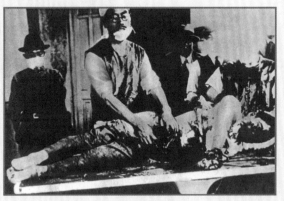

▲ 日军的细菌制剂工厂,用我同胞活人作细菌感染试验。

还在中国普遍使用化学武器进行毒气战。他们用催泪性、喷嚏性、窒息性、中毒性、糜烂性的瓦斯,大量制成瓦斯弹、瓦斯手榴弹和大、中、小型瓦斯筒,用迫击炮和专门的毒气放射器、烟幕器施毒,甚至还用飞机大量投掷毒气弹。凡日军进攻中国军队阵地,受到我顽强抵抗或被我打击遭到惨败时,就穷凶极恶地施放毒气,毒杀我英勇战士。据不完全统计,日军用细菌武器杀害中国军民一百一十一万余人(含染疫后死亡人数)。

侵华战争中,日军还到处投放含毒大米、馒头、食盐和香烟等物,毒害城乡居民,并在我抗日军民身上强行注射毒针,使许多人残废,其惨痛景象目不忍睹。

◄ 日军细菌战犯石井四郎。

▶ 被遗弃的细菌炸弹所伤害的浙江义乌地区的受害者。

一寸山河一寸血

相关链接

● 《鲁西细菌战大屠杀揭秘》(人民日报出版社)
○ 《揭开黑幕》(中国文史出版社)
● 《罪证—侵华日军衢州细菌战史实》(中国三峡出版社)

225

鹿地亘（1903-1982年）

　　在华日人反战同盟会会长、著名作家。他认为：中国的抗战是为东亚和平而战，最后胜利一定属于中国。

绿川英子（1912-1947年）

　　日本反战女作家，她在中国用日语向日本人民和日本军队广播，为反侵略战争作出了重大贡献。

关键词："在华日人反战同盟会" "觉醒联盟"
"反战同盟" "日本士兵觉醒联盟"

一寸山河一寸血

　　日本人民的反战活动由来已久。早在1927年，《田中奏摺》提出来的时候，就遭到日本国内进步人士和旅日华侨的反对。以田中义一首相为首的军国主义分子杀害了千余名进步人士，逮捕了三百余人。

　　"九·一八"事变后，一些日本人进一步组织集会、罢工和游行示威，反对入侵中国。中日战争全面爆发后，一部分被俘的日军士兵在中国政府和军队的教育、帮助下，逐渐认识到日本军国主义发动侵华战争的罪恶，纷纷反戈一击，成立了日本士兵"觉醒联盟"和"反战同盟"等组织，同中国人民站在一起，反对日本发动的侵略战争，反对日本法西斯政权。

　　1939年11月7日，日本反战士兵在中国成立"日本士兵觉醒联盟"，由被俘士兵杉木

◀ 日本反战进步人士鹿地亘在广西作演讲，称中国抗战乃为东亚之和平，最后胜利必属于中国。

▲ 在华日人反战同盟晋察冀支部成立大会，这是在宣读誓词。

▲ 山东日人解放联盟负责人在编辑反战宣传材料。

▲ 在华日人反战同盟的成员正在分发反战材料。

▲ 在华日人反战同盟会的会长鹿地亘和夫人池田幸子正在编写反战材料。

一夫、小林武夫等人发起组织。

　　日本世界语学者绿川英子和进步人士鹿地亘等知名人士，以及日本共产党领袖冈野进，先后到达中国，为促进反战运动作出了杰出的贡献。1940年7月20日，鹿地亘、池田幸子、青山和夫、绿川英子、成仓进、前野慕子、广濑雅美等，在重庆组织成立了"在华日人反战同盟会"总部，鹿地亘任本部会长，并发布了反战同盟宣言、纲领。

　　1940年4月，日本共产党领导人野阪参三

相关链接

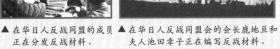

● 《在华日人反战组织史话》 小林清 著（社会科学文献出版社）
○ 《抗日战争研究》（《近代史研究》杂志社）
● 中国人民抗日战争纪念馆（北京）

津田秀

日本人民解放联盟晋察冀地区协议会负责人。

宫本哲治

在华日人反战同盟晋察冀支部长。

(化名冈野进) 从苏联来到中国，7月下旬成立"在华日本人民反战同盟"延安支部，以"打倒日本帝国主义战争"为宗旨。

反战同盟并曾多次组织前线工作队，到前线直接向日军士兵喊话，从事战地宣传，收效颇大。

为中国抗日战争而牺牲的日本人，现在能查到姓名的有三十多名，还有许多无名英雄。他们的事迹将记载在中日两国人民共同战斗的历史篇章中。

▲ 在延安的日本工农学校等三个在华日人反战组织的领导人在一起合影。

▼ 日本反战组织在广西前线向日本军队进行反战宣传时的情形。

相关链接

● 《中国抗日战争图志》之"日本人民的反战活动"

○ 《中国现代史资料选辑》（中国人民大学出版社）

● 中国第二历史档案馆（南京）

一寸山河一寸血

爱波斯坦

波兰犹太人，美国合众社记者。1938年参加"保卫中国同盟"，担任宣传工作，以笔代枪为中国人民服务。1942年初在香港被日军逮捕，关进集中营。他与同营的邱茉莉（女，"保卫中国同盟"成员，英国人）等五人，经过惊心动魄的斗争，最后在中国朋友的帮助下逃出了日本侵略者的魔爪。随即奔赴重庆，担任美国《联合劳动新闻》社记者，重新拿起笔，继续为中国的抗日事业服务。

柯棣华（1910-1942年）

原名德瓦尔肯纳特·桑塔拉姆·科特尼斯（Dwarkan-ath Shantaram Kotnis），印度人。1938年9月随印度援华医疗队来中国，曾转战武汉、宜昌、重庆等地。1939年2月到延安，在八路军医院工作，参加战地抢救工作。1941年任白求恩卫生学校附属医院院长。1942年12月8日，在河北唐县病逝。

⑧③ 世界人民支持中国抗战

关键词：国际反侵略大会 国联 国际劳工大会
国际红十字会 "一碗饭援华运动"

　　抗日战争是中国人民的正义之战，因而得到了世界各国政府与人民的支援。1937年10月，国际运输总工会通告各国运输工会，禁止运载军火到日本。1938年2月，国际反侵略大会的援华特别会议在伦敦召开，苏联、英国、法国、印度等22个国家的代表出席大会。在会上各国代表谴责了日本法西斯的侵略罪行，号召各团体尽力援助中国，并呼吁各国政府停止对日本借款和供应军火及其它物资。同时，国联通过决议，鼓励会员国个别援华。1938年6月，在日内瓦举行的第24届国际劳工大会上，各国代表对中国抗战深表

▼ 1938年2月，国际反侵略运动大会在英国伦敦召开援华大会，中国分会由李石曾率17名代表出席，中国驻法大使顾维钧代表宋庆龄女士任大会名誉主席。

▲ 1938年6月，为声援中国抗战，世界学生代表团到达汉口。图示举行盛大欢迎会的饭店大门。

▲ 1938年，国际反侵略运动大会会长薛西尔爵士献给蒋介石委员长的锦旗，上面写着："为纪念中国抗战2周年，敬祝胜利成功"。

同情。与此同时，国际红十字会通过议案，要求各国制止日军飞机对中国城市的轰炸。同年9月，印度援华医疗队从孟买出发来到中国，以白求恩大夫为首的加拿大医疗队也远涉重洋来到中国，以伟大的人道主义精神救护战争中的中国伤员。

　　各国人民不但在道义上给中国以广泛的支持，而且在财力、物力、人力各方面也给中国大力的支援。苏联红十字会于1938年初赠予中国33万美元。美国人民发起"一碗饭援华运动"。美国数十名著名作家、编辑将版税500万美元捐赠中国。美国援华总会等组织，为援华抗日募捐款达2500万美元。英

相关链接
● 中国第二历史档案馆（南京）
○ 《中外记者笔下的第二次世界大战》（东方出版社）
● 《宋美龄与中国》石之瑜 著（商智文化）

陈光华（1911-1942年）

朝鲜人。1931年来中国留学，创立"华北朝鲜青年联合会"，组织华北各地的朝鲜青年投入抗日斗争。1942年5月，日军对太行山区发动大"扫荡"，陈光华率领三十多人的朝鲜义勇军，要求和中国战友一起掩护八路军总部机关突围。在辽县麻田镇地区的激烈战斗中，陈光华和另一位朝鲜战士石鼎壮烈牺牲。

希 伯（1897-1941年）

汉斯·希伯（Hans Shippe），德国人。曾任德国共产党中央委员，是美国太平洋学会记者。抗日战争时期到延安，后转战山东抗日根据地，报道我抗日军民的消息。1941年11月30日，在反"扫荡"战斗中，于山东沂南县大青山牺牲。

▲ **汤姆斯·可克伦**
美国著名大律师、总统幕僚。他力排众议，支持中国抗战，并说服了罗斯福总统批准建立"飞虎队"，来华与中国人民并肩作战。

▲ **路易·艾黎**
新西兰人。为增强中国实力，发起组织"中国工业合作协会"，争取国际援助，筹集资金，支援了中国人民的抗日斗争。

▲ **布阿·谢尔盖耶维奇**
苏联人。援华志愿空军武汉区歼灭机组指挥员。空战中曾先后击落七架日机。

▶ 为了援助中国抗战，印度组织了一支医疗队来中国。这是他们在延安的合影。

▲ 1939年2月，国际反侵略大会在伦敦举行。这是反侵略分会组织民众举行抵制日货的游行。

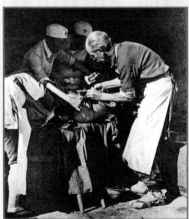

◀ 1939年10月，八路军在河北涞源县孙家庄战斗时，加拿大医生白求恩在离火线不到九里的小庙内为伤员做手术。

▼ 中国民众在观看反法西斯阵线胜利消息的宣传画。

国援华捐款约200万英镑。加拿大、印度等国人民也向中国提供了相当数量的物资和捐款。

　　抗战期间，苏联、美国、英国等国政府对中国进行了有力的援助。1937年8月，苏联和中国签订了互不侵犯条约。1938至1940年，苏联政府给中国四笔贷款共4.5亿美元，用于提供军用物资。从1941年起，美国和英国开始给中国经济支援。1941、1942两年，美国给中国贷款5.5亿美元，英国给中国贷款5000万英镑。此外，美国还以6.31亿美元的租借物资援助了中国。在抗日战争中，朝鲜、越南、缅甸等国的人民，也以各种形式给中国人民以有力的支援。

● 《中国抗日战争图志》之"世界各人国人民支持中国抗战"
○ 《抗日战争时期中国对外关系》（中共党史出版社）
● 《国民政府重庆陪都史》（西南师范大学出版社）

相关链接

▲ 第八十八師

▲ 補充第一團

△ 國民革命軍抗日烈士

▲ 十九路軍第六十師

五　中国战区大反攻与最后胜利

邵瑞麟（1913-1942年）

辽宁新民县人。空军第2大队11中队少校队长。1942年1月22日，临时兼任袭击河内日军机场的总指挥，率领第2大队轰炸机27架、第1大队驱逐机15架和美国志愿队驱逐机15架，于当日12时40分飞抵河内机场上空，出其不备倾泻炸弹20余吨，使敌机场变成一片火海，战果辉煌。但邵因座机被敌弹击中，壮烈牺牲。

徐葆昀（1915-1943年）

河北玉田县人。空军第4大队上尉副大队长。1943年5月，鄂西会战开始，我空军参战。5月19日，第4大队出动8架P-40E、4架P-43飞机轰炸湖北枝江溪镇附近长江中的敌舰。徐在俯冲攻击时，被敌炮火击中牺牲。

⑧④ 全面反攻的先声

关键词：重要基地 空中堡垒 制空权

在中国正面战场上，中国空军首开反攻的先声。1943年下半年，中国空军经过调整充实，增强了实力。1944年，中国空军健儿取得了战争的主动权，并和美国空军协同作战，不断袭击日本空军的重要基地，如经常拥有百架飞机左右的香港启德机场和海南岛、广州、武汉、岳阳等地机场，迫使敌人应战。我空军又多次与敌四十架以上的战斗机队激战，并取得胜利。同时，在大后方还兴建了许多大型机场，如在成都、昆明进行的马特霍斯工程，动员了20万员工，建立了能

▲ 我空军向日舰俯冲轰炸。

▲ 我空军攻击日军水上目标。

承受重达62吨的B-29超级空中堡垒轰炸机起落的大型机场和建立了从陕西至广西的一系列前进机场。由此，频繁轰炸敌人的地面部队和各种军事目标。从海岛到东北敌占区，从日本本土到南洋的敌海上交通线，都在中美空军严厉的打击之下。中美空军取得了制

▼ 中美空军联合袭击日军的军事目标。

▼ 我空军在南海攻击日军船只。

一寸山河一寸血

相关链接

● 《抗日战争正面战场》（江苏古籍出版社）
○ 中国第二历史档案馆（南京）
● 《中外记者笔下的第二次世界大战》（东方出版社）

周志开（1919-1943年）

河北涿县人。空军第4大队第23队少校队长。参加过百余次空战，因战功卓绝，曾获得青天白日勋章。1943年6月，在敌机突袭四川梁山机场时，周果敢起飞，单机对付8架日机，创造了3比0的光荣纪录。该年12月14日，赴鄂西侦察，不幸在空战中阵亡。

1944年

当时世界	1月5日	苏军实施基洛夫格勒战役。
	1月7日	中国远征军缅北作战告捷。20日攻入胡康河谷，30日克大洛。
	1月9日	盟军占领缅甸孟都。
	1月11日	盟军对德国航空工业基地实施战略空袭。罗斯福召开太平洋作战会议。
	1月14日	列宁格勒会战第四阶段开始。
	1月15日	英国制定未来划分德国占领区的计划。

空权，为全面反攻的胜利奠定了重要基础。

事实上，自1944年下半年以来，日本帝国主义崩溃的先兆已日益明显。它虽然在中国，以至南洋各地还占据着大面积的土地，但太平洋上的战争正向它的本土逼近，整个形势已对它不利。它物资奇缺，国力枯竭，生产力萎缩，民生困苦，人民厌战反战情绪到处蔓延，战争早已失去必要的物资和政治基础，日本实际上已经打不下去了。

▼ 我空军B-29轰炸机从新建的成都机场起飞轰炸日军目标。

▼ 被我追击疲惫不堪的日军士兵，在路边稍事休息。

▲▶ 在中国战场上遭我打击的日本侵略军，狼狈不堪，疲于奔命。

▼ 中国空军编队出击。

▼ 我空军轰炸汉口日军军事目标时的情形。

范子侠（1908-1942年）

江苏丰县人。八路军129师新10旅旅长。"七·七事变"后，在冀中组织武装，进行抗日活动。1939年，部队改编为平汉纵队，同年加入中国共产党。后任八路军129师新10旅旅长兼太行第6军分区司令员等职。1942年2月12日，在河北沙河高庄反"扫荡"战斗中牺牲。

郭国言（1914-1942年）

湖北黄陂县人。抗日决死队第3纵队副司令兼3分区司令员。1942年2月9日，在武乡县指挥作战时，不幸中弹牺牲。

85 解放区战场的局部反攻

关键词：中共七大 "扩大解放区，缩小敌占区"

　　1943年，中国共产党领导的各解放区克服了重重的困难后，逐步得到了恢复，继续开展广泛的反"扫荡"之战并贯彻"敌进我退"的十六字诀，深入日军的后方，开辟新区。经半年的战斗，敌占区和边缘区的许多日伪军据点被攻克或逼退，华北各解放区收复了大片国土，日伪军被挤到主要据点和交通线附近。从1943年7月起，八路军晋冀鲁豫边区部队在豫北发起卫南、林南战役，山东军区部队发起了沂山、鲁山和诸(城)日(照)莒(县)山区战役，这些战役虽然是局部的，但已明确地显示出敌后解放区的作战逐渐向战略

▲ 新四军部队正进行积蓄力量，准备反攻的宣传游行。
◀ 1944年5月，新四军攻克苏北陈家港。图为敌监栈炮楼起火。

▲ 整装待发的我八路军，为迎接反攻作战前动员。

反攻阶段过渡。

　　1944年初开始，华北、华中、华南各解放区战场，进一步向日伪军展开攻势作战，有力地配合了正面战场和盟军的作战，并使敌后战场得到了扩大。

　　1944年12月，中共中央发出了"扩大解

▼ 1943年冬，冀东我军攻克遵化县夏家峪敌据点。这是群众在炸毁敌碉堡。

相关链接

● 晋冀鲁豫烈士陵园 (河北邯郸)
○ 中国第二历史档案馆 (南京)
● 八路军太行纪念馆 (山西武乡)

李松霄（1911-1942年）

　　河北武邑县人。中共党员，武邑县县长。抗战爆发后，任八路军129师青年游击纵队2团政治处主任、武邑县战地总动员委员会主任、武邑县县长等职。1942年5月，在反"扫荡"中牺牲。

司景周（1912-1942年）

　　河北大名县人。八路军前方后勤部2科科长。1942年5月，在太行山反"扫荡"时壮烈牺牲。

▲ 1944年11月，八路军359旅主力4000余人组成南下支队。毛泽东（左二）、朱德（左一）在支队司令员王震（左三）陪同下检阅部队。

放区，缩小敌占区"的战斗号召，吹响了解放区军民反攻的号角。进入1945年，敌后战场的游击战即显示出向运动战转变的趋势。到1945年4月，敌后抗日根据地（即解放区）增加到19块，面积扩大到95万多平方公里，人口9950万，军队91万，民兵220万。日军占领的大多数中心城市和交通线，都已在我军的包围之中。1945年4月23日至6月11日，中国共产党在延安召开了第七次全国代表大会。会议指出：在东方，打倒日本帝国主义的战争已接近胜利，我们已处在反法西斯战争中最后胜利的前夜，并制定了解放区的全面反攻战略。

　　大会之后，八路军、新四军完成了对日军的夏季攻势作战，对日军占领的点线的包围越来越紧，并打通了许多解放区之间的联系。在行动上取得主动地位后，逐步实现了由游击战向运动战的转变，为转向全面反攻创造了重要条件。

相关链接

● 新四军重建军部旧址纪念馆 (江苏盐城)
○ 《中华民族抗日战争史》 (中共党史出版社)
● 《中国抗日战争图志》之"敌后战场的局部反攻"

一寸山河一寸血

刘稚灵（1917-1942年）

　　四川安县人。中共北方局党校学员。1938年夏到延安抗日军政大学学习，并加入中国共产党。1939年，任晋东南文化界救国组织秘书。1942年，到北方局党校学习。同年5月，在辽宁十字岭反"扫荡"中牺牲。

李文楷（1910-1942年）

　　福建上杭县人。八路军野战政治部组织科长。1942年5月，在反"扫荡"作战中，牺牲于河北武安县。

一寸山河一寸血

▲ 中国共产党第七次全国代表大会上，毛泽东和周恩来在交谈的情形。

▼ 中国共产党第七次全国代表大会会场旧址。

资料：中共第七次全国代表大会

　　中国共产党于1945年4月23日至6月11日在延安召开了第七次全国代表大会。出席大会的正式代表547人，候补代表208人，代表全国党员121万人。毛泽东主持大会。大会通过了毛泽东《论联合政府》的政治报告、朱德《论解放区战场》的军事报告和刘少奇《关于修改党章的报告》。大会分析了国内外的政治形势，总结了新民主主义革命的经验，阐述了新民主主义基本理论，制定了党的政治路线，即"放手发动群众，壮大人民力量，在我党的领导下，打败日本侵略者，解放全中国，建立一个新民主主义的中国"。大会总结了武装斗争、统一战线和党的建设的经验，深刻地论述了进行新民主主义革命的"三大法宝"以及党的三大作风——理论和实际相结合、密切联系群众、批评和自我批评。

　　大会号召全党发扬三大作风，带领全国人民为实现党的任务而斗争。大会选出中央委员44人，候补中央委员33人，组成了新的中央委员会。中共"七大"是一次团结的大会、胜利的大会，使全党的认识在马克思列宁主义、毛泽东思想的基础上统一起来，使全党达到了空前的团结和统一，为抗日战争和新民主主义革命在全国的胜利作了准备。

▶ 向八路军投降的日本侵略军。

▼ 八路军120师缴获日伪武器马匹组成的骑兵部队。

相关链接

● 延安革命纪念馆（陕西延安）
○ 新四军重建军部旧址纪念馆（江苏盐城）
● 八路军太行纪念馆（山西武乡）

郭好礼（1904-1943年）

　　河北临漳县人。八路军路南支部司令员。抗日战争爆发后，任抗日民军第1路军副司令兼第5支队司令。1939年，任临漳县县长兼县大队长。1940年，部队编入129师386旅744团，任副团长。1941年，组织路南支队，任司令员。1943年2月27日，在魏县漳河村战斗中牺牲。

曾仁文（1908-1943年）

　　江西吉安县人。八路军后勤参谋主任。1943年5月，在太行山抗日根据地反"扫荡"中，为掩护八路军总后勤部转移，亲率部队隐蔽在和顺县采炎村的一个山头上，与敌展开激烈搏斗，最后跳崖牺牲。

▲ 1944年9月14日，八路军攻入晋中战略要地汾阳。

▼ 我军在安阳战役中摧毁日军碉堡。

▲ 1944年，我军在群众热烈欢呼声中进入郑州。

▲ 1944年春，我占领紫荆关。

▲ 大青山。我军在白菜坎与敌激战。

▼ 1944年夏，我军光复涞阳公路的王安岭。

相关链接

● 《陕甘宁边区政府大事记》（档案出版社）
○ 晋冀鲁豫烈士陵园（河北邯郸）
● 《圣地延安》（陕西人民出版社）

杨运洪（1915-1943年）

　　广东平远人。黄埔军校第11期生。陆军第36师108团中校。1943年5月，率部西渡怒江，接替预备第二师在腾冲北部打游击。10月19日为掩护主力撤退，在界头大塘与日军遭遇，在战斗中阵亡。

王树荣（1923-1944年）

　　云南腾冲人。黄埔军校昆明五分校毕业，精通四种语言，任陆军第11集团军少校特务员。1943年三次赴中缅边境和八莫侦察敌情，获得日军重要情报，使我军予敌重创。1944年反攻前夕，再次赴腾冲活动，被日军在东街詹宅捕杀。

86 缅北滇西反攻作战

关键词：驻印军　远征军　会师　史迪威公路

▲ 1943年底，蒋介石视察驻印军新1军军部。

▼ 我驻印军突破日军阵地，进攻密支那。

　　中国远征军于1942年深入缅甸与日军作战失利，从缅甸撤至滇西的远征军，经过整顿、补充和训练，于1943年2月在云南楚雄成立了"中国远征军司令长官司令部"，陈诚任司令长官（10月由卫立煌接任）。另一部分远征军撤到印度境内。后来，又陆续空运补充了一部分中国军队，于同年6月改编成立了中国驻印军，接受美国的装备和训练。史迪威任总指挥，罗卓英任副总指挥。中国驻印军、中国远征军，准备从印度和中国云南西部同时向侵占缅甸和我滇西的日军进行反攻，并打通中印公路。

　　日军的缅甸方面军有11个师团，近三十万兵力。缅北滇西地区的地理、气候环境复杂，山高林密，瘴气连绵，行住不便，易守难攻，对大兵团运动限制很大。

　　1943年10月，缅北滇西反攻的大幕正式揭开。为了实现反攻，中国驻印军在美国工兵支持下，开辟从印度雷多到缅北密支那的中印公路（又名史迪威公路）。11月反攻开始，中国驻印军首先从雷多以南地区出发，向侵缅日军实行攻击。经一年多作战，先后赢得多次战役的胜利，并乘胜向滇西畹町推

相关链接

● 《抗日战争正面战场》（江苏古籍出版社）

○ 中国第二历史档案馆（南京）

● 《血色记忆—腾冲抗战见证录》（中国文联出版社）

洪 行（1900-1944年）

陆军新编第39师师长。1944年率部强渡怒江，消灭怒江坝黄土坡守敌原田九十九所部，继而攻克日军红木树据点。后奉命增援第11集团军，于龙陵、芒市间的南天门与增援龙陵之敌激战月余，全师打得只剩下一百多名官兵，仍坚持不退却，保证了松山大战的胜利和龙陵县的收复。1944年10月25日，因车祸遇难。

李忍涛（1904-1944年）

云南鹤庆人。化学兵总队中将总队长。抗战初参加淞沪战役，亲自指挥炮轰敌虹口海军司令部，无不命中。1944年秋，前往印度检阅所部受训情况。返国时，飞机遇难。

▲ 中国驻印军总指挥史迪威（中）和孙立人（左）、廖耀湘等中国将领在一起研究作战计划。

▲ 驻印军在缅甸丛林中行军。

▲ 我军战士正与敌激战中。

▲ 在云南西部向日军发动进攻的中国远征军出发前在接受检阅。

◄ 我军袭击缅北太柏家村，缴获敌重要文件中的"第18师团司令部"印章。

▼ 我军胜利进军，道旁是日军的尸体。

进。1944年5月，中国远征军为策应驻印军的缅北作战，强渡怒江天险，从滇西开始反攻。血战八个月，连克日军重兵防守的腾冲、松山、龙陵、芒市等重要城市和据点。1945年1月下旬，终于在云南首先把日寇驱逐出我神圣领土，和中国驻印军在畹町胜利会师。

在美、英军的协同和当地民众、爱国华侨及印缅人民的支援下，中国远征军和驻印军以数万壮士的鲜血和生命换来了这场胜利，歼灭日军第18、第56两个师团，重创其第2、第33等师团，完全打通了中印公路，同时也牵制了大量日军的兵力，从而减轻了盟国在太平洋战场上的压力，在国际上博得了崇高的荣誉。

相关链接

● 《中国抗日战争图志》之"滇西缅北反攻"
○ 《远征印缅抗战》（中国文史出版社）
● 《血线—滇缅公路纪实》白 山 著（云南人民出版社）

239

向代宜（？-1944年）

四川巫山县人。陆军第30师88团2连上等兵。1944年5月在密支那牺牲（塑像取自抗日无名烈士的雕塑群像）。

王金山（？-1944年）

四川巫山县人。陆军第50师150团7连中士。1944年5月在密支那牺牲（塑像取自抗日无名烈士的雕塑群像）。

▲ 在云南组建的远征军开赴滇西前线。

▲ 蒋介石在昆明检阅受训后的新兵。

▲ 云南各族民众修路，支援部队反攻。

▲ 1944年11月，向龙陵进发的中国军队。

▼ 战时的滇缅公路。

▼ 远征军架浮桥开赴前线。

▲ 我军的炮兵阵地。

▲ 我军的机枪向敌扫射。

▼ 我远征军用喷火器攻击盘踞在腾冲城内的顽敌。

▲ 我军冲入腾冲城内，与敌巷战。

▲ 被俘的日军。

中国远征军与中国驻印军胜利会师。这是自滇西进攻的第二军军长王凌云（左）与由缅甸进攻的新编第一军军长孙立人握手。

相关链接

● 《缅甸之战》 戴广德 著 (黄山书社)

○ 中国第二历史档案馆 (南京)

● 《松山大战》 段培东 著 (云南人民出版社)

伍玉才（ ？ -1944年）

四川巫山县人。陆军第88师264团4连下士。1945年1月在畹町牺牲（塑像取自抗日无名烈士的雕塑群像）。

何明高（ ？ -1944年）

四川巫山县人。陆军第88师262团机1连二等兵。1945年1月在滇西牺牲（塑像取自抗日无名烈士的雕塑群像）。

▼ 由高登·西格里伍（Gordon Sengrave）医生领导的医疗小组正在抢救中国伤员。他们用帆布床作手术台，每天要做190例手术，常常工作到次日凌晨。

▲ 当年敌我激战地—松山。1944年9月8日，我军耗时3个多月，终于攻克日军据点松山。左图为当时的我军向敌发动进攻的情景。

相关链接

● 《中国远征军入缅抗战纪实》（西南师范大学出版社）

○ 《抗日御侮》（黎明文化事业公司）

◐ 《云南抗日战争史》 孙代兴 吴宝璋 主编（云南大学出版社）

曹和光（1907-1944年）

　　山东人。陆军第12师上校团长。1944年春，日军围攻许昌，快速向襄城、郏县窜扰。曹部守卫襄城，敌猛攻数日不下。5月2日，日军不断增援，因敌众我寡，曹部与敌激战两昼夜，伤亡甚众，城垣被敌突破。曹从容指挥官兵与敌展开巷战。3日，敌再次发动总攻，曹率部用手榴弹轰炸敌坦克，不幸壮烈牺牲。

刘国昌（1899-1944年）

　　河南太康人。陆军第20师58团上校团长。抗战开始后屡立战功。1944年5月，率所部坚守河南襄县，一再击退敌人进攻。后因日寇不断增援猛扑，身受数伤，不愿被俘，含愤自尽，壮烈捐躯。

⑧ 日军的垂死挣扎（豫湘桂之战）

关键词：1号作战　豫中会战　长衡会战　桂柳会战

　　日本企图强行扭转军事上的不利态势，进行垂死挣扎，从1944年4月开始，集中五十多万侵华兵力，又向中国正面战场发动了一次长达十个月的战略性进攻（代号为1号作战），先后向平汉路中段、粤汉路南段、湘桂路及其附近地区发动进攻，实施打通大陆交通线的作战。这次作战可分为豫中会战、长衡会战、桂柳会战三个阶段。4月17日，日华北方面军向豫中发动进攻，突破守军的黄河防线。一路沿平汉路南下，与河南长台北上之敌会师于确山，打通了平汉路南段；一路由郑州沿

◀日本侵略军第12军的首脑在研究作战计划。中为日军第12军司令官内山英太郎中将。

▼日军在河南洛阳与中国军队作战的场面。

陇海路及其以南地区西进，与在垣曲地区南渡之敌会合，遭到中国军队顽强抵抗后，日军仍于5月25日攻占了洛阳。

　　日军在向豫中进攻时，就准备在长(沙)衡(阳)作战。5月27日，日军纠集八个师团的兵力，首先向粤汉线的长沙发动进攻。6月18日攻陷长沙，尔后又南下进逼衡阳。我第9战区所属第10军在军长方先觉率领下，和十倍于己的敌人浴血奋战，孤军守城47天，有力地阻碍了日军的作战计划，震撼了东京。8月8日，衡阳陷落。

　　日军占领衡阳后，随即向桂林、柳州进

▼吕公良(1905-1944)　陆军新编第29师长，1944年4月下旬率部坚守许昌城，他对部属说："死守许昌，后退者严惩不贷，守是死，退亦是死，不如死的轰轰烈烈！"他指挥该部与数倍之强敌浴血奋战至5月1日凌晨，最后与司令部及卫队成员都壮烈牺牲在战场上。左图是他生前与妻子儿女的合影。

相关链接　　●《中原抗战》(中国文史出版社)
　　　　　　　○《湖南四大会战》(中国文史出版社)
　　　　　　　●《抗日战争正面战场》(江苏古籍出版社)

马登云（1906-1944年）

青海民和人。陆军第98师293团上校团长。1942年1月，参加长沙会战，奉命指挥炮兵，协助292团向日军进攻。日军疯狂反扑，马三处受伤，仍坚持不下火线，在担架上指挥作战，官兵士气振奋，攻克敌占区。1944年8月下旬，马率部由衡阳向东安转移，率部驰援友军，突遭日军伏击，不幸中弹牺牲。

陈济桓（1893-1944年）

广西人。桂林防守司令部中将参谋长。1944年9月，日军向桂林、柳州进犯。11月，日军强渡桂江，逼近城郊，以绝对优势兵力向守城部队猛攻。9日晚，陈率部突围时，受伤倒地，为了不致被俘，写下遗嘱："职口臂受伤，不能脱离阵地，决定自杀成仁，以免受辱。"他将遗嘱和怀表交给卫士，令其快走，即举枪自戕，壮烈殉国。

▲ 陆军第10军保卫衡阳而阵亡的将士遗骸，这是抗战胜利后收集遗骸时专门拍的照片。

▲ 衡阳市昔日繁华的中山北路被炸后只剩断垣残壁。

▲ 衡阳保卫战中，奋战47昼夜、歼敌五万多人的陆军第10军军长方先觉将军。

▲ 日军轰炸桂林，引起市区大火。

犯。1944年9月中旬，敌集中八个多师团的兵力，沿湘桂线、西江及雷州半岛，分北、东、南三路合击桂林、柳州与南宁。中国守军第4战区部队分别在上述地区进行抵抗，但未能阻止住敌人的进攻。11月11日，柳州、桂林相继失守。

桂柳战役结束后，敌又以一部兵力于1945年2月间一度打通了粤汉铁路广东段，并先后占领该路东侧之盟军空军基地遂川、赣州。但由于中国各战场的广大军民不断给敌以袭击和破坏，不但使敌无法取得预期的效果，且使其总态势迅速恶化，而中国敌后战场的反攻和盟军在南洋、太平洋方面的作战则处于有利形势，中国抗日战争已胜利在望。

▼ 在桂林保卫战中，于七星岩壮烈牺牲的我军八百壮士之墓。

● 《粤桂黔滇抗战》 (中国文史出版社)
○ 《中国抗日战争图志》之"豫湘桂之战"
● 中国第二历史档案馆 (南京)

相关链接

抗战中的中国士兵

抗战中的中国士兵

⑧⑧ 豫西鄂北与湘西会战

关键词：西峡口 老河口 芷江空军基地

　　1945年上半年，日军在中国广阔的战场上兵力日益分散，顾此失彼，已陷入全面被动和被包围歼灭的狼狈境地。但它仍妄图挽回败局，进行垂死挣扎。这时，中国战区最高统帅部已拟定出中国战区总反攻计划，再次调整了战斗序列，正面战场就从反击敌人进攻中，开始了神圣的反攻。1945年三四月间，日军为破坏中国靠近前线的野战机场，阻止盟国空军使用中国机场对日作战，纠集重兵向我豫西鄂北和湘西发动进攻。

　　3月20日，敌华北方面军的第12军，以主力一部突破鲁山、舞阳、长水镇的第1、第5战区防线后，进击西峡口、老河口一线。日

▲ 几经血战的我军战士。

◀ 肩扛炸弹的中国士兵

▼ 中国军队中的炮兵。

▼ 我军战士在欢呼战斗胜利。

军一部向襄樊攻击。4月18日，占领老河口机场。随后，我第1、第5、第10战区部队协力反击，收复襄阳、宜城、樊城等失地。5月底，我军在给日军相当大的打击后，在豫陕鄂边区与敌形成对峙。

　　1945年4月8日，敌第6方面军的第20军主

相关链接　　● 《湖南四大会战》 (中国文史出版社)
　　　　　　○ 《武汉会战》 (中国文史出版社)
　　　　　　● 中国人民抗日战争纪念馆 (北京)

一寸河山一寸血

抗战中的中国士兵

在抗战军队中的挑夫

力一部，在空军的配合下向湘西进犯，企图占领芷江空军基地。中国军队除第3、第4两个方面军担任防御外，又将在缅北作战的新6军主力空运到芷江参加作战。中国军队对日军从逐次阻击到截击、夹击，将日军分割包围。在中国战区的中、美空军，也集中力量于芷江方面。制空权完全被我们掌握。日军自始即陷入被动，在中国军队反击下日军中国派遣军新任总司令冈村宁次被迫于5月8日下令停止芷江作战，狼狈逃窜。中国军队乘胜反攻，至6月7日，日军所占地区全部收复，并毙、伤日军二万四千余人，取得了湘西会战的大胜利。

▲ 第14航空队出发攻击日军。

◀ 被我俘虏的日本士兵

◀ 我新编第六军空运回国，赶赴湘西会战。

▲ 在中国战场战死的日本士兵遗骨被送回日本。

相关链接

● 《中国抗日战争图志》之“豫西鄂北和湘西会战”
○ 《中国现代史资料选辑》(中国人民大学出版社)
● 中国第二历史档案馆（南京）

一寸山河一寸血

太平洋战场上的
美军士兵

太平洋战场上的
美军士兵

89 波茨坦会议与原子弹

关键词：《波茨坦公告》 广岛 长崎
"一亿玉碎""本土决战"

从1945年1月24日起，盟军对日本首都东京进行了更大规模的轰炸，并在下关、门司地区空投机械水雷，封锁水道。美军在对日本进行轰炸和袭击时，采纳了中国学者梁思成等人提出的保护日本文化古迹的建议，使京都、奈良等古都幸免于难。

1945年7月16日早晨5时30分，美国的第1颗原子弹在新墨西哥州的沙漠地区试验爆炸成功，其威力相当于1吨烈性炸药的2万倍。为了加速击败日本法西斯政权，同时为了在远东争取更多的战争胜利果实和战后的有利地位，美国政府便考虑在日本使用这一最新

▼ 美军在太平洋战场缴获的日军军刀和军旗(现陈列于夏威夷珍珠港博物馆)。

▲ 美军数以千计的飞机向日本进击时，掠过海上正在前进的军舰。

式武器。7月24日，杜鲁门总统通过美国陆军部长的名义指令派遣第20航空队第509混合大队，在日本广岛、小仓、新泻和长崎等四个城市选择一个目标，准备投掷原子弹。7月17日至8月2日，苏、美、英三国首脑举行波茨坦会议，商议战后世界安排和苏联对日作战问题。7月26日，中、美、英三国政府（苏联当时尚未对日宣战，故未列名）联合发表了《波茨坦公告》，敦促日本无条件投降。但日本政府直到8月1日仍无正式答复，而首相铃木却发表讲话，叫嚷"一亿玉碎"、"本土决战"，表示决心顽抗到底。于是，美国政府决定按原定计划对日本使用原子弹。8月6日上午8时许，

相关链接
● 《第二次世界大战大事纪要》 (解放军出版社)
○ 《第二次世界大战史》 (军事科学出版社)
● 《美国外交档》 (中国社会科学出版社)

太平洋战场上的
美军士兵

1944年

当时世界	1月22日	盟军登陆安齐奥。
	3月6日	美空军开始对柏林实施昼夜轰炸。
	4月22日	盟军在新几内亚登陆。
	6月6日	盟军实施诺曼底登陆战役。
	7月21日	美军在关岛登陆。
	11月14日	苏、美、英在伦敦签订关于在德国建立管理机构的协议。
	12月16日	德军实施阿登战役。

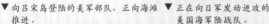

▲ 日本航空队和海军航空舰队普遍建立所谓"神风特攻队"(敢死队),作为人肉炸弹袭击美国舰队。他们送死前向天皇行礼。

▶ 这艘美国航空母舰刚被日本飞机击中,战士正在扑灭大火。美国部队向日本本岛逼近,战斗越趋激烈。

▼ 向吕宋岛登陆的美军部队,正向海滩推进。　▼ 正在向日军发动进攻的美国海军陆战队。

美军两架B-29飞机飞临日本广岛上空,用降落伞向日本投掷了第1颗原子弹,顷刻之间,广岛发生巨大爆炸,全市立即化为火海。当日,广岛居民被炸死者计78150人,负伤和失踪者51408人。全市建筑物共7万幢,有三分之二全毁,三分之一半毁。8月9日上午11时30分,美国又在日本长崎投下第2颗原子弹。当天,长崎居民又有23753人被炸死,43020人被炸伤。由于美国向日本连续投掷了两颗原子弹,加之苏联于8月8日参加对日宣战和出兵中国东北,加速了日本法西斯的溃败。但使用原子弹屠杀和伤害大量的平民的做法,却给人类造成了巨大灾害,遭到了各国人民的反对。

▲ 原子弹在广岛中心上空爆炸,市区顿成一片废墟。左为现存遗址。

▼ 美国空军于1944年11月起,开始大规模轰炸东京。到1945年6月,每月在东京投弹5000吨。图为1944年11月24日在东京上空投弹的情景。

▼ 1945年8月9日,第二颗原子弹在日本长崎上空爆炸。右为现存遗址。

相关链接
● 《中国抗日战争图志》之"美军对日本本土的战略轰炸"
○ 《第二次世界大战内幕》[苏] 沃尔科夫 著 (军事科学出版社)
● 《第二次世界大战战史》[英] 李德·哈特 著 (上海人民出版社)

247

李家钰（1890-1944年）

　　四川蒲江人。第36集团军上将总司令。1944年5月，中原大战中，日骑数千分三路向陕县东南突袭，逼近姚店总部。李将军亲率特务营奋力反击，不幸头部腹部中弹，为国捐躯。实践了其生前"男儿欲报国恩重，死到疆场是善终"的誓言。

王甲本（1901-1944年）

　　云南富源人。陆军第79军中将军长。1944年9月，湘桂会战中，王率部赴东安县冷水滩堵截敌人，与敌激战两日。9日拂晓，陷敌重围，王率余部与敌肉搏。搏斗中被敌兵刺刀刺中腹部，但仍拼死战斗，以手枪毙敌多人后壮烈牺牲。

90 全面大反攻（正面战场）

关键词：中国陆军总司令部　桂柳地区　转守为攻

▲ 整装待发的中国士兵。
▼ 被我军活捉的日本侵略军。

　　1944年12月，为了准备对日反攻，国民政府在昆明设立中国陆军总司令部，何应钦兼任总司令，整编四个方面军。1945年5月，湘西会战胜利之后我军即向桂柳地区败退的日军追击。在闽（福建）厦（厦门）方面，中国海军和陆军协同作战，于5月收复福州、马尾、长门等地。5月26日，第2方面军

一部收复广西南宁。第3方面军一部在第2方面军的配合下，向广西柳州之敌发动总攻击，6月30日收复柳州；然后分三路向桂林急进，一路追歼残敌。1945年7月7日，国民政府军事委员会正式宣布：战局现已转守为攻。同月，湘南、黔东、桂北一线全线进入反攻。早已掌握制空权的中国空军更大规模出击，轰炸日军和其据点，并空降伞兵、配合陆军作战。此外，中国军队在江西、广东等地也收复了一些地方。正面战场的形势日益有利。

　　同时，日本方面也知道全局战事已越来越不利，早于1944年在进行湘桂作战的同时，妄想与中国谈"和"。它希望中国停

▼ 乘飞机奔赴前线的我军将士。

相关链接　　● 《抗日御侮》（黎明文化事业公司）
● 《惨胜》马振犊 著（广西师范大学出版社）
● 中国人民抗日战争纪念馆（北京）

一寸山河一寸血

吴 展（1908-1944年）

广西恭城人。陆军第13师392团上校团长。1944年8月，日军攻占衡阳，桂北形势危急，吴部奉命参加桂林保卫战。10月，日军分数路包围桂林，吴团防守城北门至甲山口一带阵地，全体官兵顽强阻击日军。11月8日，日军使用重炮向吴团阵地猛轰，吴展在激战中阵亡。

阚维雍（1910-1944年）

广西人。陆军第131师中将师长。1942年9月中旬，阚率部与友军共守桂林，布防七星岩。自10月31日开始，战斗日趋激烈，阚指挥所部与敌苦战，杀敌颇多。11月8日，日军用毒气攻打七星岩，阚部391团800余官兵壮烈牺牲，392团、393团也伤亡殆尽。阚深恨未能完成坚守任务，遂自杀殉职。

止抗战，借以从中国摆脱困境，全力进行对英美的战争。但这只是强盗的痴心梦想。日本暴戾狷狂，且敢于向世界挑衅，终于从发动侵华战争开始，走到了末日。此后，日本企图利用苏联与英美的矛盾，把媾和的希望寄托于苏联的斡旋，但苏联反应冷淡。此时，中国正面战场和敌后战场的大反攻已势如破竹。

▲ 正面战场上的陆军在湘南、黔东、桂北一线发动反攻，早已掌握制空权的中国空军大规模出击并空降伞兵，配合陆军作战。这是在广西的中国军队正准备开赴前线。中国的大反攻展开在5000公里的正面战线和一百三十余万平方公里的辽阔的土地上，亿万军民，同仇敌忾，向着万恶的日本侵略者，猛烈冲击，夺取最后的胜利。

▼ 我正面战场的部队占领柳州后，当地老百姓在路边欢迎。经过八年抗战，到处都是残墙断壁，人民终于盼来了胜利的一天。

● 《中国抗日战争图志》之"全国大反攻"

○ 中国第二历史档案馆（南京）

● 《中华民族的抗日战争》罗焕章 支绍曾 著（军事科学出版社）

相关链接

袁鸿化（1909-1943年）

　　陕西高陵县人。八路军冀南4分区政治部主任。抗战爆发后，任129师教导团政委、新4旅和冀南4分区政治部主任等职。1943年10月，在临清战斗中光荣牺牲。

高捷成（1909-1943年）

　　福建漳州人。中共冀南银行总行长。1943年反"扫荡"中，在内丘县牺牲。

关键词：进军命令　华北　华中　华南

▲ 八路军晋察冀部队解放赤城后，正在追歼逃敌。

　　1945年8月9日，中共中央军委发表声明，指出，"最后战胜日本侵略者及其一切走狗的时间已经到来了"。8月10、11日，延安八路军总部朱德总司令连续发布七道进军命令。八路军、新四军和华南游击队，遵照毛泽东、朱德和延安总部的命令，迅速地向被包围的城镇和交通要道之敌发动了大反攻。并抽调了大批部队，向东北挺进，收复失地。东北抗日联军也积极行动，配合反攻。

　　在华北，聂荣臻率领所部，向平绥路东

相关链接　　《中国人民解放军历史资料图集》（长城出版社）
《第二次世界大战史》（军事科学出版社）
《中国人民解放军战史简编》（解放军出版社）

张智法（1907-1945年）

　　陕西韩城县人。八路军冀南1分区26团团长。率部坚持广（平）、大（名）路地区的对敌斗争。在1945年的大反攻中，他率部转战漳河两岸。同年8月，在成安县北鱼口与日寇激战，身负三处重伤，仍坚持指挥，终因流血过多，牺牲于馆陶县。

吕怀忠（1917-1945年）

　　山西崞县人。八路军晋绥军区第8分区副参谋长。1945年8月，我军大反攻。吕亲赴前线指挥，在收复文水县城的激烈战斗中，不幸中弹牺牲。

段、北宁路南段、平汉路和津浦路北段、同蒲路北段和正太路进攻，包围了北平、天津、保定之敌；贺龙、关向应率领所部，向同蒲路北段、平绥路西段和汾离公路进攻，收复了山西、绥远的广大地区；刘伯承、邓小平率领所部，向陇海路中段、平汉路中段和同蒲路南段进攻，收复了晋冀鲁豫黄河沿岸的广大地区；罗荣桓率领所部，向胶济路全线、津浦路中段和陇海路东段进攻，收复了山东的大部地区。

　　在华中，陈毅率领所部，分别由长江两岸、津浦路南段、陇海路东段、宁沪路等地反攻，收复了华中广大地区，直逼南京、上海、武汉等大城市。

　　在华南，华南游击队各部分别迫近广州、汕头、雷州和三亚湾等地。

　　中国敌后战场的反攻，是从1943年秋开始的局部反攻揭开序幕的，此后，不断取得胜利。进入最后阶段，亿万军民，同仇敌忾，向着万恶的日本侵略者猛烈冲击！

▲ 我军攻入河北涿鹿县城，正在向敌射击。
▼ 晋察冀军区司令员聂荣臻（中）以及肖克、杨成武（右）同志在前线指挥作战。

▼ 在解放张家口战斗中的我军前沿指挥所。

▼ 正在向八路军投降的日军侵略军。

相关链接　　● 《中国抗日战争图志》之"全国大反攻"
　　　　　　　◐ 《中共抗日部队发展史略》（解放军出版社）
　　　　　　　● 《沙飞纪念集》（海天出版社）

高永祥（1912-1945年）

　　甘肃临台人。八路军晋绥2分区副司令员。1945年4月，高率所部收复了五寨县城。7月下旬，在凤凰山伏击从义井据点撤退的日军。战斗中，指挥所被围。高率领参谋和警卫员与敌展开激战，不幸牺牲。

桂干生（1910-1945年）

　　河南罗山人。新四军第5师干部队队长。1939年，任129师9旅旅长兼冀南1分区司令员。1945年参加中共"七大"后，任新四军5师干部队队长，率百余名干部赴华中地区工作。途经同蒲铁路时遭敌伏击，壮烈牺牲。

▲1945年8月，八路军解放晋北阳高县城。这是我军解放阳高县城后继续挺进。

▲1945年8月，八路军晋察冀部队解放通往东北的咽喉——山海关。

▼1945年9月，八路军山东部队解放临沂。这是首先突入城内的尖刀班战士。

▲华中新四军在津浦路徐州至固镇段向敌发起进攻。

▼我军从突破口进入河北赤城。

▼在河北怀来的我军炮兵。

▲我军强攻冀东重镇蓟县县城。

▼日本侵略军向我缴械投降。

▼我军攻占张家口市，正在火车站追歼逃敌。

252

● 《抗日根据地发展史略》（解放军出版社）
○ 《中国人民解放军战役集成》（解放军出版社）
● 《中华民族的抗日战争》（军事科学出版社）

鲍 夫（1916-1944年）

安徽芜湖人。八路军临城独立营副政委。抗战爆发后，到冀南参加游击队。1938年加入中国共产党，历任青年股长、教导员、分区宣传科长、武工队政委、临城独立营副政委等职。他不畏环境险恶，到临城后依靠群众，很快开创了新局面，给敌以沉重打击。1944年，在驾村突遭日寇袭击而牺牲。

王先臣（1915-1945年）

江西吉安人。八路军冀中6分区司令员。1945年7月1日，王率所部攻打赵县敌据点。战斗中，敌人的援军先被我击溃，但其中一股逃至分区所在地赵县大吕村。王在组织围歼该敌时，不幸中弹牺牲。

1945年8月，我军解放张家口，从大境门进入市区。

● 《中华民族抗日战争史》（中共党史出版社）
○ 《中国抗日战争史》（解放军出版社）
● 《抗日战争》（四川大学出版社）

相关链接

帕夫洛·费奥多罗维奇·瓦西里耶夫

苏联红军外贝加尔方面军第39集团军近卫第5步兵军第17师炮兵上校司令员。1945年8月与日军作战中的战斗英雄。

加夫里尔·斯捷潘诺维奇·兹达诺维奇

苏联红军外贝加尔方面军第53集团军近卫第57步兵军第203师少将师长。1945年8月与日军作战中的战斗英雄。

关键词：雅尔塔会议 关东军 东北抗日联军

1945年3月间英美苏三国首脑雅尔塔会议上,苏联已承诺对德战争结束后两或三个月内参加对日作战,于4月5日宣布废除苏、日中立条约,1945年8月8日宣布对日本处于战争状态,当时,距日本宣布投降刚好一星期。这使日本希望苏联出面斡旋、以结束战争的幻想彻底破灭。9日凌晨,苏联百万红军在远东最高统帅部华西列夫斯基元帅统一指挥下,在总长4000公里的战线上,以陆军80师、5500余辆坦克、3800架作战飞机的绝对优势,分三路向中国东北境内的日本关东军展开了攻势。这时已处于战争尾期,日本关东军在其训练和装备上已经没有当

▲ 苏联红军在4000公里的战线上,分别向日军发动进攻。这是在进军途中和进入哈尔滨时的镜头。
▼ 苏联红军总司令华西列夫斯基元帅(中)和日本关东军代表(右)会谈日军的投降事宜。

▼苏联红军正在向我东北兴安岭地区的日军发动进攻。

年号称精锐的关东军的面貌了。战前的精锐部队都已调往南方,余下的大多为新征部队。9日至10日,苏联红军几乎全部突破日军的筑垒地域,在宽大的正面越过国境线,进入中国东北地区。关东军因为第一线崩溃得太快,陷于大混乱。

相关链接
● 《苏联红军出兵东北》 刘小艺 著 (世界知识出版社)
○ 《苏联出兵中国东北纪实》 徐焰 著 (天地图书)
● 中国人民抗日战争纪念馆 (北京)

阿米捷米·谢尔盖耶维奇·亚罗沃伊

苏联红军远东第2方面军第2骑兵集团第12步兵师第214团大尉营长。1945年8月与日军作战中的战斗英雄。

1945年

当时世界	2月4日	苏、美、英举行雅尔塔会议。
	2月19日	美军实施硫磺岛战役。
	4月16日	苏军发起柏林战役。
	4月25日	美英盟军与苏军会师易北河。
	4月29日	墨索里尼被处决，30日希特勒自杀。
	7月7日	苏、美、英、法四国共管柏林的协议签字。
	7月26日	波茨坦公告发表。
	8月6日	美国在日本投掷第一颗原子弹。

▲ 在中国东北和张家口市矗立的苏军和苏蒙军纪念碑。

▶ 统率苏联红军远东军出兵东北的苏军总司令华西列夫斯基元帅。

▼ 我大连市人民欢迎苏联红军。

▲ 长眠在中国东北满洲里地区的苏联红军烈士。

▼ 苏联红军接受日本侵略军投降，并收缴他们的武器。

在苏军出兵东北的过程中，我东北抗日联军组成的伞降先遣部队，立即前往苏军各方面军，担任火力侦察，袭击敌人后方，配合正面作战，并承担当苏军向导等任务。苏军在得到东北人民和抗日联军的全力支持和完全掌握制空权的有利条件下，以机械化快速部队向处于混乱状态的日军实施猛烈的进攻，经过六天的战斗，西线方面军向日军纵深推进了250到400公里，前锋到达多伦、林西、洮南、王爷庙一带；东线方面军向前推进了120到150公里，前锋到达林口、穆棱一带；北线方面军向前推进了50到200公里，前锋到达瑷珲、宝清一带。从8月18日到8月底，苏军空降兵在哈尔滨、长春、沈阳、吉林、旅顺、大连和延吉等地空降着陆。随后，陆军快速部队迅速到达上述各地，迫使日本关东军投降，共毙、伤、俘日军67万余人。

相关链接

● 《中国抗日战争图志》之"苏联红军出兵中国东北"

○ 《中国现代史资料选辑》（中国人民大学出版社）

● 《华西列夫斯基》李玉刚 著（世界知识出版社）

255

一寸山河一寸血

朱耀章（1901-1932年）

第5军第88师259旅517团1营营长。在"一·二八"淞沪抗战中，率部在朱家桥向敌冲击，不幸身中七弹，牺牲在敌军阵内，同时牺牲的还有蔡策元、周梦熊等官兵。

陈钝一（ ？-1938年）

湖南新宁县人。陆军第85军4师12旅23团团长。1938年3月在台儿庄战役中，所部在增峰县与敌激战，3月19日赴南门督战时，不幸中敌炮弹牺牲。

93 日本无条件投降

关键词：乞降照会 《终战诏书》 "密苏里"舰
芷江 中国战区

▲ 投降的日军。

日皇裕仁在宣读《终战诏书》。

▼《终战诏书》的部分内容。

▼ 南京，向我投降的日本侵略军。 ▼ 芷江，前来洽降的日本代表在签字。

被中国人民抗日战争拖得精疲力竭的日本帝国主义者，被迫于1945年8月10日通过中立国瑞士、瑞典，向盟国发出乞降照会。8月14日，日本召集最高战争指导会议成员及内阁成员举行了御前会议，天皇裕仁决定接受《波茨坦公告》投降。8月15日，天皇颁发《终战诏书》。

9月2日，在停泊于东京湾的美国"密苏里"号战舰上，举行了日本向盟国投降的签字仪式，先由外相重光葵代表日本天皇及日本政府、参谋总长梅津美治郎代表日本帝国大本营在投降书上签字。然后，由受降国的盟军最高统帅麦克阿瑟上将、中国代表徐永昌将军、美国代表尼米兹海军上将、苏联代表德勒维亚科中将、英国代表福莱塞海军上将以及澳大利亚、加拿大、法国、荷兰、新西兰等九国代表签字。这标志着世界人民反法西斯的胜利和第二次世界大战的结束。

中国战区的受降范围为中国（东北由苏联受降）、越南北纬16度以北地区。

日军驻华派遣军所辖投降兵力计有：华北方面军，华中第6方面军，京沪地区第6军、

相关链接

● 《八·一五这一天》(光明日报出版社)
○ 《抗日战争研究》(近代史研究杂志社)
● 中国人民抗日战争纪念馆 (北京)

一寸山河一寸血

江上青（1911-1939年）

　　江苏扬州人。中共皖东北抗日根据地的奠基人之一。1939年8月29日，为促进该地区国共两党的部队合作抗日，参加谈判。在返回途中于泗县小湾不幸遭敌伏击，壮烈牺牲。

白文冠（1872-1941年）

　　河北省献县人。农民。1938年初的一天，日军进村烧杀、抢掠，并枪杀了她的大儿子和许多乡亲。她抹干了眼泪，把二儿子、三儿子叫到跟前，鼓励他们揭竿而起，组织领导了"回民义勇队"。日军将白抓获，妄想逼她劝降儿子，她以绝食抗拒。1941年，农历7月12日，她摘下手上的玉镯，奋力向敌人头上砸去，随后一阵咳嗽，吐出两口血，突然倒下，闭上了双眼。

▲ 1945年9月9日，中国战区日军投降签字仪式在南京黄埔路陆军总司令部前进指挥所举行。图为受降签字会场。中国参加受降仪式的有：陆军总司令何应钦、海军总司令陈绍宽、空军上将张廷孟、陆军总部参谋长萧毅肃、第3战区司令长官顾祝同等。日本参加投降仪式的有：中国派遣军总司令官冈村宁次、总参谋长小林浅三郎、副参谋长今井武夫、中国海面舰队司令福田良三、台湾军参谋长谏山春树等。

▲ 受降仪式上，侵华日军总参谋长小林浅三郎代表冈村宁次向中国战区陆军总司令何应钦递呈降书，降书内称："自此以后，日本陆海空军当即服从蒋委员长之节制，并接受蒋委员长及其代表何应钦上将所颁发之命令。"

▼ 侵华日军总司令冈村宁次向中国表示投降而递交的指挥刀（现陈列于中国军事博物馆）。

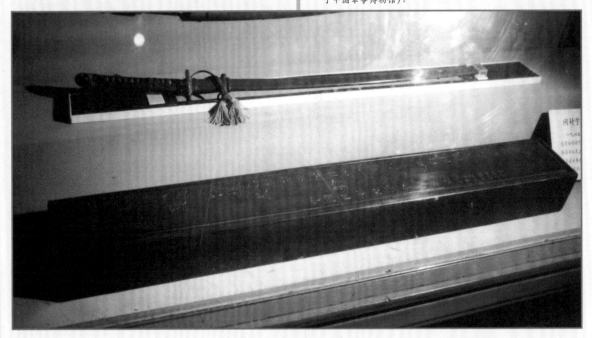

相关链接　● 《中国抗日战争图志》之"日本无条件投降"
　　　　　　○ 中国军事博物馆（北京）
　　　　　　● 中国第二历史档案馆（南京）

257

一寸山河一寸血

萧永智（1911-1943年）

湖北黄安县人。八路军新8旅政治委员。1943年9月，在山东清平县战斗中与敌徒手搏斗，英勇牺牲。

魏明伦（1917-1943年）

河南南阳人。华北抗日民军第1团政委。1943年9月28日，在曹县反"扫荡"战斗中牺牲。

第13军，广东第23军，台湾第10方面军，越南北纬16度以北地区第38军，以上投降日军总共1283200人。蒋介石指派陆军总司令何应钦代表中国战区最高统帅接受日军投降，并确定了15个受降区的主官。8月21日，日本乞降使节今井武夫一行8人飞抵湖南芷江，接受中国方面规定日军投降应准备事项的指示。9月9日，何应钦在南京主持中国战区日军投降签字仪式，日本驻中国派遣军总司令冈村宁次代表日军大本营在投降书上签字。自9月11日起至10月中旬止，在华日军除因拒降被八路军、新四军等部歼灭者外，其余均缴械集中完毕。至此，在伟大中华民族的土地上，烧杀抢掠、不可一世的日本侵略者终于彻底失败。

▲ 第10受降区在北京故宫接受日军投降，图为受降主官孙连仲在签字。

▲ 在第10受降区投降的日本侵略军代表在签字。

▲ 接受日军投降的中国代表。

▲ 在广州签字投降的日军头目田中。

▼ 中国军队缴获的沾满中国人民鲜血的日军指挥刀。

▼ 日本投降后，东条英机于8月30日自杀未遂，被盟军救活，后被押上了审判台。

▼ 日陆军大将军阿南惟几自杀，逃避了审判。这是日本靖国神社为这个罪犯所做的陈列。

相关链接

● 《黄河魂》（档案出版社）
○ 《江淮血》（档案出版社）
● 《东方祭》（档案出版社）

吕旃蒙（1905-1944年）

湖南零陵县人。陆军第31军少将参谋长。曾率部转战桂南，屡立战功。1944年9月，所部奉命防守桂林，奋勇抵抗，使来犯之敌蒙受重创。后敌施放毒气，并大举增援，攻入市内，将军率部反击，与敌展开肉搏。11月10日拂晓，不幸在德智中学附近阵亡。

郁达夫（1896-1945年）

浙江省富阳人。著名作家。1938年应邀去新加坡。太平洋战争爆发后，于1942年2月去印度尼西亚避难，化名"赵廉"，潜入日本宪兵队担任翻译。在此期间，多次营救爱国侨胞和印尼人士。日本投降时，盟军进驻苏门答腊，日本宪兵队由于害怕郁达夫揭露他们内部的许多秘密，于1945年8月29日将他秘密绑架后杀害。

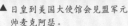

▲ 日皇到美国大使馆会见盟军元帅麦克阿瑟。

▲ 9月2日，同盟国在美国战舰"密苏里"号上举行受降仪式。

▼ 1945年9月2日，"密苏里"号上举行的日本向盟军投降仪式全景。

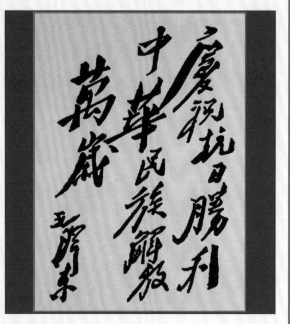

▲ 中国代表、军令部长徐永昌在日本投降书上签字。至此，践踏中国领土长达几十年，屠杀中国人民数以千万计，横行一时的日本侵略者终于彻底失败。

▼ 日本侵略者投降后，毛泽东手书："庆祝抗日胜利 中华民族解放万岁"。

庆祝抗日胜利
中华民族解放
万岁
毛泽东

▲ 麦克阿瑟在日本的投降书上签字。

▲ 日本代表在投降仪式上的嘴脸。

▼ 日本发动侵略战争，最终战败投降，被永远载入史册。

▼ 日本外相重光葵代表日皇和日本政府在投降书上签字。

一寸山河一寸血

相关链接

● 《楚天云》（档案出版社）
○ 《远征颂》（档案出版社）
● 《细说抗战》黎东方 著（远流出版公司）

259

抗战胜利时的儿童

抗战胜利时的儿童

94 举国欢庆胜利

关键词：波茨坦宣言 投降签字仪式

一寸山河一寸血

　　1945年8月10日下午6时许开始，重庆市无线电波中传出声音："日本政府无条件投降！日本已接受波茨坦宣言！"重庆市的墙上立即贴出了"日本投降了"巨幅号外。有几个记者当即驾着三轮车狂敲响锣，绕城一周，向市民报告日本投降的消息。当天晚上，重庆就变成了欢浪迭起的大海。

　　《新华日报》11日的社论说："全中国人都欢喜得发疯了！这是一点也不值得奇怪的，半世纪的愤怒，50年的屈辱，在今天这一天宣泄清刷了，8年间的死亡流徙，苦难艰辛，在今天这一天获得了报酬了，中国人民骄傲地站在战败了的日本法西斯者前面，接受了他们的无条件投降，这是怎样的一个日子呀！谁说我们不该欢喜得发疯？谁说我们不该高

全国各地热烈庆祝抗日战争的最后胜利。

山东淄博

重庆

北京

武汉

上海

延安

张家口

相关链接

● 《八·一五这一天》（《光明日报》出版社）
○ 《八·一五前后的中国政局》（东北师范大学出版社）
● 中国人民抗日战争纪念馆（北京）

抗战胜利时的儿童

当
时
世
界

8月14日	《中苏友好同盟条约》签订。
	美国任命麦克阿瑟上将为接受日本投降的盟军最高统帅。
8月15日	日本宣布接受《波茨坦公告》，无条件投降。
9月2日	日本无条件投降签字仪式在东京湾举行。
9月8日	驻日盟军总部在东京成立。
9月11日	苏、美、英、法、中五国举行外长会议。

▲ 天津人民欢呼抗日战争取得最后胜利。

▼ 毛泽东和蒋介石在重庆举杯庆祝中国抗日战争胜利。

兴得流泪呢？"

这一庆祝胜利的热潮，自8月10日之夜涌起，以迄8月15日，日本天皇宣读投降诏书；迄9月2日，在"苏密里"号舰上举行日本向同盟国投降的签字仪式；迄9月9日，在南京举行中国战区日本投降签字仪式……每一个在苦海的血泪中挺立起来的中国人，都体验了无比的快乐，祖国各地无日不熏沐在欢快的氛围之中！吾人何幸，躬逢而亲得此旷代而不一见之胜利！天道不昧，正义岂没，缘致全面之和平；人定胜天，得道多助，终获最后之胜利，无惑乎举世狂欢，不觉其喜极而热泪交迸也。

一寸河一寸血

相关链接

● 《中国抗日战争图志》之"举国欢庆胜利"
○ 《中国抗日阵亡将士传》（河北人民出版社）
● 《抗战英烈录》（北京出版社）

沙飞和王辉

▲ 沙飞(1912-1950)　　▲ 王辉

▼ 1937年6月，《中华图画杂志》刊登沙飞的摄影专题报道《敌人垂涎下的南澳岛》，呼吁人民警惕日本的侵略。

▼ 1936年10月，沙飞在上海拍摄的鲁迅先生和林夫、曹白、白危、陈烟桥等亲切交谈的照片。

1933年，在广东汕头无线电台工作的沙飞和王辉是一对有文化、有理想的年轻人。他们从相识、相知到相爱，一个决心振兴中华，一个钦敬秋瑾，婚后以"振华"、"慕秋"相称。但是他们不想沉醉于小家庭的安逸。

沙飞喜欢摄影，拍摄了许多贴近时代和社会生活的作品。1935年6月到上海参加黑白影社。1936年秋考入上海美术专科学校西画系。1936年10月拍摄鲁迅先生最后的留影、鲁迅遗容及其葬礼的摄影作品，在刊物上发表，引起广泛的关注，名气很大。而这时，王辉加入了共产党领导的华南抗日义勇军，家里成了共产党地下活动站。她担心沙飞以摄影为职业，会影响组织安全，就提出"离婚"，想以此让他回到身边。结果弄假成真，一纸"离婚书"，剪断了他们几年来相濡以沫的幸福生活，沙飞出走了。

1936年12月和1937年6月，沙飞分别在广州和桂林举办个人影展。抗日战争爆发后，他走得更远了，前往太原，担任全民通讯社摄影记者，并赴八路军115师采访刚刚结束的平型关大捷。接着，他成了八路军中的一员。他不但自己摄影，拍摄了许许多多具有历史价值的作品，而且开创了八路军中的摄影事业，他组织开办了抗日根据地的摄影学习班，培养了一大批战地记者，还办起了《晋察冀画报》，系统地保存了共产党领导下的抗日根据地的珍贵资料和历史瞬间。本书中的许多照片也来源于他的作品。

而王辉呢？汕头被日寇占领后，她把两个孩子送进香港的战时儿童保育院，先到桂林，然后从桂林到重庆的八路军驻渝办事处工作，后又到了延安。虽然1936年沙飞带着误解离开了王辉后一直杳无音信，但王辉怀着内疚和爱，始终在寻找和注视着他的行踪。1944年在延安，王辉从晋察冀抗日根据地来的人那里终于打听到沙飞的情况。她相信沙飞也一直想念着她！她不愿意让误解继续下去，她渴望着夫妻欢聚，全家团圆。

在抗日战争胜利前夕，王辉从延安出发，日夜兼程，长途跋涉一个多月，穿过敌人三道封锁线，终于到达晋察冀，结束了长达八年的分离，终于破镜重圆。八年中，他们一个在敌后战场，一个在大后方，都是在为抗日而贡献自己的力量。

相关链接

● 《沙飞纪念集》 (海天出版社)
○ 文献：《沙飞——开创中国人民革命摄影事业的摄影革命家》 (蒋齐生)
● 文献：《人民战争的壮丽史诗民族精神的艺术再现》 (周巍峙)

▲ 1938年8月，沙飞拍摄的八路军在古长城上的照片。
▼ 1942年，沙飞领导的晋察冀画报在制版时的情形。

▲ 用土造木制轻便印刷机印刷晋　▲ 八路军战士在看沙飞等战地记
察冀画报时的情形。　　　　　　者拍摄的百团大战的新闻图片。

▼ 在华北抗日根据地出版的晋察冀画报和画报丛刊。

▲ 沙飞在五台山拍摄的照片。　　▲ 沙飞（右）和战友摄影家石少华。

▼ 沙飞和王辉终于在1945年团聚，这是他们在晋察冀抗日根据地的合影。

▼ 王辉与五个子女的合影。右起：王雁、王达理、王笑利、王少军、王辉、王毅强。

● 《沙飞摄影集》（辽宁美术出版社）
○ 文献：《初见沙飞》（石少华）
● 文献：《珍贵的镜头 光辉的道路》（吴印咸）

相关链接

台湾八卦山抗日纪念牌坊

台湾雾社抗日纪念牌坊

95 台湾回归祖国

关键词：殖民统治 "台湾革命同盟会"
"台湾义勇队" 台湾受降典礼

台湾自古为中国领土。甲午之战后，于1895年被迫割让日本，遭受50年的殖民统治。在这50年中，台湾人民曾以各种形式不断地进行反抗，以期重返祖国的怀抱。

在整个抗日战争时期，许多台湾同胞也回归大陆参加了各种各样的战斗，他们与留在大陆的台胞一起，积极参加抗日之战，并组织了"台湾革命同盟会"和"台湾义勇队"等。在台湾岛内，台湾人民也没有停止抗日，他们采取各种方法抵制日本殖民者掀起的皇民化运动，如使用汉语或台湾话，抵制改换

▲ 1943年1月7日，重庆《大公报》发表的社评以"中国必收复台湾"为题。

▲ 日本投降后，我台湾省行政长官公署与警备总部的前进指挥所，于10月5日到达台北。图为前进指挥所官兵在台湾光复后的首次升旗典礼。

▼ 1935年10月6日，我前进指挥所将台湾省行政长官公署及警备总部第一、二号备忘录交付与日本第10方面军参谋长谏山春树中将时的情景。

▼ 台湾受降典礼的会场。

相关链接

● 《台湾三百年》（户外生活股份有限公司）
○ 《中国民国史画》（黎明文化事业公司）
● 中国人民抗日战争纪念馆（北京）

台湾盐寮抗日纪念碑

台湾抗日烈士莫那鲁道墓

▲ 中国战区台湾省受降典礼于1945年10月25日在台北举行。图示我方出席的代表合影。

日本姓名，反对向青年学生灌输日本皇国思想，暗中写作抗日反战作品，坚持中华文化传统。此外，1941年的东港事件、1944年的瑞芳抗日军事件及苏澳事件等，无不反映出日本法西斯统治下台湾人民的无畏精神。

1944年4月，抗日战争胜利在即，中国政府即在重庆设立了台湾调查委员会，并训练行政干部160人，警察932人。8月，日本投降。9月1日成立了台湾省行政长官公署。10月17日，第一批中国军队在基隆登陆，受到了台湾人民的热烈欢迎。10月25日上午9时，台湾受降典礼在台北市公会堂（现改为中山堂）举行。中国台湾省行政长官兼警备总司令陈仪等人负责受降。日本投降代表台湾殖民总督兼第10方面军司令官安藤利吉签署了降书，将台湾及澎湖列岛交还中国。经过50年的痛苦与磨难，台湾终于回归祖国。

▼ 1945年10月25日上午10时，中国战区台湾受降典礼在台北公会堂（后改为中山堂）举行，庆祝台湾光复、回归祖国。图为受降典礼会场外群众集会庆祝的情景。

◀ 日本驻台湾第10方面军参谋长谏山春树签字的中国战区台湾省警备总司令部交付的投降备忘录受领证。
▼ 日本驻台湾殖民总督安藤利吉签字受领中国的第一号命令，接受投降。

相关链接

● 《中国抗日战争时期》（三联书店）
● 《纪念台湾光复历史图片集》（华艺出版社）
● 中国第二历史档案馆（南京）

265

遇难华侨纪念碑

马来亚槟榔屿华侨抗战
历史纪念碑

**96 亚太地区各国的
独立潮**

关键词：世界格局 民族解放 宣布独立

　　第二次世界大战，无论从战争规模、延续时间、破坏程度及影响来说，都是人类历史上空前的战争。它不但给中国和远东亚太地区许多国家带来空前的灾难，同时，更极其深刻地改变了世界格局。特别是由于中国坚持了长期的抗战，并赢得了胜利，日本侵略者投降之后，在中国的支持和帮助下，原先许多与中国同样遭受日本侵略的亚太地区的国家独立了，许多民族解放了！

　　从战争中解放出来的亚太地区人民纷纷武装起来，从日本侵略者及外国殖民者手中夺取政权，宣布独立。首先是印尼（1945年8月17日）、越南（1945年9月2日）、老挝（1945

尹奉吉和金九合影

他在上海虹口公园向正在举行庆祝会的日本侵略军投掷炸弹，炸死日军司令官白川义则等官员。金九为反抗日军侵略的朝鲜独立运动领袖。

尹奉吉为朝鲜义士，一九三二年四月二十九日，

▼ 日本投降后不久，胡志明即宣布成立越南民主共和国。图为摄于1946年的越盟士兵。

▼ 日占时期结束后的印尼首任总统苏加诺。

相关链接
● 《日本的侵略》（大月书店）
○ 《抗日战争研究》（近代史研究杂志社）
● 中国人民抗日战争纪念馆（北京）

一寸山河一寸血

中国驻婆罗洲山打根领
事卓还来与英美籍难友
四人纪念碑

哥打丁宜殉难华侨万灵墓

年10月12日）、菲律宾（1946年7月4日）、
其后是缅甸（1948年1月4日）、朝鲜（1948
年9月9日）、印度（1950年1月26日）、新加
坡（1963年8月9日）等纷纷宣布独立。它们
争取独立的艰苦历程，或长或短，但是战后
前殖民地的独立潮已成为一股不可逆转的风
潮，而中国与亚太地区人民的命运是紧密连
在一起的。

▼ 1945年抗日战争胜利。11月，大韩民国临时政府的官员，由重
庆经上海返国。这是他们在重庆的纪念合影，前排左四为金九。
金九在20世纪20年代旅居上海，领导韩国临时政府进行反日斗
争，后到长沙、重庆、西安等地，并在中国国民政府的帮助下，
组织了光复军。为了民族的生存，他先国后家，长期过着颠沛
流离的生活，奋斗到生命的最后一息。

▲ 在抗日战争中，凡被日本侵略过的东南亚各国，华侨都是日本侵
略者屠杀和迫害的对象。这是部分遇难华侨的纪念碑。

▼ 柬埔寨独立一周年的庆祝活动。

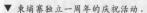

一寸山河一寸血

● 《华侨与抗日战争》（四川大学出版社）
相关链接　○ 《魂系中华》（南京大学出版社）
● 《华侨革命史》（正中书局印行）

松山战役我军阵亡将士
纪念碑

湖南衡山忠烈祠

97 远东国际军事法庭审判日本战犯

关键词：日本军国主义领导集团　东京审判

　　1945年12月26日，赢得世界反法西斯战争胜利的各同盟国，在莫斯科达成审判日本首要战犯的协议，并在日本东京开设了国际军事法庭，审判发动第二次世界大战的元凶之一日本军国主义领导集团。基于正义、和平的原则及国际公法、条约和惯例，审判以中国、英国、美国、苏联、法国、荷兰、加拿大、澳大利亚、新西兰、印度、菲律宾等11国为原告，以东条英机等日本28名甲级战犯为被告。审讯工作从1946年5月3日开始，到1948年11月12日结束，共宣判了25名日本战犯，其中土肥原贤二、广田弘毅、板垣征四郎、木村兵太郎、松井石根、武藤章、东条英机等7人被判处绞刑，荒木贞夫、桥本欣五郎、平沼骐一郎、星野直树、木户幸一、小矶国昭、南次郎、铃木贞一等16人被判处无期徒刑，东乡茂德被判处有期徒刑20年，重光葵被判处有期徒刑7年。审判的进行及其判决结果，对战后日本及世界的历史产生了深远的影响。中国作为遭受日本法西斯侵

▲ 国际检察组成员列队在
远东国际军事法庭上宣
誓就职，列队中左起第
三人为中国检察官倪征
燠博士。

▶ 步入军事法庭时的日本
甲级战犯。

▼ 被远东国际军事法庭判处绞刑的7名日本甲级战犯。

一寸山河一寸血

● 《远东国际大审判》唐灏 著　(上海人民出版社)
相关链接　《东京审判》(军事译文出版社)
● 中国人民抗日战争纪念馆　(北京)

中国远征军烈士纪念碑

昆仑关战役烈士墓地

▲ 远东国际军事法庭的法官们正在听取证词。其中右起第二人是中国法官梅汝璈。

▲ 远东国际军事法庭开庭时的情景。

▲ 被救活的东条英机正在受审。东条英机(1884-1948)，先后任日本关东军宪兵司令、关东军参谋长、陆军省次官、陆军大臣和内阁首相兼内务大臣、总参谋长等职。曾参与策划"九·一八"事变，指挥侵略军侵占中国承德、张家口和大同地区，并发动太平洋战争。被判处死刑，于1948年12月22日在日本巢鸭监狱刑场被绞死。左图为远东国际军事法庭庭长韦伯和中国法官梅汝璈。

▲ 在法庭被告席上受审的日本战犯。

略灾害最深的国家之一，参加了东京审判。在这次规模空前的国际大审判中，被告们得到了充分辩护的权利。检察官方面传唤了各种证人并提出大量证据文件，充分揭露了日本法西斯侵略中国和发动太平洋战争的种种罪行。日本法西斯罪行累累，罪孽深重，其法西斯屠杀行为尤为惨绝人寰，骇人听闻。

远东国际军事法庭的审判，整体上是严肃和公正的，得到全世界包括日本本国进步舆论的支持。但由于美国在审判中起着决定性作用，出于自身的战略利益，对战犯的追究在某些方面还是过于宽容和不彻底的。

相关链接
● 《东京审判》 (河北人民出版社)
○ 《东京审判秘史》 (世界知识出版社)
● 《中国抗日战争图志》之"远东国际军事法庭审判日本战犯"

一寸山河一寸血

上海宝山抗日烈士纪念碑

成都川军抗日救亡将士
纪念碑

98 中国审判战犯与汉奸

关键词：审判战犯军事法庭　太原　沈阳

▲ 1947年3月10日，中国军事法庭对南京大屠杀主犯谷寿夫被判处死刑。左为国民政府国防部审判战犯军事法庭的审判长石美瑜，他为搜集侵华日军南京大屠杀的罪证做了大量工作。

▲ 1947年4月，南京大屠杀主犯谷寿夫被执行死刑，图为在押往中华门外被处决的情形。

▲ 侵华日军江阴宪兵队军曹下田次郎和常熟宪兵队长米村春喜，在上海被判死刑后押赴刑场。

▼ 判处死刑的日本战犯被押赴刑场。

　　1945年11月6日，中国政府成立以秦德纯为主任委员的战争罪犯处理委员会，作为处理战犯的最高权力机构。12月中旬以后，分别在南京、上海、北平、汉口、广州、沈阳、徐州、济南、太原和台北等十处成立审判战争罪犯军事法庭，分别审理各地区的战犯。1946年2月15日，南京审判战犯军事法庭正式成立，由石美瑜任审判长。

　　根据国际法原则和由中、美、苏等11国组成的远东委员会关于处理日本战犯的决议，甲级战犯由国际军事法庭审判，乙、丙级战犯则直接由受害国家所组织的军事法庭审判。因此，在南京进行血腥大屠杀的乙级战犯谷寿夫、屠杀300余中国人的刽子手田中军吉及在南京紫金山下进行"杀人比赛"的野田岩、向井敏明等战犯，先后被引渡到中国受审。

　　1947年2月6日至8日，南京审判战犯军事法

相关链接
● 《震撼世界的奇迹》(中国文史出版社)
○ 抚顺战犯管理所旧址陈列馆 (辽宁、抚顺)
● 中国人民抗日战争纪念馆 (北京)

台北忠烈祠抗日烈士
牌位

南洋华侨机工抗日纪念碑

辽宁抚顺战犯管理所。

1956年6月，中华人民共和国最高法院特别军事法庭在沈阳开庭审判日本战犯。

日本战犯在太原特别军事法庭上痛哭流涕，表示认罪。
日本战犯们在法庭上向中国人民低头认罪。

庭在励志社（今中山东路307号），对战犯谷寿夫进行了为期三天的公审。有80余名证人出庭陈述日军在南京的暴行，其中有外籍证人三人。6日下午2时开庭时，上千人出席旁听，座无虚席，庭外还装有扩音器，广大南京市民聚集在庭外均可收听到审判实况。战犯谷寿夫和向井敏明、野田岩、田中军吉先后被判处死刑，执行枪决。

1949年1月26日，南京国民政府释放了冈村宁次等260名日本战犯。

与此同时，一批汉奸也得到了应得的下场。继汪精卫任伪国民政府主席的陈公博，任伪外交部长的褚民谊，以及梁鸿志、殷汝耕、梅思平、林柏生等，皆被审判后枪决。

中华人民共和国成立后，在中国还有包括由苏联转来的共1000多名日本战犯。1956年6月至7月，有45名战犯分别在太原和沈阳被判徒刑，其余都受到了免诉处理，由中国红十字会协助他们回国。

一寸山河一寸血

《中国抗日战争图志》之"中国审判日本战犯和汉奸"
侵华日军南京大屠杀遇难同胞纪念馆（南京）
中国第二历史档案馆（南京）
相关链接

日本的"中归联"

▲ 日本"中国归还者联络会"编辑的《日本战犯侵华罪行自述》。

▲ 日本"中国归还者联络会"会长富永正三。

▼ 曾任关东军宪兵的"中归联"常任委员三尾丰，回国后深刻反省日本在华罪行，并积极从事日中和平友好活动。

▲ "中归联"成员，原日军宪兵土屋芳雄保存的屠杀中国抗日志士的照片。

▼ "中归联"的部分成员在他们自述的《三光》一书上签名。

中华人民共和国成立后，在中国的日本战犯关押在两个地方。一个是设在山西省的"太原战犯管理所"，这里关押的是1948年后逮捕的140名俘虏，其中的128名，是日本战败以后投靠阎锡山的国民党军，参加中国内战，与共产党、解放军为敌的原日本俘虏。另一个是设在辽宁省的"抚顺战犯管理所"，这里关押的是日本战败以后在中国或朝鲜被苏军俘虏，在西伯利亚关押了几年后于1950年7月被移交给中国的969名战犯。

1956年4月25日全国人民代表大会常务委员会作出了关于战犯的处理方针。两个月以后，即1956年6-7月间，先后在沈阳和太原设立了"中华人民共和国最高人民法庭特别军事法庭"，以审判日本战犯。在沈阳的法庭上，有1400名中国人民到场旁听。战犯们每人都有一名辩护律师陪同，但是他们都没对审判提出任何异议。战犯们在最后陈述中，对所犯罪行全部供认不讳，表示低头认罪、衷心谢罪。他们在出庭作证的被害者亲友面前痛哭流涕，深刻忏悔，有的人甚至要求对自己判以极刑……

但是，判决体现了"宽大处理"原则，判死刑和无期徒刑的没有，最高的判20年监禁。而且，去掉在苏联关押的5年，再去掉在中国关押的6年，几乎都是提前释放了。其余的未被起诉的1016名战犯，都宣布立即释放，于1956年下半年分三批回到日本。回到日本的战犯们自发地成立了"中国归还者联络会"(简称"中归联")，这些参加过对中国的侵略战争、犯过许多罪行的人，在进行人道反省的基础上，决心为反对侵略战争，为和平与日中友好作贡献。

他们在日本国内，呼吁日本政府承认历史错误、向中国人民谢罪，积极开展了促进恢复日中邦交的活动。特别是，他们鼓足勇气，以亲身经历向日本人民讲述日本侵略战争的历史事实和自己犯下的罪行，出版了如《三光》等深刻反省的书籍。他们参加了战争期间强制来到日本当劳工的中国殉难者遗骨的发掘及送还中国的活动。他们还参加了被强制来到北海道煤矿做工，不堪忍受虐待与饥饿而逃进北海道山区躲藏14年的刘连仁的护送回中国的活动。通过这些活动，中国归还者联络会积极地为实现日中友好、消灭战争、建设和平而奋斗着。这些战犯们以自己能以新的人生来洗刷历史的污点而感到安慰。中国归还者联络会的"认罪"实践，还表现了战争中作为加害者与受害者之间是能够通过努力加深理解，实现民族"融洽"的。他们体现了日本民族中的良知。

相关链接

▲ "中归联"成员、原日军宪兵土屋芳雄回国后，深刻反省并将自己的罪行做成展板，向日本民众讲述日本侵华的史实和罪行。这是展板局部。

▼ 土屋芳雄，曾在日军齐齐哈尔宪兵队担任少尉。右为他在宪兵队时的照片。

▲ 土屋芳雄著有《我的忏悔》，书中说："在侵华战争中，我直接和间接地杀的中国人有328名，逮捕、严刑拷问后投入监狱的中国人多达1917人，这样的大罪是无法补偿的，本书是我的遗书。在我堕入地狱之前，我痛切地感到应把这本遗书留在人间。" 1945年他被捕，后在中国抚顺战犯管理所受到教育，深刻反省。以上是他在齐齐哈尔当宪兵少尉时寄回日本的照片。回国后他把这组照片作为日本侵华的罪证给予发表。

▼ 高桥哲郎，原为日军第59师团上等兵，现为"中归联"事务局长。

▼ 绘鸠毅，原为日军第59师团军曹分队长，现为"中归联"常任委员长。

▼ 和田一夫，原日军59师团上等兵，现为"中归联"常任委员。

▼ 永富博道，原为侵华日军(山西)情报室军曹，现为"中归联"会员。

相关链接

● 《罪恶的自供状》 (解放军出版社)

○ 《活着的士兵》 [日] 石川达三 著 (文化艺术出版社)

● 《天皇的军队》 [日] 本多胜一 长沼节夫 著 (警官教育出版社)

273

上海淞沪抗战纪念馆

河北晋冀鲁豫烈士陵园
彭德怀题词□□□

**99 中国在二战中
的伟大贡献**

关键词： 伤亡三千五百万人以上

一寸山河一寸血

▲ 云南腾冲"国殇墓园"。
　"山之上，有国殇"，"国殇"是指为国牺牲的将士，国家是他们的主祭者。这是最高级别、最隆重的祭祀。在收复腾冲的战役中有九千多名将士阵亡。1945年7月7日，腾冲人为他们修建了这座陵园。这九千多名赤诚男儿，他们站起来如森林般顶天立地，倒下去是一片血溅山河的壮烈！

相关链接
● 《侵华日军暴行总录》（河北人民出版社）
○ 《惨胜》马振犊 著（广西师范大学出版社）
● 中国人民抗日战争纪念馆（北京）

湖北张自忠同难官兵公墓

苏联空军志愿队烈士墓

日本法西斯是全世界人民共同的敌人。中国战场是第二次世界大战东方反法西斯的主要战场。中国人民反抗法西斯侵略最早，持续时间最长。从1931年"九·一八"事变开始，直至1945年第二次世界大战结束，经历了长达14年的艰苦战斗。中日双方交战的兵力最高时达一千余万人（中国军队近五百余万，民兵达二百万，日军近二百万，伪军一百余万）。中国直接间接参战的人口达2亿。在五千多个浴血奋战的日日夜夜，中国军队进行了大会战22次，重要战役二百余次，大小战斗近二十万次，歼灭日军一百五十余万，歼灭伪军118万。战争结束时，接收投降日军一百二十八万余人，接收投降伪军一百四十六万余人。

由于中国在长期抗战中拖住和消耗了日本的大量兵力、物力和财力，使其深陷泥潭，难以自拔，从而破坏了它的整体战略部署。首先，日本北进入侵苏联的计划受到极大的牵制。其次，中国战场的奋勇作战，使日军南进向美英进攻的进程向后拖延，南进的兵力减少。再次，中国的坚持抗战，减轻了日本对太平洋其它地区的压力，有力地支持了各国的抗日斗争。同时，中国远征军数十万人，两次入缅配合盟军作战，直接打击侵缅日军，解放了缅甸的大部地区。历史事实雄辩地证明，中国是抗击和战胜日本法西斯的主要力量。为此，中国军民也付出了高昂的代价。

根据仅能统计到的数字，中国在1937至

▲ 日机在远离战区的内地，轰炸我无辜平民。

◀ 在日本侵华期间，多少田园化为焦土！多少房舍变成废墟！城乡到处残垣断壁，满目疮痍。这是我军收复柳州时的情景。

1945年间，军队伤亡三百八十余万人，人民牺牲二千余万人。如果从"九·一八"算起，伤亡达三千五百万人以上，至于没有统计到的伤亡数字则不知多少！按1937年的比值计算，中国直接经济损失为一千多亿美元以上，间接经济损失达五千亿至一万亿美元。世界上没有哪个国家为世界反法西斯战争付出了如此大的代价！

相关链接

● 《中国抗日战争图志》之"无名烈士永垂不朽"
○ 《血证》章伯锋 庄建平 主编 (成都出版社)
○ 《抗日战争》 (四川大学出版社)

275

湖南衡山忠烈祠

是全中国最大的抗日烈士祭祠，安放着抗日英烈的总灵位。

河北石家庄市华北烈士陵园中的抗日烈士墓

▲ 日本侵略者燃起的烈焰，正在吞灭中国人的生命和财产。

▼ 自"九·一八"以来，日本侵略者将深重的灾难强加给中国人民，犯下了滔天罪行，期间的死亡流徙，苦难艰辛，无法用文字表达。

▼ 1937年8月，日军轰炸上海，大批市民遇难，这是其中一部分遇难同胞的遗体。日本侵略者在中国的土地上，制造的一桩桩惨案、一座座"万人坑"和欠下的一笔笔血债，中国人民是永远不会忘记的。

相关链接　● 《中华民族的抗日战争》(军事科学出版社)
　　　　　○ 《中国抗日战争大典》 胡志强 主编 (湖南出版社)
　　　　　● 侵华日军南京大屠杀遇难同胞纪念馆 (南京)

以血洗血碑

　　立于浙江溪口，是蒋经国为被日寇飞机炸死的母亲而树立的。

长沙岳麓山抗战阵亡将士公墓

▲ 日寇横行，惨无人道，多少同胞遭到毁灭，令人镂心刻骨！

▲ 1932年1月，被日军炸毁的上海商务印书馆和东方图书馆。
▼ 日本侵华期间编制的宣扬美化其侵略行径的出版物。

▲ 当年南京尸横遍地，惨不忍睹。这是抗战胜利后，中国法官石美瑜(手中拿纸者)在组织搜集大屠杀受害人的遗骸。

▼ 左为原日本战犯在抚顺战犯管理所内建造的谢罪碑。在碑上刻下决不允许再发生侵略战争的誓言。右为香港纪念抗日受难同胞联合会主席杜学魁先生为抗日烈士敬献花圈。

相关链接

● 《中国抗日阵亡将士传》 (河北人民出版社)
○ 《抗战英烈录》 (北京出版社)
● 中国第二历史档案馆 (南京)

王 选

　　浙江义乌人。"侵华日军细菌战中国受害者诉讼原告团"团长。在长达十年的时间里她奔走于中日美等国，搜集证据，联络受害者和日本广大有正义感的人士，组织起诉日本政府施行细菌战等反人类的战争罪责。2003年她被中国中央电视台观众评为"感动中国"十大杰出人物之一。

孙金媛

　　上海人。摄影工作者。数十年来为收集抗日战争的史料，特别是抢救历史见证人的口述历史资料，不辞艰辛，万里奔波，为了保护资料，曾在美国与歹徒搏斗。1995年，两岸三地的媒体工作者，为感谢和表彰其为制作中国抗日战争史实纪录片所作的贡献，曾赠送她一个匾牌，上镌刻"功在千秋"。由于长期带病工作，已积劳成疾。但她在病中仍然关心抗日战争史迹资料的搜集工作。

⑩ 战后的中日关系

关键词：天皇制　军国主义　死灰复燃
战争遗留问题　民间索赔

　　日本发动的侵略战争，不仅使中国人民，而且使亚洲其它国家人民遭受了深重的灾难，同时也给日本人民带来了巨大痛苦。日本战败投降后，天皇制军阀统治崩溃，日本军国主义的精神支柱发生了动摇。美国占领日本初期，大多数军国主义的头目被整肃，团体被解散。日本人民和中国各界人士建立了许多友好组织，对促进两国人民之间的友好往来发挥了作用。

　　从中国方面来说，在日本投降、中日战

▲ 2004年9月18日，中国人民抗日战争纪念馆、中国抗日战争史学会、北京大学历史系和世界抗日战争史实维护联合会在北京召开"战争遗留问题暨中日关系展望国际学术研讨会"。这是会议中的一个场面。

争结束后，中国政府和人民抱着宽大仁厚，以德报怨的态度，除惩处极少数罪恶昭著的军国主义战争罪犯外，对待日本民族不念旧恶，在自己十分困难的情况下，遣返了在华的大量日本士兵和侨民。中日建交之后，两国之间的经济文化交往逐步增进，推进了友好关系的发展。

　　但是随着日本成为经济大国，日本军国主义思想又死灰复燃。日本国内有少数人以当年日本向外侵略扩张为荣，竭力掩盖、否认侵略战争罪行，甚至美化侵略战争是为"解放"亚洲人民。这种行径，引起亚洲各

▲ 当年被八路军聂荣臻部从战火中抢救出来的日本小姑娘已经长大成家，这是她来中国向聂荣臻元帅表示感谢。右为当年她刚被救出来时聂荣臻和她在一起的照片。

Http://www.ch815.com

相关链接

○《近50年中国与日本》张篷舟 主编 (四川人民出版社)

○《战后日本右翼运动》文国彦 兰娟 著 (时事出版社)

陈毓祥（1950-1996年）

　　香港人。香港保钓联合会员责人。1996年9月率领"保钓"号船去中国领土钓鱼岛水域宣示主权，遇日本舰艇阻挠和追逐。当时风高浪急，无法放下小艇抢滩登岸，他便和五名突击队员奋身跳入大海，以证明中国人可以在自己的领海内自由畅泳，宣示中国领海的主权，不幸壮烈牺牲。

杜学魁（1921-2001年）

　　内蒙古包头人。香港慕光英文书院校长，香港纪念抗日受难同胞联合会会长和世界抗日战争史实维护会名誉会长。他数十年来为弘扬中华民族的爱国主义传统，为控诉和追讨日本帝国主义的侵华罪责和对日索赔而奔走呼号，出钱出力，不懈努力。为维护抗日战争史实，他鞠躬尽瘁，已于2001年病故。

国，包括中国的不安、谴责和抗议。另外，包括大规模使用毒气和细菌武器、强征凌辱慰安妇、强掠劳工和强占中国领土钓鱼岛等的战争遗留问题和民间索赔，均有待解决。

　　特别值得注意的是，近年来，日本政府在钓鱼岛问题上不断挑起事端。2012年9月，其不顾我国政府的一再严正交涉，宣布"购买"钓鱼岛及其附属的南小岛和北小岛实施所谓"国有化"。这是对中国领土主权的严重侵犯，是对13亿中国人民感情的严重伤害，是对历史事实和国际法理的严重践踏。中国政府和人民对此表示坚决反对和强烈抗议。中国政府针对钓鱼岛问题采取一系列措施，坚决捍卫国家主权和领土完整。中国举国上下对日本方面的无耻行径无不义愤填膺，坚决支持中国政府提出的正义要求和采取的有力举措。

▼左上：日本政界头面人物屡屡参拜供奉战犯的靖国神社激起亚洲人民的愤慨。左下：香港群众的示威抗议。

▲北京抗日战争雕塑园内的雕塑。

▲　中国和世界各国的学者和专家，在战后研究、发表和出版了大量关于日本发动侵略战争的论文和著作，驳斥和揭露了日本右翼妄图掩盖其罪恶历史的行径，这是其中的一部分著作。

相关链接

● 《当代中日关系四十年》 张 暄 编著 (时事出版社)
○ 《战后中日关系史年表》 田 桓 主编 (中国社会科学出版社)
● 《甲午战前钓鱼列屿归属考》 吴天颖 著 (社会科学文献出版社)

一寸山河一寸血

吕建琳

　　美籍华人。世界抗日战争史实维护联合会负责人之一。为了维护抗日战争历史的真实，为揭露日本军国主义在世界各地犯下的罪行，追讨其发动侵略战争、特别是细菌战、慰安妇、强掳劳工等方面的罪责，抢救抗战史料，多年来不辞辛劳，奔走世界各地，出钱、出力，受到各国维护正义人士的尊敬。

冯英子（1915－2009年）

　　江苏昆山人。抗战年代为著名战地记者，参加组建中国青年新闻记者学会。曾在数十家报社任职记者、主任、总编辑、社长等，是具有广泛影响的老报人，著名杂文家、时评家、社会活动家、中国民主同盟盟员。冯憎恨日寇，他的亲人中有两位女子被日寇轮奸：妻子被日寇轮奸后投河自尽；他一生忍辱负重，以揭露日本军国主义罪恶为己任，著书立说，奔走呼号，至死不休！

　　明代史籍《顺风相送》（1403年）中有关钓鱼岛的等和明入书上岛、载钓（岛）和赤屿。是现存的年代最早版印初国载线其钓鱼岛赤名。

福建往琉球

太武放洋用甲寅针七更船取乌坵用甲寅并甲卯针正南东墙门用乙辰取小琉璃头甲卯及单卯取彭家山用甲卯及乙辰取小琉球头乙辰针取小琉璃头乙卯取彭家花瓶屿黄尾屿南风东涌开洋用甲卯针取钓鱼屿南风东涌开洋用甲寅针取钓鱼屿北边行过用甲寅针取黄尾屿用甲卯及单卯取赤坎屿用艮针取古巴山即马齿山是麻山赤屿与之间行船但南风用单辰四更船取古巴山即为面北山是麻山赤屿与其中山远近为妙

　　明朝册封使陈侃请著《使琉球录》载，1534年（明嘉靖十三年）所记："过钓鱼屿，过黄毛屿，过赤屿……见古米山，乃属琉球者，夷人歌舞于舟，喜达于家"。即赤尾屿往南到古米山（即久米岛）后便到达琉球。这表明，钓鱼岛是中国的领土，而古米山才属于琉球国土。

嘉靖甲午南风甚迅，舟行如飞，然顺流而下亦不甚动。过平嘉山，过钓鱼屿，过黄毛屿，过赤屿，目不暇接。一昼夜兼三日之路。夕见古米山乃属琉球者，夷人歌舞于舟，喜达于家。夜行彻晓，风转而东，进寻尺许，其故处又日一日，始得其山有夷人驾船来问夷通事与之语，遂相喜慰。在后久之，不至，意其帆小不能及矣。在后迟留三日，风火助顺，即抵其国矣其国奈何又不敢近，不谨避之远亦不能进，亦不能退，又不可行。欲泊于山麓，甚险石乱伏与浪为敌，不可三日风甚雨甚舟荡而不宁，人徨徨而失其所下于此山之侧然风甚飘荡，舟中尚未耀

　　钓鱼岛及其附属岛屿（简称"钓鱼岛"）位于北纬25°40′～26°00′，东京123°20′～124°40′之间，距离浙江省温州市约356千米、福建省福州市约385千米、台湾省基隆市约190千米。图为钓鱼岛位置示意图（原载《钓鱼岛——中国的固有领土》，国家海洋信息中心编，海洋出版社出版）。

中国

东海

冲绳

琉球群岛

黄尾屿　赤尾屿

钓鱼岛

海槽

台湾岛

相关链接

● 《抗日战争研究》中国社科院中国抗战史学会主办（近代史研究杂志社）

○ 《谍影——日本侵华中的间谍密档》戚厚杰 著（台海出版社）

● 《泣血控诉》李晓方 编著（中央文献出版社）

中国明清两代朝廷24次向琉球派遣册封使，留下大量出使录，较为详尽地记载了钓鱼岛的地形、地貌等情况，都明确指出钓鱼岛等岛屿是中国领土。

《钓鱼岛是中国的》张百新主编，新华出版社出版。

钓鱼岛自古以来就是中国的固有领土。大量文献和史料表明，钓鱼岛为中国人民最早发现、命名和利用，至迟在明朝初年就已列入中国版图。中国渔民世世代代在这些岛屿及其附近海域从事捕鱼等生产活动。

《钓鱼岛——中国的固有领土》国家海洋信息中心编，海洋出版社出版。

总之，日本法西斯的阴魂未散，日本某些政界人士对于过去发动的罪恶的侵略战争根本没有真诚深刻的反省。日本一些政府官员和议员不断参拜供奉着侵略战争甲级战犯灵位的靖国神社，日本文部省审定修改的多种历史教科书，歪曲历史，抹煞侵略战争罪行，一次又一次严重损伤了当年饱受日本侵略战争之害的国家人民的自尊和民族感情。这与德国政府真诚向过去受德国法西斯侵略战争之害的国家悔罪、道歉的态度迥然不同。日本政府和政界某些人的这种态度，自然不能赢得国际间的信任。

正视历史事实，认真总结教训，建立真诚的友谊，这不仅符合中日两国人民的根本

钓鱼岛是中国领土

上师大卢湾实验小学 杨一思 作

▲ 日本政府非法买卖中国钓鱼岛，否定"二战"结论是与人类正义为敌。中国举国上下及全球华侨、华人对日本方面的错误行径不无义愤填膺，坚决支持中国政府提出的正义要求和采取的有力举措。这是一位上海小学生画的漫画。

利益，而且有利于巩固亚洲与世界和平。为此，把血染的历史事实和教训记载下来，用以教育子孙后代，是中日两国都应负的历史责任。我们不能让历史的悲剧重演！

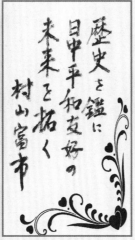

▲ 2009年，上海市新闻工作者协会组织的"中华小记者"代表团赴日采访时，小记者代表向日本前首相村山富市赠送《中国抗日战争图志》，村山富市欣然接受，并为之题词"以史为鉴，日中和平友好未来的开拓人"。

▲ 中国人民抗日战争纪念馆前的卢沟雄狮雕塑。

相关链接
● 《世纪呐喊》李晓方 著（中央党史出版社）
○ 《中国抗日战争史》（人民出版社）
● 《东京审判·中国检察官向哲浚》 向隆万 编（上海交通大学出版社）

281

中国人民抗日战争纪念碑

江泽民

一九九五年七月七日

283

385旅

▲國民革命軍抗日烈士

天地无情似有情，杜诗重读带哭声……

▲八路軍前方總部特務團

六 附录

中国各战区分布示意图

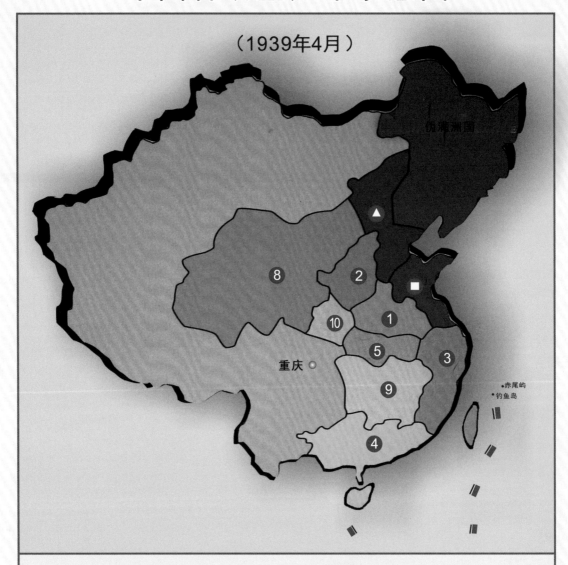

（1939年4月）

伪满洲国

重庆

赤尾屿
钓鱼岛

❶ 第1战区(河南、安徽两省北部)

❷ 第2战区(山西全部、陕西东北部)

❸ 第3战区(浙江、福建全部、江苏、安徽南部)

❹ 第4战区(广东、广西全部)

❺ 第5战区(安徽西部、湖北北部、安徽南部)

❽ 第8战区(绥远、宁夏、甘肃、青海)

❾ 第9战区(湖北南部、江西西部、湖南南部)

❿ 第10战区(陕西)

▲ 冀察战区(河北、察哈尔)

◻ 鲁苏战区(江苏北部、山东全部)

注: 在抗日战争时期的不同阶段，战区略有不同。这是1939年4月，进行调整后的各战区分布图。
此阶段无第6、7战区。

一寸山河一寸血

相关链接　　●《黄河魂》(档案出版社)
　　　　　　○《江淮血》(档案出版社)
　　　　　　◐《东方祭》(档案出版社)

创建敌后抗日根据地示意图

（1937—1940）

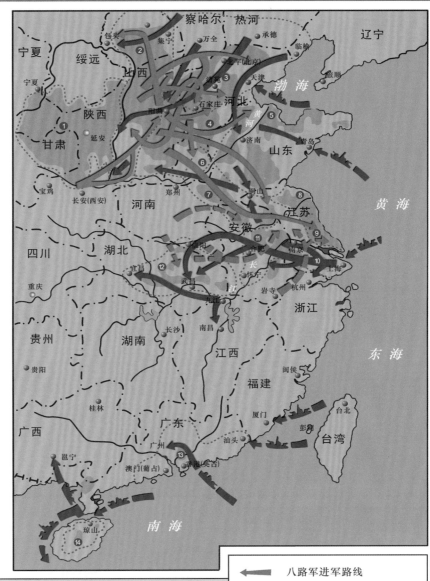

图例	
⬅	八路军进军路线
⬅▪▪▪	新四军进军路线
	抗日根据地
⬅	日军海上登陆方向
⬅	日军进军方向
▪▪▪▪▪	各抗日根据地分界线

❶ 陕甘宁	❻ 冀鲁豫	⓫ 皖东
❷ 晋绥	❼ 豫皖苏	⓬ 鄂豫皖
❸ 晋察冀	❽ 苏北	⓭ 东江
❹ 晋冀豫	❾ 苏中	⓮ 琼崖
❺ 山东	❿ 苏南	

相关链接

● 《楚天云》（档案出版社）
○ 《远征颂》（档案出版社）
● 《中共抗日部队发展史略》（解放军出版社）

百团大战示意图 1940. 8. 20-12. 5

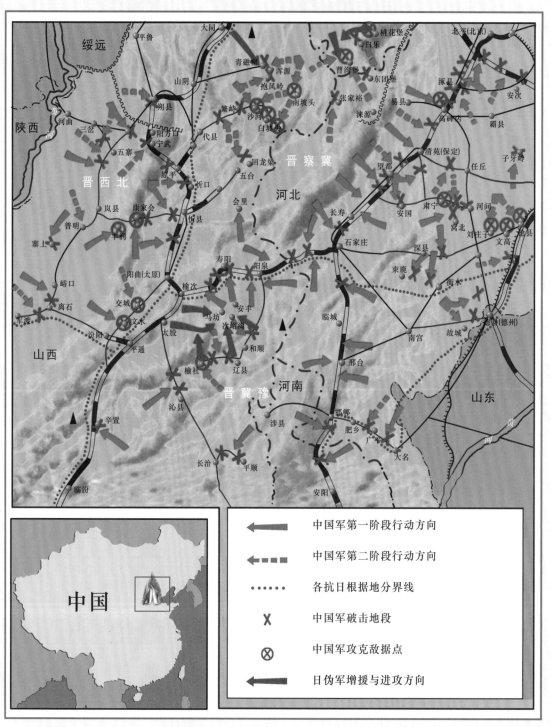

图例	
⟵	中国军第一阶段行动方向
⟵---	中国军第二阶段行动方向
⋯⋯	各抗日根据地分界线
✕	中国军破击地段
⊗	中国军攻克敌据点
⟵	日伪军增援与进攻方向

相关链接

《百团大战始末》王政柱 著（广东人民出版社）
《百团大战历史文献资料选编》（解放军出版社）
《中国人民解放军战史简编》（解放军出版社）

抗战期间日军侵占我国土示意图

1937年底

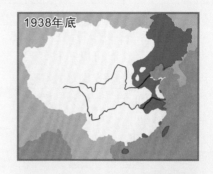

1938年底

1939年底

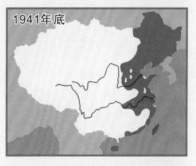

1941年底

1942年底

1944年底

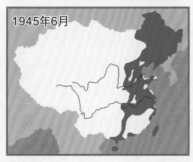

1945年6月

 日军占领区域

相关链接　●《日本侵华七十年史》(中国社会科学出版社)
　　　　　○《血染我河山》方志平 著 (金禾出版社)
　　　　　●《日军侵华暴行总录》(河北人民出版社)

1937年七七事变前中日两国军事力量比较

区分	日本	中国	比率
陆军	常备师团 17 个，约 38 万人，但可以三倍动员。预备役 678.8 万人。	国民党军步骑兵 191 个师。52 个旅；八路军 3 个师。中国总兵力 210 万人。	1:5.7
空军	91 个飞行中队，2700 架飞机。	各式飞机 600 架，其中作战飞机 305 架。	8:1
海军	舰艇 200 余艘，总吨位 190 万吨，名列世界第三位。	新旧舰艇 66 艘，总吨位 59034 吨。	13:1

说明：日本陆军兵力数量上虽少于中国，但其训练有素，且武器装备精良。

1937年七七事变前中日陆军师兵力、兵器比较

区分	日本（师团）	中国（师）	比率
人数	21945 人	10923	2:1
马匹	5849 匹	0	
步骑马枪	9476 支	3831 支	2.6:1
掷弹筒	576 具	243 具	2.4:1
轻机枪	541 挺	274 挺	2:1
重机枪	104 挺	54 挺	2:1
野山榴弹炮	64 门	16 门	4:1
团营炮	44 门	30 门	1.5:1
战车（坦克）	24 辆	0	
汽车	262 辆	0	
自动货车	266 辆	0	
一马拽车	555 辆	0	

说明：1. 表内编制装备数属国民党军 1937 年 10 余个调整师编制，其余各师实力只有五成左右。

2. 中国军队炮兵的炮弹及观察器材严重不足，运输补给能力尤为薄弱。

相关链接

● 《中国抗日战争与第二次世界大战统计》 刘庭华 著（解放军出版社）

○ 《中国抗日战争正面战场作战记》 郭汝瑰 黄玉章 主编（江苏人民出版社）

● 《中国抗日战争史》 《中国抗日战争史》 编写组 （人民出版社）

中国战场八年全国抗战抗击日本陆军兵力数

（1937−1945年）

年月	日本陆军师团总数	日军在中国师团数				在东南亚及南太平洋师团数	比例	在朝鲜师团数	在日本国内师团数	在台湾及冲绳师团数	新增加师团数
		关内	东北	合计	比例						
1937年7月	17		4	4	24%			2	11		7
1937年冬	24	16	5	21	88%			1	2		
1938年冬	34	24	8	32	94%			1	1		10
1939年冬	41	25	9	34	83%			2	5		11
1940年冬	49	27	11	38	78%			2	9		9
1941年12月初	51	22	13	35	69%	10	20%	2	4		2
1942年冬	58	23	14	37	64%	15	26%	1	5		7
1943年冬	70	23	15	38	54%	23	33%	2	7		12
1944年冬	99	25	10	35	35%	38	38%	2	18	6	29
1945年8月	168	26	31	57	24%	44	26%		59	8	69
说明	①．1945年8月关东军31个师团含驻朝鲜的7个师团，因此时驻朝鲜之日军已隶属关东军总司令部。 ②．此表系综合研究《大本营陆军部》、《关东军》、《中国事变军作战史》等日军战史有关资料整理。 ③．1939年新增加师团数为11，但复员撤销4个师团。 ④．1940年新增加师团数为9，但复员撤销1个师团。										

注：附录图表摘自刘庭华著：《中国抗战与第二次世界大战统计》；解放军出版社，2012年8月 第1版。

相关链接

● 《中华民族抗日战争全史》 步平 荣维木 主编 （中国青年出版社）

○ 《中华民国史》 张宪文 著 （南京大学出版社）

● 《抗日战争正面战场》 中国第二历史档案馆 编 （凤凰出版社）

正面战场主要战役一览表

战役名称	时间地点	日军参战兵力	中国参战兵力	歼敌人数	自身伤亡
七七卢沟桥抗战	1937.7.7-8 北平	日军5000余人、伪军4万余人	第29军等约10万人	毙伤日军511人	伤亡5000余人
南口、张家口战役	1937.8 南口、张家口	日第5师团、第独立混成11、1、2、15旅团等4万余人	第13、17、68、35军等部8万余人	毙伤日伪军2万余人	伤亡近4万人
淞沪会战	1937.8.13-11.12 上海	日第3舰队，第3、9、11、13、101、第6、18、114师团计30余万	第3战区第8、9、10、15、19、21集团军计70余万人	毙伤日军9万余人（日军统计4万余人）	伤亡25万余人
忻口太原会战	1937.9-11 忻口、太原地区	日第5师团、察哈尔派遣兵团等4个半师团计14万人	第2战区第6、7、14、18集团军等计28万人	毙伤日伪军近3万人	伤亡10万人以上
徐州会战	1938.1-6 以徐州为中心的苏、鲁、皖、豫等省	8个师团另3个旅等约24万人	第5战区64个师另3个旅约60万人	毙伤日军32000余人	伤亡10余万人
武汉会战	1938.6-10 以武汉为中心的皖、赣、豫、鄂等省	第2、11军计9个师团、3个旅和2个重炮旅，3个飞行团300余架飞机，海军第3舰队120余艘舰艇，计25万余人	第5、9战区约130个师，飞机200余架、舰艇30余艘，计100余万人	毙伤日军35500万人	伤亡254628人
南昌会战	1939.3-5 江西南昌地区	日第11军之第6、101、106、116师团和炮兵7个旅团计7万余人	第3、9战区第19、30、32集团军19个师，计20余万人	毙伤日军24000余人	亡14354人，伤17033人（日军大量使用了毒气弹）
随枣会战	1939.5 湖北随县(今随州)、枣阳地区	日第11军第3、13、16师团，骑兵第4旅团、野战重炮兵第6旅团等，10万余人	第5战区16个军43个师、2个独立旅、6个游击纵队，计约20万人	毙伤日军2500余人及伪军一部	伤亡28000余人
第一次长沙会战	1939.9.10 湖南长沙	日第11军第6、33、106、3、13师团，第3飞行团、海军第13炮艇队等10万余人	第9战区32个师(一线)约30余万人	毙伤日军2万余人	伤亡不详

相关链接

● 《中华民族抗日战争全史》 步平 荣维木 主编 （中国青年出版社）
○ 《中华民国史》 张宪文 著 （南京大学出版社）
● 《抗日战争正面战场》 中国第二历史档案馆 编 （凤凰出版社）

1939年冬季攻势	1939.11-1940.3 华北、华中华东、华南等地。		第2、3、5、9战区担任主攻，其他6个战区任助攻。先后投入132个师、9个独旅，100余万人	毙伤日军5-6万人（仅日第11军承认伤亡0.8万余人）	不详
桂南会战	1939.11-1940.11 广西南部地区。	日第21军部第5、18师团，近卫混成旅团、海军第5舰队、第3联合航空队等部，初3万余人，后为7万余人	第4战区初为6个师6万多人，后为25个师约15万人	获昆仑关大捷，毙敌4000余人	伤亡14000余人
绥西作战(又称绥西三战役)	1939.12-1940.4 中国军队在包头、绥西、五原连续进行的三次对日作战。	日驻蒙军及伪军等4万余人(其中日驻蒙骑兵集团万余人、第26师团，独立混成第2旅团、骑兵集团、绥西警备军等部)	第8战区第5、81军，五临警备旅，绥远游击军，骑兵第6军等部，3万余人	毙伤日伪军3000余人（时称五原大捷）	不详
枣宜会战	1940.5-6 湖北枣阳、宜昌地区	日第11军第3、13、39师团和第6、15、22、34、40师团各一部，约20万人	第5战区6个集团军及江防军共56个师，约50余万人	毙伤日军25000余人	伤亡惨重，第33集团军总司令张自忠殉国
豫南会战	1941.1-2 河南信阳以北地区	日第11军第3、门、4。师团及特种兵一部，6万余人	第5战区第31集团军、第2集团军、第21集团军共8个军近20万人	毙伤日军9000余人	不详
上高战役	1941.3-4 江西上高地区	日第11军第33、34师团，独混第20旅团，4万	第9战区第19集团军4个军11个师约12万	毙伤日军15000余人	伤亡2万余人
中条山战役(晋南会战)	1941.5-6 中条山地区抗击日	日第1军第33、36、37、41、35、21师团，2个飞行团等，计10余万人	第1战区2个集团军7个军17个师，约20万人	毙日军3000余人	伤亡13000余人
第二次长沙会战	1941.9-10 湖南长沙	日第11军第5、4、6、40师团和早渊、荒木、平野、江藤支队及战车、重炮联队等，计11.5万余人	第9战区3个集团军11个军30师、2个飞行大队等计378000余人	毙伤日军2万余人(日军自己统计伤亡7854人)	伤亡58000余人
第三次长沙会战	1941.12-1942.1 湖南长沙	日第11军4个师团、2个旅团、3个支队及航空兵等12万余人	13个军、1个挺进军、1个飞行大队等30余万人	毙伤5万多人（日军自称伤亡6000余人	伤亡3万余人

相关链接
● 《中国抗日战争与第二次世界大战统计》 刘庭华 著（解放军出版社）
○ 《中国抗日战争正面战场作战记》 郭汝瑰 黄玉章 主编（江苏人民出版社）
● 《中国抗日战争史》 《中国抗日战争史》 编写组 （人民出版社）

浙赣会战	1942.5-9 浙赣铁路一杭州至南昌段沿线	日第13军5个师团、4个混成旅团、1个支队和1个飞行团约9.6万人	第3战区4个集团军另4个军和1个师约41个师约30万人	日军伤亡17148人	伤亡51035人
鄂西会战	1945.5-6 湖北西部南县、安乡、公安、枝江和宜昌西	日第11军3个师团(第5、13、59师团)、1个独立混成旅团、5个支队和4个飞行战队 (飞机248架)	第6战区4个集团军和长江上游江防军共10个军41个师进行抗击	歼日军35500人，俘虏日军88人	亡25550人，伤18295人，失踪7270人
常德会战	1943.11-1944.1 湖南常德地区	日第11军 第39、13、3、116、68师团，5个支队和1个飞行战队	第6、第9战区共计16个军、43个师，约21万余人	毙伤2万多人，击毁日机37架	伤亡4万余人
缅北、滇西反攻作战	1943.10-1945.3 缅甸北部和中国云南西部	日 "缅甸方面军"司令官指挥第2、49、53师团，第15军下辖第15、31、33师团，第33军下辖18、56师团等	中国驻印军新编第1、6 军计5个师等;中国远征军第20、11集团军计17个师等	毙敌41142人(基本歼灭第18、56师团)	阵亡31445人，负伤35948人
豫湘桂会战（豫中、长衡、桂柳三次战役）	1944.4-12 河南、湖南、广西等地	日中国派遣军调集约51万兵力（日第12军计9个师团等，第11军计9个师团等，第23军计2个师团等）	中国调集第1战区8个集团军;第8、第5战区各1个集团军;第9战区5个集团军，第四战区4个集团军	歼敌数不详	伤亡50余万人。7个中美空军基地和36个机场被摧毁
老河口地区作战（豫西鄂北会战）	1945.3-5 河南北部、湖北北部	日第12军第110、115、战车第3师团，骑兵第4旅团，第6方面军第39师团等	第一战区第4、31集团军等;第五战区第2、22、33集团军等	伤亡15000人	中国损失飞机5架
湘西会战（芷江保卫战）	1945.4-6 湖南西部	日第20军第116、47、34、68师团等部共8万余人	第3、4方面军共10个军20个师，空军400余架飞机等，总兵力11万人	歼敌24000余人	不详
桂柳反击战	1945.5-8.13 广西柳州至桂林间	日军3个师团，2个混成旅团	2个方面军、1个集团军、6个军共14个师	毙伤日军9000余人	不详

注:本表根据 刘庭华著《中国抗日战争与第二次世界大战统计》(解放军出版社，2012年8月第1版第222-227页)和中国第二历史档案馆《抗日战争正面战场》、步平、荣维木主编的《中华民族抗日战争全史》、郭汝瑰、黄玉章主编的《中国抗日战争正面战场作战记》等著作编辑。

相关链接

● 赣榆县抗日山烈士陵园 (江苏赣榆)
○ 潘家峪惨案遗址 (河北丰润)
◐ 常德会战阵亡将士公墓 (湖南常德)

第二次世界大战中各国军人、民众人口损失表（美国与中国观点）

区分	死亡	失踪	负伤	被俘	平民	合计
美国	248,161	47,222	646,430	116,233		1,058,046
英国	336,772	98,113	468,388	330,523		1,233,796
苏联	20,000,000					27,000,000
中国	18,000,000		17,000,000			35,000,000
日本	467,365	1,483	146,000			5,086,228
德国	2,100,000	2,900,000	4,900,000			9,900,000
奥地利						700,000
比利时	10,000		70,000		121,626	201,626
保加利亚						32,000
捷克斯洛伐克						1,500,000
丹麦	7,000		32,000			39,000
芬兰	52,609					52,609
法国	166195		408895		1,500,000	2,075,090
希腊	77600		70000			147600
意大利	77,494	217,648	9,353	500,000		804,495
荷兰	6,238	87		19	500	6,844
挪威						10,000
菲律宾	21,000					1,111,938
波兰	597,320				5,000,000	5,597,320
罗马尼亚	80,000		594,000			694,000
南斯拉夫	1,685,000		20,000	125,000		181,000
印度尼西亚					400（亡）	
越南					200（亡）	
印度					150（亡）	
新西兰					11.62（亡）	
朝鲜					35 万（亡）	
修死亡铁路					7.4 万（亡）	
总　计						105,334,603

备注：

（1）　美国《世界年鉴》，1953 年。美国参加大战人数为 15272566 人，死伤 1066938 人（其中死者 393131 人，伤者 673807 人）。

（2）　美国《世界年鉴》，1949 年。
英国军事人员的亡者为 353652 人，伤者 475070 人，失踪者 90944 人，平民死伤 60595 人，计 980261 人。中国的死亡 1310224 人，负伤 1752591 人，失踪 115428 人，计 3178063 人。日本军事人员死亡 1174474 人，负伤 4616000 人，失踪 1483 人，平民死伤 500000 人，计 6463957 人。德国军事人员伤亡 2100000 人，负伤 4000000 人，失踪 2900000 人，贫民死伤 500000 人。计 9500000 人。捷克斯洛伐克死伤 500000 人。意大利军事人员死亡 389000 人，负伤 214647 人，平民死伤 179803 人，计 783450 人。

（3）　印尼、越南、印度、新西兰、澳大利亚、朝鲜、菲律宾及修死亡铁路的均为牺牲人数，刘庭华据 1995 年 4 月 18 日《参考消息》转载新加坡《联合早报》发表的资料综合整理而成。

注：本表摘自 刘庭华著：《中国抗日战争与第二次世界大战统计》；解放军出版社，2012 年 8 月第 1 版，第 322-323 页。

相关链接　● 《中华民国史》 张宪文 著 （南京大学出版社）
○ 《抗日战争正面战场》 中国第二历史档案馆 编 （凤凰出版社）
● 《世界抗日战争图志》 （上海画报出版社）

日军在中国战场使用细菌武器杀害中国军民统计

时 间	使用细菌武器的 地点与方式	伤亡人数	说 明
1938年8月	华北地区铁路、公路沿线各重要村镇水井内施放霍乱伤寒病菌等	死亡4-5万人	据《新华日报》1938年9月22日报道
1940年10月 -1941年2月	浙江宁波、金华等5县。70千克伤寒菌、50千克霍乱病毒和5千克鼠疫蚤	死亡2008人	导致该地区1941、1946和1947年数次爆发鼠疫、霍乱和伤寒病。石井四郎率第731部队、荣第1644部队所为
1941年4月	晋冀鲁豫边区、晋绥边区400千克鼠疫菌。石井四郎派6架飞机投放	感染35万人，死亡15.6万人	据黄鹤逸《东京大审判》
1941年11月	湖南常德地区撒放50千克鼠疫跳蚤	死亡104400人	染疫时间持到1945年，蔓延到常德周围10个县36个乡、156个村。石井四郎1946年3月16日交代当时即死亡8500余人
1942年春	晋绥边区五寨县进行"鼠疫实验"	死亡1500人	
1942年5-8月	浙江衢州、义乌、金华、东阳，江西玉山等地130千克霍乱、伤寒、炭疽等病菌。投撒于河流、井、水池等	死亡5万余人	根据流行病学，1个染疫死亡者一般以3-5倍传染之
1942年5月	云南保山、昆明实施细菌、霍乱战攻击	死亡21万余人	陈祖梁：《侵华日军云南细菌战罪行的调查研究》
1942年冬	吉林农安县。在公路、水井撒播鼠疫菌	死亡300余人	
1943年6-8月	北平市。施放霍乱病菌	染疫213人，死亡1964人	参见1943年9月5日《新民报》
1943年8-9月	山东鲁西地区，将卫河决堤5处并投放霍乱病菌	死亡20万人	染疫蔓延至鲁西18个县，冀鲁豫边区之河北、河南，约有50个县
1944年秋-1945年3月	云南芒市、遮放、梁河、腾冲等地投放鼠疫	死亡5万人	导致滇西16个县爆发鼠疫流行，持续到1953年
合 计	日军在中国20个省区使用过细菌武器	约染疫、伤亡120万余人	染疫、死亡120万人的数字，不包括日军细菌战部队用活人做实验所杀害的人数

本表摘自 刘庭华 著：《中国抗日战争与第二次世界大战统计》；解放军出版社，2012年8月第1版，第182-183页。

相关链接

● 《第二次世界大战史》军事科学院军事历史研究部 著 （军事科学出版社）

◐ 《中国抗日战争与第二次世界大战统计》 刘庭华 著（解放军出版社）

● 《中国抗日战争正面战场作战记》 郭汝瑰 黄玉章 主编（江苏人民出版社）

中国受降区一览表（1945年8月-10月）

序	受降区	中国受降主官	日本签降代表	签降地点	投降部队	备注
1	北越地区	第1方面军总司令 卢汉	日第38军司令官 土桥勇逸中将	河内	日第38军所属师团、独立旅团	投降部队集中地点由卢汉将军决定之。
2	广州海南地区	第2方面军总司令 张发奎	日第23军司令官 田中久一	广州	日第23军所属部分师团及海南岛警备队等。	其中部分受降在雷州半岛和琼山进行
3	潮汕地区	第7战区司令长官 余汉谋	日第23军参谋长 富田直亮	汕头	日第23军所属部分师团、独立旅团等	富田直亮代表田中久一
4	长衡地区	第4方面军总司令 王耀武	日军20军司令官 坂西一良中将	长沙	日第20军所属师团、独立旅团等	其中部分受降在衡阳、岳阳
5	南浔地区	第9战区司令长官 薛岳	日军第11军司令官 笠原幸雄中将	南昌	日第11军所属师团、独立旅团等	其中部分受降在九江
6	杭州厦门地区	第3战区司令长官 顾祝同	日军第13军司令官 松井太久郎中将	杭州	日第11军所属师团、独立旅团等	其中部分受降在厦门
7	京沪地区	第3方面军总司令 汤恩伯	日军第13军司令官 松井太久郎中将	上海	日第13军所属师团、独立旅团和海军等	
7	京沪地区	第3方面军总司令 汤恩伯	日军第6军司令官 十川次郎中将	南京	日第6军所属师团、独立旅团等	向进驻南京的我新6军军长廖耀湘投降
8	武汉地区	第6战区司令长官 孙蔚如	日军第6方面军司令官 冈部直三郎大将	汉口	日军第6方面军所属师团、独立旅团等	其中部分受降在武昌
9	徐海地区	第10战区司令长官 李品仙	日军第6军司令官 十川次郎中将	徐州	日第6军所属师团、独立旅团等	其中部分受降在蚌埠、安庆
10	平津地区	第11战区司令长官 孙连仲	日华北方面军司令官 根本博中将	北平	日华北方面军所属师团、独立旅团等	其中部分受降在天津、保定、石家庄
11	山西地区	第2战区司令长官 阎锡山	日军第1军司令官 澄田𫐓四郎中将	太原	日军第1军所属师团、独立旅团等	
12	新汴地区	第1战区司令长官 胡宗南	日军第12军司令官 鹰森孝中将	郑州	日军第12军所属师团、独立旅团等	其中部分受降在开封、洛阳、新乡
13	郾城地区	第5战区司令长官 刘峙	日军第12军司令官 鹰森孝中将	郾城	日军第12军所属师团、独立旅团等	其中部分受降在许昌、商邱、归德
14	山东地区	第11战区副司令长官 李延年	日军第43军司令官 细川志康中将	济南	日军第43军所属师团、独立旅团等	其中部分受降在青岛

相关链接

● 《中华民族抗日战争全史》 步平 荣维木 主编 （中国青年出版社）
○ 《中华民国史》 张宪文 著 （南京大学出版社）
● 《抗日战争正面战场》 中国第二历史档案馆 编 （凤凰出版社）

15	包绥地区	第12战区司令长官傅作义	日军驻蒙军司令官根本博中将	包头	日本驻蒙军等	由暂17师师长朱大纯代表傅作义司令长官接受日军投降。
16	台湾地区	台湾省行政长官陈仪	日第10方面军司令官安藤利吉中将	台北	日军第10方面军所属师团、独立旅团等	投降部队集中地点由陈仪将军决定之。
17	香港地区	英国太平洋舰队支队司令夏悫少将；中国潘华国少将	日陆军少将田梅吉海军中将山田藤田类太郎	香港	日本陆海军驻港部队	中国政府派遣潘华国到港会同夏悫接受日本投降，并联合签署香港的受降文件。
18	东北地区	苏联远东军总司令华西列夫斯基	关东军总司令官山田乙三大将参谋长秦彦三郎	哈尔滨、长春、沈阳等。	日本关东军在东北的22个师团	东北抗日联军组成50多个工作组分赴各地协助受降并建立人民政权。

注: 本表根据 刘庭华著:《中国抗日战争与第二次世界大战统计》（解放军出版社，2012年8月第1版，第190-192页）补充修改。

1937—1945年中国抗日战争战绩、伤亡、损失统计表

项　目	数　量	项　目	数　量
抗战时期	3000天	军队伤亡	380余万人
重要战役	200余次	人民牺牲	2000余万人
大、小战斗	近20万人	军民伤亡总数	3500万人以上
歼灭日军	150余万人	财产损失	600余亿美元
歼灭伪军	118万人	战争消耗	400余亿美元
受降日军	128万余人	间接经济损失	5000亿美元
受降伪军	146万余人		

注: 财产损失、战争消耗、间接经济损失均按1937年美元计算。

资料来源：军事科学院历史研究部《中国抗日战争史》下卷，解放军出版社1994年版，第624-625页。

注: 本表摘自 刘庭华著:《中国抗日战争与第二次世界大战统计》；解放军出版社，2012年8月第1版，第176页。

相关链接

●《中华民族抗日战争全史》步平 荣维木 主编 （中国青年出版社）
○《中华民国史》张宪文 著 （南京大学出版社）
●《抗日战争正面战场》中国第二历史档案馆 编 （凤凰出版社）

日本投降时陆海军主要兵力区分概况表

（单位：人）

地域	主要部队名称			陆军	海军	小计
朝鲜	第17方面军、镇海警备府部队			290000	29431	319431
中国东北	关东军			594000		594000
中国	中国派遣军、中国方面舰队等			1049700	63755	1113455
台湾	第10方面军			128080	46713	174793
西南诸岛	高雄警备府部队			40882	9776	50658
菲律宾	第14方面军、南4方面舰队		南方军·第十方面舰队	97300	36151	133451
法属越南	第38军、第11特别根据地队			90370	8914	99284
泰国	第18方面军			106000	3031	209051
缅甸	缅甸方面军、第13特别根据地队			70350	2372	71732
马来 安达曼 尼可巴汝	第29军，第10、12、15特别根据地队	第七方面军		93381	37475	132054
苏门答腊	第25军，第9特别根据地队			39480	4984	64464
爪哇小它	第16军，第21特别根据地队			37860	19418	77278
婆罗洲	第37军，第22特别根据地队			24380	20879	35459
澳北西部 新几内亚	第2军，第23、25特别根据地队			87700	31077	118777
东部新几内亚	第18军，第27特别根据地队			12100	1200	13300
斯麦	第8方面军、东南方面舰队			57330	30854	88384
所罗门	第17军、第6舰队			12330	16729	29059
中部 太平洋	第31军、第14师团、第4舰队、第30特别根据地队			48844	44178	92722
小笠原诸岛	小笠原兵团			14996	7735	22731
合计				2937483	402690	3340173

说明	1. 本表数字系根据1950年6月日本复员局的调查而编制。 2. 参见服部卓四郎著《大东亚战争全史》第4卷第382页。 3. 日军在中国的投降人数包括中国大陆(不含东北地区)、台湾和北纬16度以北之法属越南，共计1387532人。

注：本表根据刘庭华著：《中国抗日战争与第二次世界大战统计》解放军出版社，2012年第一版，第271页，补充修改。

● 《中国抗日战争史》《中国抗日战争史》编写组（人民出版社）
○ 《中华民族抗日战争全史》步平 荣维木 主编（中国青年出版社）
● 《中华民国史》张宪文 著（南京大学出版社）

大 事 记

1931年

6月19日　日本制定《解决满洲问题方策大纲》，成为武力侵占中国东北的行动纲领。

6月25日　日本为入侵中国，制造了"中村事件"。

7月1日　日本警察在吉林省万宝山地区，镇压中国农民，制造了"万宝山事件"。

9月18日　日本发动"九·一八"事变，其后三个多月强占中国东三省。

9月19日　中国政府就日本向中国东北武力进攻向日本提出抗议，中国代表在国联理事会提出申述。

9月30日　国联行政院决议日本从"九·一八"事变后占领的中国东北地区撤兵。

10月5日　日机轰炸锦州。

10月24日　国联理事会促日本于11月16日前撤兵。

11月　马占山率部在江桥抗战。

12月10日　国联理事会决定派遣代表团调查中日满洲事件。

12月13日　日本犬养毅内阁成立。

12月15日　在粤方压力下，蒋介石辞去国民政府主席、行政院长、陆海空军总司令职务。

12月21日　日军大举进攻辽西。东北边防军司令长官令于学忠从锦州撤兵。

1932年

1月3日　日军侵入锦州。

8日　美国国务卿史汀生宣布对日本改变中国东北现状不予承认。

27日　日军进攻哈尔滨，李杜率部抵抗。

28日　19路军反击日军侵略，"一·二八"淞沪抗战开始。

月底　蒋介石复任陆海空军总司令。

2月14日　第五军开赴上海增援，加入上海抗战。

3月1日　国民党在洛阳召开四届二中全会，会议决议以洛阳为"行都"。

3月9日　伪满洲国成立。

3月14日　以李顿为团长的国联调查团到达中国。

4月7日　国民政府在洛阳召开"国难会议"。

5月5日　中日签订《上海停战协定》。

8月21日　日军大举侵犯热河。

10月2日　国联调查团报告书在日内瓦、南京、东京发表。

11月29日　国民政府参谋本部成立"国防设计委员会"，筹划对日抗战方略。

12月12日　中苏恢复外交关系。

本年　自"九·一八"事变后，东北义勇军纷纷成立，抗击日本侵略军。

1933年

1月1日　日军向山海关发动进攻。

2月24日　国际联盟通过李顿调查团报告书，反对日本侵占中国东北，不承认伪满洲国。日本退出国联。

3月3日　热河沦陷。

7日　张学良引咎辞职。

3月-5月　中国军队在长城一线抗击日军进攻，是为"长城抗战"。

5月3日　北平政务整理委员会成立，黄郛任委员长。

5月26日　冯玉祥出任察哈尔民众抗日同盟军总司令，宣称武装保卫察哈尔省。8月被取缔。

31日　北平军方与日本关东军订立《塘沽停战协定》，划冀东为非武装区。

6月4日　中美签订五千万美元的"棉麦借款协定"。

10月9日　日本促使内蒙古德王成立伪内蒙自治政府。

1934年

1月25日　国民党四届四中全会，通过了《确立今后物质建设方针案》，提出了国防建设全盘设想。

3月1日　伪满洲国执政，溥仪宣布改行帝制。

3月18日　蒋介石写成《今后改进的政治路线》一文，表示"攘外必先安内，雪耻端在自强，救亡图存之工作，当以充实国力修明政治为先务"。

4月1日　东北抗日联合军成立，杨靖宇任总指挥。

4月17日　日本发表欲独占中国的"天羽声明"。

1935年

1月26日　"全国军事整理会议"在南京召开，准备整训陆军60个师，并于3月1日成立"陆军整理处"。

4月间　国民政府军事委员会设立"资源委员会"，负责开发建设国防工业事宜。

6月9日　军事委员会北平分会代委员长何应钦复函日本华北驻屯军司令官梅津美次郎，认可日本关于国民党军政势力撤出河北的要求。日本宣称此为"何梅协定"。

6月27日　"秦土协定"签订，中国军队撤出察东。

8月1日　中共驻共产国际代表团代中共中央拟《为抗日救国告全国同胞书》发表。

11月12日　蒋介石在国民党五全大会上宣示"和平未到绝望时期绝不放弃和平，牺牲未到最后关头亦不轻言牺牲"。

12月　日本策动"华北自治"，中国中央政府决定设立"冀察政务委员会"以资应付。

12月9日　"一二·九"运动爆发。

12月25日　中共中央举行瓦窑堡会议，确定建立抗日反蒋的统一战线策略。

1936年

1月21日　日本外相提出"广田三原则"，旨在排斥中国争取外国支持抗日。

4月9日　张学良与周恩来在延安秘密会谈，双方达成联合抗日协议。

7月10日　国民党五届二中全会决定成立"国防会议"。

9月至12月　中国外交部长张群与日本驻华大使川樾茂进行关于与日关系的八次外交谈判。

9月1日　中共中央向党内发出《关于逼蒋抗日的指示》。

11月24日　傅作义率部在绥远抗战，取得"百灵庙大捷"。

12月4日　蒋介石赴西安督导张、杨剿共。

12月12日　"西安事变"发生，张学良、杨虎城对蒋介石实行"兵谏"。

1937年

1月间　中国拟定《民国廿六年度国防作战计划》甲乙两案。

2月　国民党五届三中全会通过《中国经济建设方案》，加速国防交通线建设。

4月16日　日本四相会议决定《对支(华)实行策》和《北支(华北)指导方案》。

5月3日　国民政府特使孔祥熙启程出访英、德、美等国，寻求对抗日之支持。

7月7日夜　日军在北平城西南宛平县卢沟桥制造事端，进行挑衅("七·七"事变)，全面侵华战争爆发。

8日　中国共产党发出通电，号召全国同胞团结抗日。

11日　日本政府发表"关于派兵华北"的声明。

17日　蒋介石在庐山发表谈话，提出"地无分南北，年无分老幼，无论何人，皆有守土抗战之责任"。

26日　日军占领廊坊，切断京津之间交通。

29日　日军占领北平。

30日　日军占领天津。

31日　蒋介石发表告抗战全军将士书，重申和平已经绝望，只有抗战到底。

8月7日　南京国防会议决定全面抗战。

8月上旬　南口战役开始。

9日　上海发生日本军人挑衅的虹桥机场事件。

12日　日本四相会议决定向上海派遣海军陆战队部队。

8月13日-11月12日　中日进行淞沪会战。

14日　中国政府发表抗战声明书。

15日　中共中央公布《抗日救国十大纲领》。

21日　中苏互不侵犯条约签订。

25日　日海军当局宣布封锁上海到汕头之间的海岸线。

8月27日　日军占领张家口。

8月30日　中国照会国际联盟，陈述日本蓄意侵略事实。

9月13日　大同失守。

9月13日-11月8日　中日进行太原会战。

24日　日军占领保定。

25日　八路军第115师在平型关伏击敌人，取得平型关大捷。

10月　南方八省红军游击队改编为国民革命陆军新编第四军，以叶挺为军长。
日军先后占领德州、石家庄、归绥(今呼和浩特)、包头。

10月27日　德王等在日本策划下在归绥召开所谓第二次蒙古大会，成立傀儡政权"蒙古联盟自治政府"。

11月3日　九国公约会议在比利时首都布鲁塞尔召开。会议没有实际结果。

19日　中国国防最高会议决定迁都重庆。

11月22日　伪"蒙疆联合委员会"在张家口成立，辖区以绥远为主，并包括察南、晋北。

11月　日军先后占领太原、上海、苏州、无锡。
在日本要求下，德国驻华大使陶德曼开始在中日间进行调停。

12月13日　南京沦陷，日军开始在南京进行长时间大规模的屠杀。
日军先后占领芜湖、扬州、杭州、济南。

14日　以汉奸王克敏为首的伪中华民国临时政府在北平成立。

1938年

1月16日　日本近卫内阁宣布"帝国政府今后不以国民政府为对手"，指望中国建立投降日本的政权。

1月下旬-5月19日　中日进行徐州会战。

1月11日　日本御前会议通过《支那(中国)事变处理根本方针》。

1月　日军先后占领青岛、蚌埠。

3月28日　以汉奸梁鸿志为首的"中华民国维新政府"在南京成立。

3月29日-4月1日　国民党临时全国代表大会在武汉举行，制定《抗战建国纲领》，蒋介石被选举为国民党总裁。

4月上旬　中国军队在鲁南取得台儿庄战役胜利。

5月19日　中国空军飞临日本上空，进行"纸弹轰炸"(即散发宣传品)。

4月11日　日本海军占领厦门。

5月19日	日军占领徐州。
6月9日	中国军队在河南花园口决黄河堤阻日军前进。
6月11日-10月25日	中日进行武汉会战。
7月6日	第一届第一次国民参政会在武汉召开。
10月21日	日军占领广州。
10月25日-26日	日军占领武汉。
11月3日	日本近卫内阁发表声明，提出"日满华合作"，建立"东亚新秩序"，改变"不以国民政府为对手"的立场。
11月13日	长沙发生误以为日军攻至而自行纵火的"长沙大火"案。
11月25日-28日	国民政府军事委员会举行南岳军事会议，部署战略相持阶段抗战。
12月18日	汪精卫逃出重庆到昆明，次日抵达河内。
22日	日本首相近卫发表第三次声明，提出所谓"善邻友好，共同防共，经济提携"调整日华邦交三原则，对汪精卫招降。
29日	汪精卫在河内发表"艳电"，接受近卫条件。

1939年

1月1日	国民党中央常委会临时会议决定永远开除汪精卫的党籍并撤销其一切职务。
1月-5月	日军对华北发动第一期"治安肃正作战"，中国军队遭受损失。
1月21日-30日	国民党五届五中全会举行，决定设立国防最高委员会，由蒋介石任委员长。
2月8日	《中美桐油借款合约》签订，美国开始以贷款援华。
10日	日军在海南岛登陆。
3月20日-5月9日	中日进行南昌会战。
5月1日-24日	中日进行随(县)枣(阳)会战。
5月3日-4日	日机对重庆进行大轰炸。
6月	日军占领汕头、潮州。
7月22日	日英达成《有田——克莱琪协定》，英国认可日军对中国抗日人民的镇压。
26日	美国宣布废除《日美通商航海条约》。
7月	日军对晋东南根据地进行"九路围攻"大"扫荡"。
8月底	汪精卫主持在上海召开伪国民党第六届代表大会，成立了以汪为首的伪中央。
9月14日-10月10日	中日进行第一次长沙会战。
10月1日	日本中国派遣军总司令部在南京成立，西尾寿造任总司令，板垣

	征四郎任总参谋长。
10月11日-12月7日	日军对太行山抗日根据地进行冬季大"扫荡"。
11月	中国军队开始发动冬季攻势。中日开始进行桂南会战。
11月24日	日军占领南宁。

1940年

3月30日	汪伪傀儡政府在南京成立。
5月1日-6月17日	中日进行枣(阳)、宜(昌)会战。第33集团军总司令张自忠在此役牺牲。
4-5月	日军重点"扫荡"冀中抗日根据地。
5-9月	日空军以重庆、成都为重点，进行持续一百多天的轰炸。
7月18日	日本迫使英国签订封锁中国西南交通线、关闭滇缅路的协定。
22日	日本军阀头子东条英机担任陆相。
8月30日	日本与法国维希政府订立允许日军进驻法属印支的《松冈——亨利协定》。
8月6日-12月5日	八路军发动百团大战，给日伪军以沉重打击。
9月20日	美国宣布对日禁运废钢铁。
23日	日军分三路进驻法属印支(越南)北部。
27日	日本与德、意签订三国同盟条约，图谋重新瓜分世界。
10月18日	英国重新开放滇缅路。
10月30日	中国军队收复南宁。
11月4日	日本内阁制定《日满华经济建设要纲》。
11月24日-30日	中日军队进行鄂中之战。
30日	日、汪签订《日华基本关系条约》，并与伪满政权在南京签订《中日满共同宣言》。日本正式承认汪伪政权。

1941年

1月20日-2月7日	中日进行豫南会战。
3月15日-4月2日	中日进行上高会战。
3月24日	汪伪中央政治委员会决定成立"清乡委员会"，汪精卫任委员长。
3月29日-5月	日伪在整个华北发动第一次"治安强化运动"，对平西、冀中、冀东等地进行残酷"扫荡"，并对根据地普遍实行烧光、杀光、抢光的"三光"政策。
4月13日	《日苏中立条约》签订。
5月7日-6月	中日进行中条山会战。
7月-8月	新四军在盐阜和苏中进行反"清乡"作战。
7月7日-9月8日	日伪在华北进行第二次"治安强

	化运动"。
7月26日	美、英冻结日本在其国资产。 英国通告废除《日英通商航海条约》及《日印(度)通商条约》。
7月-9月	日伪对苏南部分地区进行第一期"清乡"。
8月1日	美国宣布完全停止对日石油输出。日美谈判陷入僵局。
8月14日-10月15日	日军对华北进行大"扫荡"。
9月7日-10月8日	中日进行第二次长沙作战。
10月18日	东条英机继近卫文麿担任首相。
10-12月	日伪对无锡、江阴、常熟地区进行第二期"清乡"。
11月-12月	日伪在华北发动第三次"治安强化运动",对沂蒙山区、太行山、冀鲁边区、泰山区等抗日根据地进行"扫荡"。
12月7日(美国时间)	日本联合舰队偷袭夏威夷的美国海军基地珍珠港和美、英、荷在太平洋属地,并对美、英、荷宣战,太平洋战争爆发。
8日	美、英、荷等十三国对日宣战。
9日	中国对日、德、意宣战。
11日	日、德、意三国签订《联合作战协定》。
23日	中、美、英三国代表在重庆举行军事会议。
12月24日- 次年1月16日	中国军队取得第三次长沙会战胜利。
12月25日	日军占领香港。

1942年

1月1日	由美、英、苏、中四国领衔、26国签署《联合国家宣言》。
2日	中国战区(包括越南、泰国)宣告成立。
1月24日	中国军队前锋开始入缅。
2月3日	蒋介石就任中国战区统帅。美国决定派史迪威任战区参谋长。
2月7日	中美两国签订协定,美国同意贷款5亿美元。
2月23日	中英共同防御滇缅路协定成立。根据这一协定中国远征军进驻缅甸。
3月	史迪威入缅担负中国远征军指挥之职。
3月10日	美国政府在华成立第14航空队,以陈纳德为司令。
4月19日	中国远征军在缅甸仁安羌痛击日军,解救包括英军司令在内的英军和其他盟国人士。
4-6月中旬	日伪在华北发动第四次"治安强化运动",对华北各抗日根据地进行空前残酷的"扫荡"。

5月8日	密支那失陷,缅甸为日军所占。
5月15日-8月27日	中日进行浙赣会战。
6月2日	中美两国签订《租借协定》,美国承诺以武器装备援助中国抗战。
6月3-6日	美国海军在中途岛激战,日四艘航空母舰被击沉。
10月9日	美、英两国政府发表声明,宣布废除对华不平等条约。
10-12月中旬	日伪在华北推行第五次"治安强化运动",再次疯狂"扫荡"华北各抗日根据地。
11月1日	日本政府设置大东亚省(同时撤销拓务省及兴亚院),青木一男任首任大东亚相。
12月21日	日本御前会议通过《为完成大东亚战争对华处理根本方针》,决定进一步利用汪伪政权。

1943年

1月9日	汪伪政府对英、美宣战。 日本与汪伪签订《共同宣言》及《交还租界、撤废治外法权协定书》,进行政治欺骗。
1月11日	中美、中英"平等新约"签订。
4-12月	日伪对苏中南通、如皋、海门、启东一带进行大规模"清乡"。
5月上旬	日军对太行抗日根据地进行大"扫荡"。
5月5日-6月8日	中日进行鄂西会战。
5月29日	日本大本营、政府联席会议制定《大东亚政府指导大纲》。
9月6日-13日	国民党五届十一中全会举行,推举蒋介石任国民政府主席。
9月中旬-12月中旬	日军对北岳区进行残酷的"扫荡"。
10月	中国驻印军缅北反攻战开始。
11月2日-12月22日	中日进行常德会战。
11月22-26日	中、美、英三国政府首脑在开罗举行会议,通过《开罗宣言》。
12月2日	广东人民抗日游击队东江纵队正式宣告成立。

1944年

1月	中、美空军开始采取攻势作战,不断主动出击轰炸香港、湖南、江西、安徽等地日军。 各敌后抗日根据地开始进行局部反攻。
3月5日-13日	新四军对日军进行车桥战役。
4月18日-5月25日	中日进行豫中会战。
4月22日	日军占领郑州。
5月25日	日军占领洛阳。
5月-8月	八路军发动夏季攻势。

5月11日-11月16日	中国远征军在滇西反攻,收复腾冲、龙陵。
5月27日-8月8日	中日进行长(沙)衡(阳)会战。
6月19日	日军占领长沙。
7月18日	日本东条英机内阁倒台。
8月5日	中美联军占领密支那。
8日	日军占领衡阳。
9月上旬-12月10日	中日进行桂柳会战。
8月	美军开始在太平洋实施越岛作战,加快进攻步伐。
8月19日-28日	八路军胶东军区和晋绥军区先后发起秋季攻势战役。
8月21日-10月7日	美、英、苏、中代表在华盛顿附近敦巴顿橡树园举行会议,研拟联合国组织草案。
10月下旬	史迪威被美国召回,魏德迈继任中国战区参谋长和驻华美军司令。
10月5日	日军占领福州(第二次)。
11月10日	汪精卫在日本病死。
10日-11日	日军相继占领桂林、柳州。
24日	日军第二次占领南宁。
12月5日	日军占领贵州独山。8日,中国军队收复。
12月25日	中国陆军总司令部在昆明成立,何应钦兼任总司令。

1945年

1月27日	中国远征军与驻印军会师缅甸芒友,中印公路(史迪威公路)完全打通。
2月4日-11日	美、英、苏三国首脑在苏联克里米亚的雅尔达举行会议。
3月21日-5月31日	中日进行豫西鄂北会战。
3月下旬-6月下旬	美军进行冲绳岛登陆作战取得胜利。
4月5日	苏联宣布废除《日苏中立条约》。
4月23日	中国共产党第七次全国代表大会在延安召开。
4月9日-6月7日	中日进行湘西会战,日军遭到彻底失败。
4月25日-6月26日	联合国制宪会议在旧金山举行,通过联合国宪章。中、美、英、苏、法为联合国安全理事会常任理事国。
5月	中国军队收复福州、南宁等地。
5月8日	德国法西斯无条件投降。
5月13日	解放区战场至此已解放县城55座。从5月开始,八路军、新四军对日伪军发动了大规模夏季攻势。
5月29日	八路军总部发布应进行更积极的攻势作战的命令。
6月中旬	八路军实施热辽战役。

6月底	中国军队向柳州发动总攻,日军败退。
6月30日-7月9日	八路军实施安阳战役。
7月	中国军队收复桂林。
7月7日	中国政府宣布:战局现已转守为攻。
7月上旬-8月上旬	华南抗日游击队展开夏季攻势。
7月12日	中国伞兵首次作战,空降广东开平。八路军冀中军区部队发起大清河北战役。
7月17日-8月2日	苏、美、英三国首脑会议在德国波茨坦举行。
7月26日	中、美、英三国《波茨坦公告》发表,敦促日本无条件投降。
8月6日	美国在日本广岛投下第一颗原子弹。
8月8日	苏联对日本宣战。东北抗联教导旅主力分批返回东北50余个市县。教导旅分遣伞降小队随苏军空降部队行动。
8月9日	毛泽东发表《对日寇的最后一战》的声明。
9日	美军在日本长崎又投下一颗原子弹。苏军出兵东北,参加对日作战。
8月10日	日本政府向中美英苏等国发出乞降照会。蒋介石下达3道命令,要八路军原地驻防待命,令国民党军积极推进,令日伪军维持地方治安。
8月10日-11日	朱德总司令连续发布7道进军命令。
8月12日	八路军、新四军、华南游击纵队展开大反攻。八路军、新四军各部开始进军东北。
8月13日	朱德、彭德怀致电蒋介电,坚决拒绝其错误命令。
15日	日本宣告向同盟国投降。
8月19日	伪满洲国皇帝溥仪等人在沈阳被苏军逮捕。
9月2日	日本投降签字仪式在美国"密苏里"号战舰上举行。
3日	中国人民抗日战争胜利纪念日。
9日	中国战区日军投降签字仪式在南京举行。
9月28日	中国第1方面军司令部在河内接受日军投降。
10月25日	中国接受驻台日军投降仪式在台北举行,台湾自此回归祖国。

参考书目

"一二·九"以后上海救国会史料选辑
中共上海市委党史资料征集委员会编　上海社会科学院出版社　1987.12

一个亿人的昭和史不许可写真史(第三卷第一号，通卷第十一号)
[日]每日新闻社　昭和52年1月

二十二年抗日经过讲演稿
门炳岳讲　国民政府军事委员会陆军军官训练团印　1934.9

二战期间在日中国劳工问题研究
陈景彦著　吉林人民出版社　1999.6

"九·一八"事变史料
李云汉编　正中书局　1977.12

"九·一八"抗战史
谭译主编　辽宁人民出版社　1991.8

"九·一八"事变图片集
沈伟一　王守勋　王庆丰　赫维政主编　对外贸易教育出版社　1987.7

"九·一八"事变图志
林声主编　辽宁人民出版社　1991.8

"八·一三"淞沪抗战　原国民党将领抗日战争亲历记
刘琦　史说　宋瑞珂等审编　中国文史出版社　1986.11

"八·一五"前后的中国政局
王德贵　徐学新　郑晓亮　东北师范大学出版社　1985.8

"八·一五"这一天
王季平主编　光明日报出版社　1985.7

八路军中的日本兵
[日]香川孝志　前田光繁著　张惠才　韩风琴译　长征出版社　1985.5

八路军总部大事记略
李志寛　王照骞编　解放军出版社　1985.8

七七事变　原国民党将领抗日战争亲历记
中国人民政治协商会议全国委员会文史资料研究委员会《七七事变》编审组编
中国文史出版社　1986.5

人民战争必胜——抗日战争中的晋察冀摄影集
晋察晋文艺研究会编　罗光远主编　辽宁美术出版社　1988.9

三光——日本战犯侵华罪行自述
[日]中国归还者联络会编　李亚一译　李铸校　世界知识出版社　1990.6

大西南的抗日救亡运动
中国人民政治协商会议西南地区文史资料协作会议编
重庆文史书店发行　1987.10

大东亚战争的总结(国际问题参考译丛)
[日]历史研究委员会编　东英译　新华出版社　1997.12

大东亚战争史(第一至第四册)
[日]服部卓四郎著　张玉祥等译　商务印书馆　1984.12

土肥原秘录
[日]土肥原贤二刊行会编　中华书局　1981.11

川军抗战亲历记
四川省政协文史资料研究委员会编　四川人民出版社　1985.7

上海市商会社童子军团与绿营联谊社简史
中共上海市委党史资料征集委员会主编　1992.6

六十年中国与日本(第一至第八卷)
王芸生著　三联书店　1979.12-1982.4

今井武夫回忆录
今井武夫著　天津市政协编译委员会译　中国文史出版社　1978.8

千年之交的较量
朱成山编著　新华出版社　2000.11

不许可写真(1-2)
[日]每日新闻社

太平洋战争史(第一至第五卷)
日本历史学研究会编　商务印书馆　1959.11-1963.3

太平洋战争新谕
李玉　骆静山主编　中国社会科学出版社出版发行　2000.2

五四运动文选
中国社会科学院近代史研究会编　三联书店　1959.7

中支を征く
[日]中支从军纪念写帖刊行会　昭和15年12月

中日甲午海战与李鸿章
赵梅卿　郑天杰合著　(台)华欣文化事业中心　1979.11

中日战争史迹(1937.7-1938.3)
上海英文大美晚报

中日战争时期的通敌内幕(1937-1945)
[美]约翰·亨特·博伊尔著　陈布芳　东刻等译　商务印书馆　1987.7

中日关系史纲
杨孝臣主编　甄宝亭　宝晖副主编　上海外语教育出版社　1987.6

中外记者笔下的第二次世界大战
徐学曾　李秀清　陈铭编　东方出版社　1987.3

中日战争(1-12册)
中国近代史资料丛刊编　戚其章主编　中华书局出版　1989-1999

中国人民解放军六十年大事记
军事科学院军事历史研究部编著　军事科学出版社　1988.12

中国人民解放军组织沿革和各级领导成员名录
军事科学院军事图书馆编著　军事科学院出版社　1987.7

中国人民解放军历史资料图集①-⑤
军史资料图集编辑室　长城出版社　1981.3

中国人民解放军战争史　第二卷抗日战争时期
军事科学院军事历史研究部著　军事科学出版社　1987.7

中国人民解放军战争史简编
国防大学《战史简编》写作组　解放军出版社　1983.12

中国大百科全书·军事——中国人民解放军军事人物分册
中国大百科全书军事卷编审室编　军事科学出版社　1989.7

中国大百科全书·军事——中国历代军事史分册
中国大百科全书军事卷编审室编　军事科学出版社　1986.2

中国抗日战争正面战场作战记(上、下册)
郭汝瑰　黄玉章主编　江苏人民出版社　2002.1

中国之翼(1)
刘文孝执编　毕中和发行　云皓出版社　1990.1

中国民主党派史(新民主主义时期)
张军民著　华夏出版社　1989.8

中国共产党的六十年
中共中央党史研究室著　胡绳主编　中共党史出版社　1991.8

中国共产党历史大事记(1919.5-1987.2)
中共中央党史研究编　人民出版社　1989.6

中国抗日阵亡将士传
马齐彬　萧银成　黄存林　刘学良　王奕隆主编　河北人民出版社　1987.9

中国抗日战争图志
杨克林　曹红编著　天地图书　新大陆出版社　1992

中国抗日战争史地图集
武月星主编　中国地图出版社　1995.8

中国抗日战争史(上、中、下)
军事科学院军事历史研究部著　解放军出版社　1991.10

中国抗日战争与世界反法西斯战争
全国中共党史研究会编　中共党史资料出版社　1988.4

中国抗日战争与第二次世界大战系年要录、统计荟萃(1931-1945)
刘庭华编著　海军出版社　1988.5

中国近代史大事记(1840-1980)
知识出版社编　知识出版社　1982.11

中国现代革命史史料学
张注洪编著　中共党史资料出版社　1987.11

中国学生的光荣传统　中国学生运动历史图片集
中华全国学生联合会编　中国青年出版社　1956.11

中国近代战争史　(第二册)
军事科学院《中国近代战争史》编写组　军事科学出版社　1985.2

中国抗战画史
曹聚仁　舒宗侨编著　联合画报社印　1947.5

中国陆军第三方面军抗战纪实
吉堂编　吴相湘主编　文星书店印行　1962.6

中国事变陆军作战
[日]防卫研究所战史室　朝日新闻社　昭和58年

中华民国重要史料初编——对日抗战时期
秦孝仪编　文物供应社

中华民族的抗日战争
罗焕章　支绍曾著　军事科学院出版社　1987.6

中华民国国民政府军政职官人物志
刘国铭主编　春秋出版社　1989.3

中华民国海军史料(上、下)
杨志本主编　林勋贻　罗澍伟　王苏波　张利民合编　海洋出版社　1987.5

日本的战争责任
[日]若槻泰雄著　社会科学文献出版社

日本近代史
[日]井上清　铃木正四著　杨辉译　商务印书馆　1959.12

日本近现代史(第一卷)
[日]远山茂树著　商务印书馆　1983.10

日本近现代史(第二卷)
[日]今井清一著　商务印书馆　1983.11

日本近现代史(第三卷)
[日]藤原彰著　商务印书馆　1983.10

日本拒降乞降受降目击记
冯金辉　边丽君编　军事译文出版社　1992.3

日本军国主义
万峰著　三联书店　1962.5

日本军国主义(第一至第四册)
[日]井上清著　姜晚成等译　商务印书馆　1985.1

日本侵华研究(1-18)
(美国)日本侵华研究学会　(1991-1994)

日本军国主义的形成
[日]井上清著　宿久高等译　人民出版社　1984.6

日本帝国主义侵华档案资料选编——"九·一八"事变
中央档案馆　中国第二历史档案馆　吉林省社会科学院合编
中华书局　1988.8

日本帝国主义对外侵略史料选编(1931-1945)
复旦大学历史系日本史组译　上海人民出版社　1975.8

日本帝国主义侵华档案资料选编——东北历次大惨案
中央档案馆　中国第二历史档案馆　吉林省社会科学院合编
中华书局　1988.9

日本侵略军在中国的暴行
军事科学院外国军事研究部编著　解放军出版社　1986.1

日本侵略内幕
[日]重光葵著　齐福霖　李松林　张颖　史桂芳译　解放军出版社　1987.7

日本侵华图片史料集
新华通讯社摄影部编　郑震孙主编　新华出版社　1984.3

日本海军史
[日]小俣行男著　世界知识出版社　1988.1

日本随军记者见闻录——太平洋战争
[日]小俣行男著　世界知识出版社　1988.8

日本随军记者见闻录——南京大屠杀
[日]小俣行男著　世界知识出版社　1985.7

日本对华战争指导史
[日]堀场一雄著　王培岚等译　军事科学出版社　1988.3

日清战争从军写真帖——伯爵龟井兹明の日记
柏书房　1992

日军大本营
[日]森松俊夫著　黄金鹏译　高培校　军事科学出版社　1985.10

日军对华作战纪要丛书
日本防卫厅战史室编　(台)国防部史政编译局译印　黎明文化事业公司出版

日军性奴隶——中国"慰安妇"真相
苏智良著　人民出版社　2000.2

日人笔下的九·一八事变
陈鹏仁译　水牛出版社　1991.10

日伪统治下的北平
中国人民政治协商会议北京市委员会文史资料研究委员会编
北京出版社　1987.7

甲午中日陆战史
陈克复　关捷编著　黑龙江人民出版社　1983.12

甲午战争人物传
陈克复　关捷编著　黑龙江人民出版社　1984.5

未公开写真に见る　日中战争
[日]新人物往来社　1989.4

未公开写真に见る　满洲事变
[日]新人物往来社　昭和63年10月

北国锄奸(《英雄无名》第一部)
陈恭澍著　传记文学社印行　1980.11

外国人目睹之日军暴行
[英]田伯烈著　杨明译　江西人民出版社　1986

外国人看中国抗战　扬子抗战
[美]弗雷达·阿特丽著　石梅林译　尊开校　新华出版社　1988.1

民国高级将领列传　第1-5集
王成斌　刘炳耀　叶万忠　范传新主编　解放军出版社　1988.1

民国海军的兴衰(江苏文史资料第32集)
高晓星　时平编著　中国文史出版社　1989.10

白崇禧回忆录
苏志荣　范根飞　胡必林等编辑　解放军出版社　1987.5

申报图画特刊(1930-1937)
申报社

目击者ガ语る昭和史(全8卷)
[日]猪濑直树监修　新人物往来社　1989.9

西安事变纪实
申伯纯著　人民出版社　1979.11

西安事变与第二次国共合作
陈元方　史础农编著　长城出版社　1986.11

百团大战史料
何理　王瑞清　刘成达选编　人民出版社　1984.5

百团大战始末
王政柱著　广东人民出版社　1989.10

血战台儿庄
何仲山　林治波著　北京燕山出版社　1987.5

血证 —— 侵华日军暴行纪实日志
章伯锋　庄建平主编　成都出版社　1995.5

江苏抗战
江苏省档案馆　档案出版社　1987.7

阳光下的罪恶 —— 侵华日军毒气战实录
步平　高晓燕著　黑龙江人民出版社　1999.1

良友(杂志)1926-1945

抗日根据地发展史略
陈廉编写　解放军出版社　1987.10

抗日战争中的傅作义
樊真著　山西人民出版社　1985.10

抗日战争正面战场(上、下)
中国第二历史档案馆　江苏古籍出版社　1987.8

抗日圣战中的衡阳保卫战
白天霖编著　天工书局印行

抗日战争纪事
陈之中　谭剑锋编写　解放军出版社　1990.9

抗日战争时期四川大事记
四川省人民政府参事室　四川省文史研究馆　华夏出版社　1987.8

抗日战争时期的侵华日军
耿成宽　章显文主编　春秋出版社　1987.3

抗日御侮(第1-10册)
蒋纬国总编著　黎明文化事业公司出版　1978

抗日战争
中国史学会　中国社会科学院近代史研究所编　章伯锋　庄建平主编
四川大学出版社　1997

抗日战争研究
近代史研究杂志社　1991-2001

抗战(三日刊)(第1号-第83号)
邹韬奋主编　生活书店发行　1937.8-1938.6

抗战的中国丛刊(之一至之五)
延安时事问题研究会编　中国现代史资料编委员会翻印　1957.5-1957.9

抗战建国大画史
上海　1948.4

抗战军人之魂——张自忠将军传
林治波著　广西师范大学出版社　1993.2

抗战军人忠烈录(第一辑)
曾国杰编辑　国防部史政局出版社　1948.3

抗战英雄传记
国民党中央宣传部编　国民图书出版社　1943.5

抗战纪事
冰心　巴金等著　中国友谊出版公司　1989.7

抗战纪事
江苏省政协文史资料研究委员会编　江苏古籍出版社　1987.8

抗战时期入迁西南的工商企业
中国人民政治协商会议西南地区文史资料协作会议编
云南人民出版社　1989.2

近五十年中国与日本(第一至三卷)
张篷舟主编　四川人民出版社　1987.5

死亡工厂(Factories Death)
Harris,S.H著　王选等译　原出版者：Routledge　1995

李宗仁回忆录(下册)
李宗仁著　广西壮族自治区政协文史资料研究委员会发行　1980.6

我的父亲蒋中正
蒋纬国著　东方出版有限公司　新大陆出版有限公司联合出版　1998.1

我的抗战生活
冯玉祥著　中国革命博物馆整理　黑龙江人民出版社　1987.5

宋故上将哲元将军遗集
孙湘德　宋景宪编纂　传记文学出版社　1985.7

宋美龄——跨世纪第一夫人
林博文著　时报文化出版企业股份有限公司　2000.1

宋哲元与七七抗战
李云汉著　传记文学出版社　1978.9

东北抗日运动概况(1938-1942)
吉林省档案馆译　吉林文史出版社　1986.10

东北抗日联军斗争史
东北抗日联军斗争史编写组　人民出版社　1991.2

东京审判
[日]朝日新闻东京审判记者团著 吉佳译 河北人民出版社 1988.5

东京审判秘史
[日]粟屋米太郎著 襄寅译 世界知识出版社 1987.7

东史郎日记
东史郎著 江苏人民出版社 1999.3

拉贝日记
约翰·拉贝著 刘海宁等译 江苏人民出版社 江苏教育出版社 1997.8

武汉抗战史料选编
李泽主编 徐明庭 瞿学超副主编 内部出版 1985.6

武汉会战 原国民党将领抗日战争亲历记
中国人民政治协商会议全国委员会文史资料研究委员会武汉会战编审组编
中国文史出版社 1989.2

昭和十二年(1937)支那事变——上海战线写真帖
[日]长泽虎雄编辑 多治见宽发行 昭和13年

昭和十七、八年(1942-1943)的中国派遣军
日本防卫厅防卫研究所战史室著 贾玉芹译 中华书局 1984

昭和二十和(1945)的中国派遣军 第一、二卷(各上、下册)
日本防卫厅防卫研究所战史室著 天津市政协编译委员会译 中华书局 1984

昭和史全记录(1926-1989)
每日新闻社 1989

南京大屠杀与三光政策——记取历史教训
[日]森山康平著 天津市政协编译委员会译 四川教育出版社 1984.11

南京保卫战 原国民党将领抗日战争亲历记
中国人民政治协商会议全国委员会文史资料研究委员会南京保卫战编审组编
中国文史出版社 1987.8

侵华日军大屠杀实录
左禄主编 解放军出版社 1989.7

侵华日军南京大屠杀史
朱成山主编 南京大学出版社 2001.4

侵华日军在山西的暴行
李惠 李昌华 岳思平 解放军出版社 1987.10

侵华日军南京大屠杀史稿
南京大屠杀史料编辑委员会 江苏古籍出版社 1987.11

侵华日军暴行录
[澳]哈罗德·约翰·廷珀利著 马庆平 万高潮等译 新华出版社 1986.3

侵华日军南京屠杀档案
中国第二历史档案馆 南京档案馆南京大屠杀史料编辑委员会编辑
江苏古籍出版社 1987.11

风暴遍中国
[美]西奥多·怀特 安娜·雅各布等 王健康 康无非译
解放军出版社 1985.12

徐州会战 原国民党将领抗日战争亲历记
中国人民政治协商会议全国委员会文史资料研究委员会徐州会战编审组编
中国文史出版社 1985.12

陈绍宽与中国海军——爱国海军史研究丛书之一
陈书麟编著 海洋出版社 1989.10

晋冀鲁豫烈士传(第一卷)
晋冀鲁豫烈士陵园管理处 内部发行 1988.4

晋察冀军区抗日战争史
北京军区晋察冀战史编写组编 军事科学出版社 1986.8

第二次国共合作
童小鹏主编 文物出版社 1985.3

第二次国共合作的形成
中共中央党史征集委员会编 中共党史资料出版社 1989.11

华北抗日根据地纪要
魏宏运主编 天津人民出版社 1986.6

华北前线
[美]詹姆斯·贝特兰著 林淡秋等译 新华出版社 1986.7

华北英烈传
姚维斗等主编 北京出版社 1987.2

华侨与抗日战争
曾瑞炎著 四川大学出版社 1988.3

海军学术月刊(第21卷)
海军学术月刊编审委员会 海军学术月刊社 1987.7

远征印缅抗战 原国民党将领抗日战争亲历记
中国人民政治协商会议全国委员会文史资料研究委员会远征印缅抗战编审组编
中国文史出版社 1990.10

写真图说——日本の侵略
アジア民众法庭准备会编 大月书店 1992.10

震撼世界的奇迹——改造伪满皇帝溥仪暨日本战犯纪实
抚顺市政协文史委员会编 中国文史出版社 1990.6

历史的回顾(下册)
徐向前著 解放军出版社 1987.7

战时画报(1937年度)
上海新中华图书公司发行

战时日本贩毒与"三光作战"研究
李恩涵著 江苏人民出版社 1999.12

济南五三惨案亲历记
全国政协文史资料委员会 山东政协文史资料研究委员会
济南市政协文史资料研究委员会济南五三惨案亲历记编辑组编
中国文史出版社 1987.10

卢沟桥事变
李云汉著 东大图书公司印 1987

简明日本战史
[日]桑田悦 前原透编著 军事科学院外国军事研究部译
军事科学出版社 1990.9

毙命中国的百名日军将领
张子申 薛春德编 解放军出版社 1990.7

沈阳黄埔军校同学会"工作情况"(1987年第6期—纪念七七抗战
五十周年专辑)
沈阳黄埔军校同学会办公室编印出版 1987.7

聂荣臻元帅
解放军画报社编辑 长城出版社 1989.10

蓝天碧血扬国威——中国空军抗战史料
中国人民政治协商会议南京市委员会文史资料委员会编
中国文史出版社 1990.9

罗荣桓元帅
解放军画报社编辑 长城出版社 1988.10

后 记

2005年纪念抗日战争胜利60周年的时候，这本书曾以《不能忘记的抗战》的书名出版，当时我在后记中写到："抗战是中华民族历史中一个永恒的主题，它还可以写一百次、一千次、一万次。在这个世界上，只要还有中国人存在，我想，总会有人来说抗战、纪念抗战的。"

"我这本书一是敬献祖国母亲。今年是中国抗日战争暨世界反法西斯战争胜利60周年。60年前的这场胜利，使中国的历史发生转折，使母亲的血液得以传承，才有了这以后的几代中国人，才有了我们今天的一切。'温故而知新'，我们虽然一般不再需要'冒着敌人的炮火前进'，但我们仍要为母亲更加美好的明天而工作。值得注意的是：妄图为日本侵略亚洲和中国的历史翻案的日本军国主义者，还大有人在，甚至还非常嚣张，我们要警钟长鸣，居安思危。"

"二是献给我的生身母亲曹琴珠。十年前的今天，母亲因患重病去世了，当时我正在东北采访。那是为纪念抗日战争胜利50周年，我们和电视台合作摄制20集的文献纪录片《血肉长城》。我在工作现场，听到这个消息，悲痛欲绝。母亲生前非常支持我的工作，她艰辛一生，我一直没有尽力照料她，特别是在她住院开刀的时刻，我还是在忙，而她却总是惦记着我的'抗战'工作，没有让我陪过一夜。还有我的外祖母，她在生前（1982年）要我把他们经历和见证过的日寇暴行用录音记录下来。我在他们的影响和支持下，二十多年来，沉浸在先烈和同胞的尸山血海之中而不能自拔，在悲愤的心境下完成了《中国抗日战争图志》（出版了中、日、英文版）、电视片《血肉长城》（又名《中国抗日战争纪实》）等作品，并抢救和采访了包括国共双方将领在内的二百多名抗战人物刻骨铭心的口述历史。今天的这本书就是在以上的基础上进行编辑完成的。十年一瞬间，今年我们又将纪念抗日战争胜利，我想告慰亲爱的母亲和也已去世的父亲和妹妹的是：我尽力了，但我还会再努力！"

现在，又一个十年过去了，我们将纪念中国抗日战争暨世界反法西斯战争胜利70周年。令人万分激动的是习主席对纪念中国抗日战争无比的重视，仅去年一年，他就主持了三次有关纪念抗战的活动，并发表了重要讲话，这是史无前例的。这是海内外炎黄子孙的心声！这是用尊严守卫无数抗战英烈和蒙难同胞！这更是在用尊严守卫中国！这关乎抗战风骨、抗战精神的代代传承，关乎世界反法西斯战争的正义伸张，关乎年轻后生身心成长的真切体悟。这更是对我们研究抗战史的人极大的肯定，使我们倍感荣光！

关于这本书中的编写和修订出版，要感谢很多人。特别要说明的是叶选基先生，长期以来帮助和支持我们进行抗日战争史的研究，并给我们介绍了许多历史创造者、见证人，以至能采访到珍贵的口述历史。这次出版，还蒙赐序，给我们以鼓励和鞭策。

我们除了在国内外搜集原始材料之外，还采用和参考了许多专家、学者以及博物馆、档案馆、研究所等的成果，书中一部分在"相关链接"中予以说明，一部分列入"参考书目"中表示感谢。在这里，还要感谢的是在战争年代的枪林弹雨中，为后人留下影像资料的摄影工作者，除本书中所提到的方大曾、王小亭、沙飞等人外，还有雷烨、赵烈、石少华、罗光达、吴印咸、徐肖冰、俞创硕、蔡述文、邓秀璧、凌青、罗寄梅、陈西玲、冯四知、魏守中、顾廷鹏、蒋仲琪、蒋恒德、何铁华、宣相权、宣文杰、黄印文等国内外许许多多的知名和不知名的摄影前辈，正是他们的作品，使我们以及我们的后人，能通过形象来缅怀先人艰苦卓越的历程。以上所述，大有疏漏之处，欢迎识者指正。

最后，这次更名为《不能忘却的抗战》，由华艺出版社出版，承蒙社长石永奇、郑实和军事科学院支绍曾、刘庭华等教授的支持帮助，刘庭华教授不但审核书稿，提出宝贵意见，还提供了他的研究成果抗日战争统计图表，以增色于书中。在此前后，上海著名翻译家、《咬文嚼字》杂志主编姚以恩以及杨利平等先生，给予"咬文嚼字"审校，使本书行文更加准确。在此一并致以深切的谢意！

杨克林

2015年4月4日 清明节之夜

图书在版编目（ＣＩＰ）数据

不能忘却的抗战/杨克林，曹红编著. —— 北京

华艺出版社，2015.9

ISBN 978-7-80252-579-5

Ⅰ.不... Ⅱ.①杨...②曹... Ⅲ.抗日战争—史料

—中国 K265

中国版本图书馆CIP数据核字（2015）第208981号

不能忘却的抗战

著　　　者：	杨克林　曹　红
顾　　　问：	支绍曾　曾景忠
责任编辑：	郑　实
特邀审读：	姚以恩　郝盛潮
特邀编辑：	陈慧莉
装帧设计：	邓东斌　杨一舞
封面设计：	姚　洁
出版发行：	华艺出版社
地　　　址：	北京市海淀区北四环中路229号海泰大厦10层
电　　　话：	010-82885151
邮　　　编：	100083
电子信箱：	huayip@vip.sina.com
印　　　刷：	北京天正元印刷有限公司
开　　　本：	1/16
字　　　数：	300千字
印　　　张：	20.5
版　　　次：	2015年10月第1版第1次
书　　　号：	ISBN 978-7-80252-579-5
定　　　价：	80.00